Matthias Lehmann

Grundriss des Bank- und Kapitalmarktrechts

Matthias Lehmann

Grundriss des Bank- und Kapitalmarktrechts

2., neu bearbeitete Auflage

Matthias Lehmann, Jahrgang 1972, Studium der Rechtswissenschaften an der Friedrich-Schiller-Universität Jena; 1998 Aufbaustudium an der Université Panthéon-Assas (Paris II); 2002 Promotion in Jena, 2003 LL.M an der Columbia University New York; 2008 Habilitation an der Universität Bayreuth; 2011 Promotion (J.S.D.) an der Columbia University New York; 2009–2014 Professor an der Martin-Luther-Universität Halle-Wittenberg; 2014–2020 Professor an der Rheinischen Friedrich-Wilhelms-Universität Bonn; seit 2020 Professor an der Universität Wien; seit 2022 zugleich Professor an der Radboud Unversität, Nijmegen.
Ausgewählte Veröffentlichungen zum Bank- und Kapitalmarktrecht: Hedgefonds und Private Equity – Fluch oder Segen? (hrsg. gemeinsam mit Stefan Leible), 2008; Zinsswaps der öffentlichen Hand: Vertragswirksamkeit und Beratungspflichten, BKR 2008, 488; Finanzinstrumente 2010; Einheitlicher Europäischer Aufsichtsmechanismus: Bankenaufsicht durch die EZB (gemeinsam mit Cornelia Manger-Nester), ZBB 2014, 2; Zivilrechtliche Auswirkungen von Referenzwertmanipulationen, in: Bankrechtstag 2015, 207; Civil Liability of Rating Agencies: An Insipid Sprout from Brussels, 11 (2016) Capital Market Law Journal 60; Grenzüberschreitende Finanzdienstleistungen (hrsg. gemeinsam mit Dirk A. Zetzsche), 2018; European Financial Services Law (hrsg. gemeinsam mit Christoph Kumpan), 2019; Staatshaftung für Versäumnisse der BaFin im Fall Wirecard (gemeinsam mit Jonas Schürger), WM 2021, 857 und 905; Das Gesetz zur Einführung von elektronischen Wertpapieren, NJW 2021, 2318; Internationales Bank- und Finanzdienstleistungsrecht (gemeinsam mit Rolf Sethe) in Tietje (hrsg.), Internationales Wirtschaftsrecht, 3. Auflage 2021; Wertpapierarten, in: Omlor/Möslein (hrsg.), Elektronische Wertpapiere, 2021, 59; Derivateclearing post-Brexit: Extraterritoriale Rechtsanwendung unter dem neuen Paradigma einer gemeinsamen Aufsicht, ZBB 2021, 177; Internationales Finanzmarktrecht, in: Münchener Kommentar zum BGB, 8. Auflage 2021; Internationales Privat- und Zivilprozessrecht, in: Omlor/Link (hrsg.), Kryptowährungen und Token, 2021, 173; CCP supervision after Brexit: from extraterritoriality to a model of shared control, 18 (2023) Capital Market Law Journal 5.

Bibliografische Information der Deutschen Nationalbibliothek
Die Deutsche Nationalbibliothek verzeichnet diese Publikation in der Deutschen Nationalbibliografie; detaillierte bibliografische Daten sind im Internet über <https://portal.dnb.de> abrufbar.

Print: ISBN 978-3-8114-5479-8
ePub: ISBN 978-3-8114-8722-2

E-Mail: kundenservice@cfmueller.de
Telefon: +49 6221 1859 599
Telefax: +49 6221 1859 598

www.cfmueller.de

Satz: TypoScript, München
Druck: Westermann Druck, Zwickau

Vorwort zur 2. Auflage

Die erste Auflage meines Buches hat erfreulichen Widerhall gefunden. Viele Nachrichten haben mich erreicht, die den klaren und verständlichen Stil loben. Das hat mich angespornt, diesen für die Neuauflage beizubehalten. Angesichts der zunehmenden Komplexität des Bank- und Finanzmarktrechts scheint mir dies notwendiger denn je.

Die rasante Entwicklung der Gesetzgebung haben zahlreiche Änderungen und Ergänzungen nötig gemacht. Im Bankrecht werden nun insbesondere die CRR II und die CRD V sowie das letztere umsetzende WpIG behandelt. Im Kapitalmarktrecht ist die Reform des WpHG durch die Umsetzung der MiFID II und die neue MiFIR berücksichtigt. Ebenfalls wurde die neue Rechtsprechung eingearbeitet, z.B. zum Marktmissbrauchsrecht und zur Causa Wirecard.

Die schon bisher behandelten Produkte und Dienstleistungen werden um neue erweitert oder vertieft analysiert, wie etwa Credit-Default Swaps (CDS). Noch größerer Wert wurde auf die Vermittlung von ökonomischem Hintergrund gelegt, z.B. beim Übernahmerecht. Dabei steht stets die wirtschaftswissenschaftliche Beurteilung im Vordergrund; auf allgemeine politische Aussagen wurde bewusst verzichtet.

Bei der Vorbereitung der 2. Auflage sind mir zwei Mitarbeiter entscheidend zur Hand gegangen: Magister *Dr. Jonas Schürger* und Magister *Fabian Schinerl*. Sie haben viele eigene Anregungen und neue Ideen einfließen lassen, die zum Gelingen des Werks beigetragen haben. Ebenfalls mitgewirkt hat *Laurenz Faber*. Allen drei danke ich recht herzlich.

Durch meinen Wechsel von Bonn nach Wien (und parallel nach Nijmegen) hat sich mein Interesse am deutschen Bank- und Kapitalmarktrecht nicht geändert. Im Gegenteil hat sich mein Blick für die Grundstrukturen durch die Auseinandersetzung mit anderen Rechtsordnungen weiter geschärft. Auch in Zukunft möchte ich mit Ihnen, den Lesern, in Kontakt bleiben. Anmerkungen, gleich ob zustimmend oder kritisch, nehme ich gern unter matthias.lehmann@univie.ac.at entgegen (bitte als Betreff angeben: „Grundriss des Bank- und Kapitalmarktrechts").

Wien, im März 2023 *Matthias Lehmann*

Vorwort zur 1. Auflage

Dieses Buch ist auf der Grundlage meiner Vorlesungen an den Universitäten Halle-Wittenberg und Bonn entstanden. Es richtet sich in erster Linie an Studierende der Rechtswissenschaft und der Wirtschaftswissenschaften, die einen Einstieg in das Bank- und Kapitalmarktrecht suchen, etwa im Rahmen eines juristischen Schwerpunktbereichs, des wirtschaftswissenschaftlichen Hauptstudiums oder eines Master-Studiengangs. Es eignet sich aber auch für Praktiker, die sich einen Überblick über das Rechtsgebiet verschaffen wollen.

Das oberste Anliegen des Buches ist, dem Leser das *Verständnis* des Bank- und Kapitalmarktrechts zu erleichtern. Angesichts der Flut der Texte in diesem Bereich – gerade in den Jahren nach der letzten Finanzkrise – fällt dies nicht leicht. Aus der Fülle der Regelungen mussten notwendigerweise viele Details ausgeklammert werden. Doch kann man sich diese leicht aneignen, sobald man mit der Struktur und den grundlegenden Zielen des Gesetzes vertraut ist. Deren Verständnis ist besonders wichtig, weil man nur mit seiner Hilfe die vielfältigen Regelungen in ihren Kontext setzen und ordnen kann. Ohne diese Grundlage würde man nur eine Information nach der anderen aufnehmen, aber nicht deren inneren Zusammenhang erfassen.

Bank- und Kapitalmarktrecht verstehen kann nur, wer die ökonomischen Hintergründe kennt. Auf diese habe ich daher besonderen Wert gelegt. Beispiele dienen zur Illustration des Gesagten. Vertiefende Hinweise finden sich in eigenen Kästen.

Um aus dem Buch Gewinn zu schöpfen, ist es unerlässlich, eine aktuelle Textausgabe der relevanten Gesetze zu erwerben, z.B. die dtv-Sammlungen „Bankrecht" und „Kapitalmarktrecht". Ich empfehle dem Leser, diese aufgeschlagen neben sich zu legen und **jede** im Buch zitierte Vorschrift nachzulesen. Nur auf diese Weise werden Sie mit dem Gesetz, Ihrem wichtigsten Arbeitsmittel in Prüfungen und Praxis, vertraut. EU-Richtlinien und Verordnungen finden Sie aufgelistet am Anfang des Buches und im Volltext unter eur-lex.europa.eu. Auch diese sollten Sie unbedingt nachschlagen.

Das Buch ist auf dem Stand des 1. Juli 2016. Für die Mitarbeit am Manuskript habe ich Johannes Rehahn, Julian Titze, und Martin Thelen zu danken. Wertvolle Hinweise haben mir Ralf Harnos, Jens Koch, Christoph Kumpan, Christian Schröder, Rolf Sethe und Dirk Zetzsche gegeben. Ebenfalls Dank gebührt meinen Studierenden, ohne die ich dieses Buch nicht geschrieben hätte.

Auch mit Ihnen als Leser möchte ich gern in einen Dialog treten. Anmerkungen, Hinweise und Kritik können Sie an lehrstuhl.lehmann@jura.uni-bonn.de senden (bitte als Betreff angeben: „Grundriss des Bank- und Kapitalmarktrechts").

Bonn, im Juni 2016 *Matthias Lehmann*

Inhaltsverzeichnis

Abkürzungsverzeichnis

ABlEU	Amtsblatt der Europäischen Union
Abs.	Absatz
ABS	Asset-Backed Securities
AEUV	Vertrag über die Arbeitsweise der Europäischen Union
AG	Aktiengesellschaft
AGB	Allgemeine Geschäftsbedingungen
Aufl.	Auflage
AIF	Alternativer Investment Fonds
AIFM	Alternative Investment Fund Managers
AktG	Aktiengesetz
AnlEntG	Anlegerentschädigungsgesetz
AO	Abgabenordnung
BaFin	Bundesanstalt für Finanzdienstleistungsaufsicht
BGB	Bürgerliches Gesetzbuch
BGH	Bundesgerichtshof
BT-Drucks.	Bundestags-Drucksache
BörsG	Börsengesetz
BörsZulVO	Börsenzulassungsverordnung
CCP	Central Counterparty
Cir.	Circuit
CRIM MAD	Criminal Sanctions for Market Abuse Directive
d.h.	das heißt
EAEG	Einlagensicherungs- und Anlegerentschädigungsgesetz
EBA	European Banking Authority
EdB	Entschädigungseinrichtung deutscher Banken
EG	Europäische Gemeinschaft
EinSiG	Einlagensicherungsgesetz
EIOPA	European Insurance and Occupational Pension Authority
ESA	European Supervisory Authority
ESFS	European System of Financial Supervision
ESMA	European Securities and Markets Authority
ESRB	European Systemic Risk Board
EU	Europäische Union
EuGH	Europäischer Gerichtshof
EURIBOR	European Interbank Offered Rate
EWG	Europäische Wirtschaftsgemeinschaft
EWR	Europäischer Wirtschaftsraum

EZB	Europäische Zentralbank
EZBSatzProt	Protokoll über die Satzung des Europäischen Systems der Zentralbanken und der Europäischen Zentralbank
f./ ff.	folgende (Seite) /folgende (Seiten)
F.3d	Federal Reporter third series
FinDAG	Finanzdienstleistungsaufsichtsgesetz
FMStFG	Finanzmarktstabilisierungsfondsgesetz
FSOB	Financial Stability Oversight Board
gem.	gemäß
GbR	Gesellschaft bürgerlichen Rechts
GG	Grundgesetz
GroßMiKV	Großkredit- und Millionenkreditverordnung
GVG	Gerichtsverfassungsgesetz
GWG	Geldwäschegesetz
HGB	Handelsgesetzbuch
HRE	Hypo Real Estate
Hrsg.	Herausgeber
HS	Halbsatz
i.d.R.	in der Regel
IFD	Investment Firm Directive
IFR	Investment Firm Regulation
InsO	Insolvenzordnung
IPO	Initial Public Offering
i.S.d.	im Sinne des
i.V.m.	in Verbindung mit
JZ	JuristenZeitung
KapMuG	Kapitalanlagen-Musterverfahrensgesetz
KfW	Kreditanstalt für Wiederaufbau
KG	Kommanditgesellschaft
KVG	Kapitalverwaltungsgesellschaft
KWG	Kreditwesengesetz
MaComp	Mindestanforderungen an die Compliance
MAD	Market Abuse Directive
MaKonV	Marktmanipulationskonkretisierungsverordnung
MAR	Market Abuse Regulation
MaRisk	Mindestanforderungen an das Risikomanagement
MiFID	Markets in Financial Instruments Directive
MiFID II	Neufassung der Markets in Financial Instruments Directive

MiFIR	Markets in Financial Instruments Regulation
MTF	Multilateral Trading Facility
MünchKomm	Münchener Kommentar
NJW	Neue Juristische Wochenzeitschrift
NJW-RR	NJW-Rechtsprechungs-Report
OGAW	Organismen für die gemeinsame Anlage in Wertpapieren
OTC	Over the Counter
OTF	Organized Trading Facility
OVG	Oberverwaltungsgericht
PfandBG	Pfandbriefgesetz
POS	Point of Sale
POZ	Point of Sale ohne Zahlungsgarantie
PSD II	Payment Services Directive II
RM	Regulated Market
ScheckG	Scheckgesetz
SDR	Special drawing rights
SEPA	Single European Payment Area
SI	Systematischer Internalisierer
sog.	sogenannt
u.a.	unter anderem
UAbs.	Unterabsatz
UmwG	Umwandlungsgesetz
U.S.	United States Reporter
v.	vom
VGH	Verwaltungsgerichtshof
VwGO	Verwaltungsgerichtsordnung
WG	Wechselgesetz
WM	Wertpapier-Mitteilungen
WpAIV	Wertpapierhandelsanzeige- und Insiderverzeichnisverordnung
WpDU	Wertpapierdienstleistungsunternehmen
WpDVerOV	Verordnung zur Konkretisierung der Verhaltensregeln und Organisationsanforderungen für Wertpapierdienstleistungsunternehmen
WpHG	Wertpapierhandelsgesetz
WpPG	Wertpapierprospektgesetz
WpIG	Wertpapierinstitutsgesetz
WpÜG	Wertpapierübernahmegesetz

ZAG	Zahlungsdiensteaufsichtsgesetz
ZBB	Zeitschrift für Bankrecht und Bankwirtschaft
ZHR	Zeitschrift für das gesamte Handels- und Wirtschaftsrecht
ZIP	Zeitschrift für Wirtschaftsrecht
ZKG	Zahlungskontengesetz
ZPO	Zivilprozessordnung

Literaturverzeichnis

Assmann, Heinz-Dieter, Das Verhältnis von Aufsichtsrecht und Zivilrecht im Kapitalmarktrecht, in: Festschrift für Uwe Schneider, Köln 2011, 37–55 (zit.: *Assmann*, in: Festschrift Uwe H. Schneider, 2011)

ders./Schneider, Uwe H. (Hrsg.), Wertpapierhandelsgesetz, Kommentar, 7. Auflage, Köln 2019 (zit.: *Bearbeiter*, in: Assmann/Schneider, WpHG, 7. Aufl. 2019)

ders./Schütze, Rolf A./Buck-Heeb, Petra (Hrsg.), Handbuch des Kapitalanlagerechts, 5. Auflage, München 2020 (zit.: *Bearbeiter*, in: Assmann/Schütze/Buck-Heeb, Handbuch des Kapitalanlagerechts, 5. Aufl. 2020)

Baums, Theodor/Sauter, Maike, Anschleichen an Übernahmeziele mit Hilfe von Aktienderivaten, ZHR 173 (2009), 454–503 (zit.: *Baums/Sauter*, ZHR 173 (2009), 454)

Bachmann, Georg, Das Europäische Insiderhandelsverbot, Berlin/München/Bosten 2005 (zit.: *Bachmann*, Das Europäische Insiderhandelsverbot 2005)

Beck, Heinz/Samm, Carl-Theodor/Kookemoor, Axel (Hrsg.), Kreditwesengesetz mit CRR, Loseblattsammlung, Stand September 2022 (zit.: *Bearbeiter*, in: Beck/Samm/Kookemoor, KWG mit CRR)

Benicke, Christoph, Wertpapiervermögensverwaltung, Tübingen 2006 (zit.: *Benicke*, Wertpapiervermögensverwaltung, 2006)

Böhme, Markus, Staatshaftung für fehlerhafte Bankenaufsicht nach deutschem und europäischem Recht, Baden-Baden 2009 (zit.: *Böhme*, Staatshaftung für fehlerhafte Bankenaufsicht nach deutschem und europäischem Recht, 2009)

Boos, Karl-Heinz/Fischer, Reinfried/Schulte-Mattler, Hermann (Hrsg.), Kreditwesengesetz, VO (EU) Nr. 575/2013 (CRR), Kommentar, 5. Auflage, München 2016 (zit.: *Bearbeiter*, in: Boos/Fischer/Schulte-Mattler, KWG, CRR, 5. Aufl. 2016)

Buck-Heeb, Petra, Kapitalmarktrecht, 12. Auflage, Heidelberg 2022 (zit.: *Buck-Heeb*, Kapitalmarktrecht, 12. Aufl. 2022)

Busch, Danny/Ferrarini, Guido/Grünewald, Seraina (Hrsg.), Sustainable Finance in Europe, Cham 2021 (zit.: *Busch/Ferrarini/Grünewald*, Sustainable Finance in Europe, 2021)

Busch, Danny/Ferrarini, Guido/Franx, Jan Paul (Hrsg.), Prospectus Regulation and Prospectus Liability, Oxford 2020 (zit: *Busch/Ferrarini/Franx*, Prospectus Regulation and Prospectus Liability, 2020)

Claussen, Carsten P. (Hrsg.), Bank- und Börsenrecht, 5. Auflage, München 2014 (zit.: *Bearbeiter*, in: Claussen, Bank- und Börsenrecht, 5. Aufl. 2014)

Einsele, Dorothee, Bank- und Kapitalmarktrecht, 5. Auflage, Tübingen 2022 (zit.: *Einsele*, Bank- und Kapitalmarktrecht, 5. Aufl. 2022)

dies., Anlegerschutz durch Information und Beratung, JZ 2008, 477–490 (zit.: *Einsele*, JZ 2008, 477)

Forschner, Julius, Wechselwirkungen von Aufsichtsrecht und Zivilrecht, Tübingen 2006 (zit.: *Forschner*, Wechselwirkungen von Aufsichtsrecht und Zivilrecht, 2006)

Fuchs, Andreas (Hrsg.), WpHG, Kommentar, 2. Auflage, München 2016 (zit.: *Bearbeiter*, in: Fuchs, WpHG, 2. Aufl. 2016)

Grüneberg, Christian, 81. Auflage, München 2022 (zit.: *Grüneberg/Bearbeiter*, 81. Aufl. 2022)

Grundmann, Stefan, Das neue Recht des Zahlungsverkehrs – Teil II, WM 2009, 1157–1164 (zit.: *Grundmann*, WM 2009, 1157)

Hahn, Hugo J./Häde, Ulrich, Währungsrecht, 2. Auflage, München 2010 (zit.: *Hahn/Häde*, Währungsrecht, 2. Aufl. 2010)

Herresthal, Carsten, Die Rechtsprechung zu Aufklärungspflichten zu Rückvergütungen auf dem Prüfstand des Europarechts, WM 2012, 2261–2267 (zit.: *Herresthal*, WM 2012, 2261)

Hopt, Klaus J. (Hrsg.), HGB, 42. Auflage, München 2023 (zit.: *Bearbeiter*, in: Hopt, HGB, 42. Aufl. 2023)

ders., Der Kapitalanlegerschutz im Recht der Banken, München 1975 (zit.: *Hopt*, Der Kapitalanlegerschutz im Recht der Banken, 1975)

ders., Grundsatz- und Praxisprobleme nach dem Wertpapierhandelsgesetz, ZHR 159 (1995), 135–163 (zit.: *Hopt*, ZHR 159 (1995), 135)

Kalss, Susanne/Oppitz, Martin/Zollner, Johannes, Kapitalmarktrecht, 2. Auflage, Wien 2015 (zit.: *Kalss/Oppitz/Zollner*, Kapitalmarktrecht, 2015)

Knapp, Friedrich G., Staatliche Theorie des Geldes, München 1923 (zit.: *Knapp*, Staatliche Theorie des Geldes, 1923)

Köndgen, Johannes, Anmerkung zu BGH, Urteil vom 27.9.2011 – XI ZR 182/10, JZ 2012, 260–263 (zit.: *Köndgen*, JZ 2012, 260)

Lehmann, Matthias, Finanzinstrumente, Tübingen 2009 (zit.: *Lehmann,* Finanzinstrumente, 2009)

ders., Anmerkung zu BGH, Urteil vom 22.3.2011 – XI ZR 33/10, JZ 2011, 749–751 (zit.: *Lehmann*, JZ 2011, 749)

ders./Schürger, Jonas, Staatshaftung für Versäumnisse der BaFin im Fall Wirecard, WM 2021, 857–864 (Teil I) und 905–912 (Teil II) (zit.: *Lehmann/Schürger*, WM 2021, 857 (Teil I) und 905 (Teil II))

ders, CCP Supervision After Brexit: From Extraterritoriality to a Model of Shared Control, (2023) Capital Markets Law Journal 5 (zit.: *Lehmann*, CMLJ 2023, 5)

Mülbert, Peter, Auswirkungen der MiFID-Rechtsakte für Vertriebsvergütungen im Effektengeschäft der Kreditinstitute, ZHR 172 (2008), 170–209 (zit.: *Mülbert*, ZHR 172 (2008), 170)

Nietsch, Michael, Die Mitteilung über die Veröffentlichung von Gerüchten durch Journalisten als unbefugte Offenlegung einer Insiderinformation, BKR 2022, 611–620 (zit.: *Nietsch*, BKR 2022, 611)

Parks, Tim, Medici Money, New York 2005 (zit.: *Parks,* Medici Money, 2005)

Peolzig, Dörte, Kapitalmarktrecht, 2. Auflage 2021 (zit.: *Poelzig*, Kapitalmarktrecht, 2021)

Proctor, Charles, Mann on the Legal Aspect of Money, 7. Auflage, Oxford 2012 (zit.: *Proctor*, Mann on the Legal Aspect of Money, 7. Aufl. 2012)

Renner, Moritz, Staatshaftungsrechtliche Implikationen des Wirecard-Skandals, ZBB 2021, 1–20 (zit.: *Renner*, ZBB 2021, 1)

Riesenhuber, Karl (Hrsg.), Europäische Methodenlehre, 4. Auflage, Berlin 2021 (zit.: *Bearbeiter*, in: Riesenhuber, Europäische Methodenlehre, 4. Aufl. 2021)

Rothenhöfer, Kay, Interaktion zwischen Aufsichts- und Zivilrecht, in: Baum/Hellgardt/Fleckner/Roth (Hrsg.), Perspektiven des Wirtschaftsrechts – Beiträge für Klaus Hopt aus Anlass seiner Emeritierung, 2008, S. 55–84 (zit.: *Rothenhöfer*, in: FS Hopt 2008)

Säcker, Franz Jürgen/Rixecker, Roland/Oetker, Hartmut/Limperg, Bettina (Hrsg.), Münchener Kommentar zum BGB

Band 1, 9. Auflage 2021
Band 2, 8. Auflage 2019
(zit.: *Bearbeiter*, in: MünchKomm-BGB)

Schmidt, Karsten/Ebke, Werner (Hrsg.), Münchener Kommentar zum Handelsgesetzbuch, 4. Auflage, München 2020 (zit.: *Bearbeiter*, in: MünchKomm-HGB)

Schneider, Uwe H./Brouwer, Tobias, Kapitalmarktrechtliche Meldepflichten bei Finanzinstrumenten, AG 2008, 557–565 (zit.: *Schneider/Brouwer*, AG 2008, 557)

Schneider, Uwe H./Anzinger, Heribert M., Umgehung und missbräuchliche Gestaltung im Kapitalmarktrecht oder: Brauchen wir eine § 42 AO entsprechende Vorschrift im Kapitalmarktrecht?, ZIP 2009, 1–10 (zit.: *Schneider/Anzinger*, ZIP 2009, 1)

Schneider, Uwe, Die zivilprozessuale Musterfeststellungsklage, BB 2018, 1986 (zit.: *Schneider*, BB 2018, 1986)

Schnyder, Anton K., Europäisches Banken- und Versicherungsrecht, Heidelberg 2005 (zit.: *Schnyder*, Europäisches Banken- und Versicherungsrecht, 2005)

Schönke, Adolf/Schröder, Horst, StGB, Kommentar, 30. Auflage, München 2019 (zit.: *Bearbeiter*, in: Schönke/Schröder, StGB, 30. Aufl. 2019)

Schröder, Christian, Handbuch Kapitalmarktstrafrecht, 4. Auflage, Köln 2020 (zit.: *Schröder*, Kapitalmarktstrafrecht, 4. Aufl. 2020)

Schürger, Jonas/Mayer, Matthias, Die Europäische Bankenunion – Eine Einführung, JURA 2021, 916–923 (Teil I) und 1209–1216 (Teil II) (zit.: *Schürger/Mayer*, JURA 2021, 916 (Teil I) und 1209 (Teil II))

ders., Unionsrechtskonformität nationaler Beschränkungen der Staatshaftung im Bank- und Kapitalmarktrecht, BKR 2021, 601–609 (zit.: *Schürger*, BKR 2021, 601)

Schwennicke, Andreas/Auerbach, Dirk (Hrsg.), KWG, Kommentar, 4. Auflage, München 2021 (zit.: *Bearbeiter*, in: Schwennicke/Auerbach, KWG, 4. Aufl. 2021)

Schwark, Eberhard/Zimmer, Daniel (Hrsg.), Kapitalmarktrechts-Kommentar, 5. Auflage, München 2020 (zit.: *Bearbeiter*, in: Schwark/Zimmer, KMRK, 5. Aufl. 2020)

Seibt, Christoph/Buck-Heeb, Petra/Harnos, Rafael, BeckOK WpHG, 5. Auflage, München 2022 (zit.: *Seibt/Buck-Heeb/Harnos*, BeckOK WpHG, 5. Aufl. 2022)

Spremann, Klaus/Gantenbein, Pascal, Kapitalmärkte, Stuttgart 2005 (zit.: *Spremann/Gantenbein*, Kapitalmärkte, 2005)

Strobel, Benedikt, Die Rechtsnatur der sogenannten Negativzinsen, NJW 2021, 881 (zit.: *Strobel*, NJW 2021, 881)

Stürner, Rolf/Eidenmüller, Horst/Schoppmeyer, Heinrich (Hrsg.), Münchener Kommentar zur Insolvenzordnung, Band 1, 4. Auflage, München 2019 (zit.: *Bearbeiter*, in: MünchKomm-InsO, 4. Aufl. 2019)

Szagunn, Volkhard/Haug, Ulrich/Ergenzinger, Wilhelm (Hrsg.), Gesetz über das Kreditwesen, Kommentar, 6. Auflage, Stuttgart 1996 (zit.: *Szagunn/Haug/Ergenzinger*, KWG, 6. Aufl. 1996)

v. Hein, Jan (Hrsg.), Münchener Kommentar zum BGB
Band 13, 8. Auflage 2021
(zit.: *Bearbeiter*, in: MünchKomm-BGB)

Waßmuth, Guido/Asmus, Thomas, Verlängerung des KapMuG, BKR 2021, 15 (zit.: *Waßmuth/Asmus*, BKR 2021, 15)

Wenger, Kilian, Das „GameStop"-Phänomen nach deutschem Marktmissbrauchsrecht: Marktmanipulation oder legitimes Anlegerverhalten?, BKR 2021, 181–185 (zit.: *Wenger*, BKR 2021, 181)

Verzeichnis der EU-Verordnungen und Richtlinien

Alle Rechtstexte der EU sind abrufbar unter: http://eur-lex.europa.eu/

EU-Verordnungen

Verordnung (EG) Nr. 2273/2003 der Kommission vom 22. Dezember 2003 zur Durchführung der Richtlinie 2003/6/EG des Europäischen Parlaments und des Rates – Ausnahmeregelungen für Rückkaufprogramme und Kursstabilisierungsmaßnahmen
ABlEU v. 23.12.2003, L 336/33
(zit.: VO(EG) 2273/2003)

Verordnung (EG) Nr. 809/2004 der Kommission vom 29. April 2004 zur Umsetzung der Richtlinie 2003/71/EG des Europäischen Parlaments und des Rates betreffend die in Prospekten enthaltenen Informationen sowie das Format, die Aufnahme von Informationen mittels Verweis und die Veröffentlichung solcher Prospekte und die Verbreitung von Werbung
ABlEU v. 30.4.2004, L 149/1
(zit.: Prospekt-VO)

Verordnung (EU) Nr. 1092/2010 des Europäischen Parlaments und des Rates vom 24. November 2010 über die Finanzaufsicht der Europäischen Union auf Makroebene und zur Errichtung eines Europäischen Ausschusses für Systemrisiken
ABlEU v. 15.12.2010, L 331/1
(zit.: ESRB-VO)

Verordnung (EU) Nr. 1093/2010 des Europäischen Parlaments und des Rates vom 24. November 2010 zur Errichtung einer Europäischen Aufsichtsbehörde (Europäische Bankenaufsichtsbehörde), zur Änderung des Beschlusses Nr. 716/2009/EG und zur Aufhebung des Beschlusses 2009/78/EG der Kommission
ABlEU v. 15.12.2010, L 331/12
(zit.: EBA-VO)

Verordnung (EU) Nr. 1094/2010 des Europäischen Parlaments und des Rates vom 24. November 2010 zur Errichtung einer Europäischen Aufsichtsbehörde (Europäische Aufsichtsbehörde für das Versicherungswesen und die betriebliche Altersversorgung), zur Änderung des Beschlusses Nr. 716/2009/EG und zur Aufhebung des Beschlusses 2009/79/EG der Kommission
ABlEU v. 15.12.2010, L 331/48
(zit.: EIOPA-VO)

Verordnung (EU) Nr. 1095/2010 des Europäischen Parlaments und des Rates vom 24. November 2010 zur Errichtung einer Europäischen Aufsichtsbehörde (Europäische Wertpapier- und Marktaufsichtsbehörde), zur Änderung des Beschlusses Nr. 716/2009/EG und zur Aufhebung des Beschlusses 2009/77/EG der Kommission
ABlEU v. 15.12.2010, L 331/84
(zit.: ESMA-VO)

Verordnung (EU) Nr. 648/2012 des Europäischen Parlaments und des Rates vom 4. Juli 2012 über OTC-Derivate, zentrale Gegenparteien und Transaktionsregister
ABlEU v. 27.7.2012, L 201/1
(zit.: EMIR)

Verordnung (EU) Nr. 575/2013 des Europäischen Parlaments und des Rates vom 26. Juni 2013 über Aufsichtsanforderungen an Kreditinstitute und Wertpapierfirmen und zur Änderung der Verordnung (EU) Nr. 646/2012
ABlEU v. 27.6.2013, L 176/1
(zit.: CRR II)

Verordnung (EU) Nr. 1024/2013 des Europäischen Parlaments und des Rates vom 15. Oktober 2013 zur Übertragung besonderer Aufgaben im Zusammenhang mit der Aufsicht über Kreditinstitute auf die Europäische Zentralbank
ABlEU v. 29.10.2013, L 287/63
(zit.: SSM-VO)

Verordnung (EU) Nr. 596/2014 des Europäischen Parlaments und des Rates vom 16. April 2014 über Marktmissbrauch (Marktmissbrauchsverordnung) und zur Aufhebung der Richtlinie 2003/6/EG des Europäischen Parlaments und des Rates und der Richtlinien 2003/124/EG, 2003/125/EG und 2004/72/EG der Kommission
ABlEU v. 12.6.2014, L 173/1
(zit.: MAR)

Verordnung (EU) Nr. 600/2014 des Europäischen Parlaments und des Rates vom 15. Mai 2014 über Märkte für Finanzinstrumente und zur Änderung der Verordnung (EU) Nr. 648/2012
ABlEU v. 12.6.2014, L 173/84
(zit.: MiFIR)

Verordnung (EU) Nr. 806/2014 des Europäischen Parlaments und des Rates vom 15. Juli 2014 zur Festlegung einheitlicher Vorschriften und eines einheitlichen Verfahrens für die Abwicklung von Kreditinstituten und bestimmten Wertpapierfirmen im Rahmen eines einheitlichen Abwicklungsmechanismus und eines einheitlichen Abwicklungsfonds sowie zur Änderung der Verordnung (EU) Nr. 1093/2010
ABlEU v. 30.7.2014, L 225/1
(zit.: SRM-VO)

Verordnung (EU) 2016/522 der Kommission vom 17. Dezember 2015 zur Ergänzung der Verordnung (EU) Nr. 596/2014 des Europäischen Parlaments und des Rates im Hinblick auf eine Ausnahme für bestimmte öffentliche Stellen und Zentralbanken von Drittstaaten, die Indikatoren für Marktmanipulation, die Schwellenwerte für die Offenlegung, die zuständige Behörde, der ein Aufschub zu melden ist, die Erlaubnis zum Handel während eines geschlossenen Zeitraums und die Arten meldepflichtiger Eigengeschäfte von Führungskräften
ABlEU v. 5.4.2016, L 88/1
(zit.: VO (EU) 2016/522)

Verordnung (EU) 2017/2402 des Europäischen Parlaments und des Rates vom 12. Dezember 2017 zur Festlegung eines allgemeinen Rahmens für Verbriefungen und zur Schaffung eines spezifischen Rahmens für einfache, transparente und standardisierte Verbriefung und zur Änderung der Richtlinie 2009/65/EG, 2009/138/EG, 2011/61/EU und der Verordnungen (EG) Nr. 1060/2009 und (EU) Nr. 648/2012
ABlEU v. 28.12.2017, L 347/35
(zit.: VerbriefungsVO)

Verordnung (EU) 2019/2033 des Europäischen Parlaments und des Rates vom 27. November 2019 über Aufsichtsanforderungen an Wertpapierfirmen und zur Änderung der Verordnungen (EU) Nr. 1093/2010, (EU) Nr. 575/2013, (EU) Nr. 600/2014 und (EU) Nr. 806/2014
ABlEU v. 5.12.2019, L 314/1
(zit.: IFR)

EU-Richtlinien

Richtlinie 97/9/EG des Europäischen Parlamentes und des Rates vom 3. März 1997 über Systeme für die Entschädigung der Anleger
ABlEU v. 16.3.1997, L 84/22.
(zit.: Anlegerentschädigungs-Richtlinie)

Richtlinie 2004/39/EG des Europäischen Parlaments und des Rates vom 21. April 2004 über Märkte für Finanzinstrumente, zur Änderung der Richtlinien 85/611/EWG und 93/6/EWG des Rates und der Richtlinie 2000/12/EG des Europäischen Parlaments und des Rates und zur Aufhebung der Richtlinie 93/22/EWG des Rates
ABlEU v. 30.4.2004, L 145/1
(zit.: MiFID I)

Richtlinie 2007/64/EG des Europäischen Parlaments und des Rates vom 13. November 2007 über Zahlungsdienste im Binnenmarkt, zur Änderung der Richtlinien 97/7/EG, 2002/65/EG, 2005/60/EG und 2006/48/EG sowie zur Aufhebung der Richtlinie 97/5/EG
ABlEU v. 5.12.2007, L 319/1
(zit.: Zahlungsdienste-Richtlinie)

Richtlinie 2009/65/EG des Europäischen Parlaments und des Rates vom 13. Juli 2009 zur Koordinierung der Rechts- und Verwaltungsvorschriften betreffend bestimmte Organismen für gemeinsame Anlagen in Wertpapieren (OGAW)
ABlEU v. 17.11.2009, L 302/32
(zit.: OGAW-Richtlinie)

Richtlinie 2011/61/EU des Europäischen Parlaments und des Rates vom 8. Juni 2011 über die Verwalter alternativer Investmentfonds und zur Änderung der Richtlinien 2003/41/EG und 2009/65/EG und der Verordnungen (EG) Nr. 1060/2009 und (EU) Nr. 1095/2010
ABlEU v. 1.7.2011, L 174/1
(zit.: AIFMD)

Richtlinie 2013/36/EU des Europäischen Parlaments und des Rates vom 26. Juni 2013 über den Zugang zur Tätigkeit von Kreditinstituten und die Beaufsichtigung von Kreditinstituten und Wertpapierfirmen, zur Änderung der Richtlinie 2002/87/EG und zur Aufhebung der Richtlinien 2006/48/EG und 2006/49/EG
ABlEU v. 27.6.2013, L 176/338
(zit.: CRD V)

Richtlinie 2014/17/EU des Europäischen Parlaments und des Rates vom 4. Februar 2014 über Wohnimmobilienkreditverträge für Verbraucher und zur Änderung der Richtlinien 2008/48/EG und 2013/36/EU und der Verordnung (EU) Nr. 1093/2010
ABlEU v. 28.2.2014, L 60/34
(zit.: Wohnimmobilienkredit-Richtlinie)

Richtlinie 2014/49/EU des Europäischen Parlamentes und des Rates vom 16. April 2014 über Einlagensicherungssysteme
ABlEU v. 12.6.2014, L 173/149
(zit.: Einlagensicherungs-Richtlinie)

Richtlinie 2014/57/EU des Europäischen Parlaments und des Rates vom 16. April 2014 über strafrechtliche Sanktionen bei Marktmanipulation (Marktmissbrauchsrichtlinie)
ABlEU v. 12.6.2014, L 173/179
(zit.: CRIM-MAD)

Richtlinie 2014/59/EU des Europäischen Parlaments und des Rates vom 15. Mai 2014 zur Festlegung eines Rahmens für die Sanierung und Abwicklung von Kreditinstituten und Wertpapierfirmen und zur Änderung der Richtlinie 82/891/EWG des Rates, der Richtlinien 2001/24/EG, 2002/47/EG, 2004/25/EG, 2005/56/EG, 2007/36/EG, 2011/35/EU, 2012/30/EU und 2013/36/EU sowie der Verordnungen (EU) Nr. 1093/2010 und (EU) Nr. 648/2012 des Europäischen Parlaments und des Rates
ABlEU v. 12.6.2014, L 173/190
(zit.: BRRD)

Richtlinie 2014/65/EU des Europäischen Parlaments und des Rates vom 15. Mai 2014 über Märkte für Finanzinstrumente sowie zur Änderung der Richtlinien 2002/92/EG und 2011/61/EU
ABlEU v. 12.6.2014, L 173/349
(zit.: MiFID II)

Richtlinie (EU) 2015/2366 des Europäischen Parlaments und des Rates vom 25. November 2015 über Zahlungsdienste im Binnenmarkt, zur Änderung der Richtlinien 2002/65/EG und 2013/ 36/EU und der Verordnung (EU) Nr. 1093/2010 sowie zur Aufhebung der Richtlinie 2007/64/EG
ABlEU v. 23.12.2015, L 337/35
(zit.: PSD II)

Richtlinie (EU) 2019/2034 des Europäischen Parlaments und des Rates vom 27. November 2019 über die Beaufsichtigung von Wertpapierfirmen und zur Änderung der Richtlinien 2002/87/EG, 2009/65/EG, 2011/61/EU, 2013/36/EU, 2014/59/EU und 2014/65/EU
ABlEU v. 5.12.2019, L 314/64
(zit.: IFD)

§ 1

Einleitung

A. Wirtschaftlicher Hintergrund des Bank- und Kapitalmarktrechts

Unternehmen arbeiten stets mit Blick auf die Zukunft. Zur Finanzierung ihrer Projekte benötigen sie Geld. Da sie dieses in den seltensten Fällen aus eigenen Mitteln aufbringen können, müssen sie sich um eine Finanzierung bemühen. Dabei stehen ihnen zwei Optionen offen. 1

Das Unternehmen kann sich einerseits an eine **Bank** wenden und um einen Kredit bitten. Die Bank ihrerseits erhält das dafür nötige Geld von ihren Kunden, d.h. den Sparern (im Bankrecht sagt man „Einlegern"), die es z.B. auf ihrem Girokonto oder einem Festgeldkonto angelegt haben. Insoweit stellen sich verschiedene Fragen: Was ist eine Bank? Wer kann sie betreiben und unter welchen Bedingungen? Was ist Geld? Wie wird ein Kredit vergeben? Wie funktioniert ein Girokonto? Diese Fragen und alle anderen, die sich aus dem Rechtsverkehr mit Banken ergeben, werden im ersten Teil dieses Buchs unter dem Titel „**Bankrecht**" erörtert. 2

Das Unternehmen kann sich andererseits direkt an die Sparer wenden und diese darum bitten, ihm ihr Geld zur Verfügung zu stellen. Als Gegenleistung kann es ihnen dafür Aktien oder Anleihen (sogenannte Finanzinstrumente) zur Verfügung stellen. Der Markt, auf dem sich Angebot und Nachfrage nach solchen Instrumenten treffen, ist der **Kapitalmarkt**. Seine Regulierung wirft ebenfalls verschiedene Fragen auf: Was ist der Kapitalmarkt und wer darf auf ihm handeln? Was ist eine Börse und wie funktioniert sie? Was sind Derivate, was sind Investmentfonds? Welche Pflichten müssen beim Vertrieb von Finanzinstrumenten an Anleger beachtet werden? Wie werden Insiderhandel und Marktmanipulation geahndet? Diese und andere Fragen behandelt der zweite Teil dieses Buches, der dem „**Kapitalmarktrecht**" gewidmet ist. 3

Die Unterscheidung zwischen Bank- und Kapitalmarktrecht hat sich eingebürgert. Sie ist als Leitgedanke für das Verständnis nach wie vor unverzichtbar. Der materielle Grund dafür ist, dass sich das Bankrecht nur an Banken als Institutionen richtet, während das Kapitalmarktrecht auch andere Akteure oder „Finanzintermediäre" betrifft, z.B. Börsen und Investmentfonds. Kurz gesagt kann man das Bankrecht auch als Sonderrecht für einen besonders wichtigen Finanzintermediär bezeichnen. 4

Die Gegenüberstellung von Bank- und Kapitalmarktrecht darf jedoch nicht zu der Vorstellung verleiten, beide Bereiche seien völlig getrennt. Es existieren im Gegenteil zahlreiche Querverbindungen zwischen ihnen. Das liegt daran, dass Banken zugleich die wichtigsten Akteure auf dem Kapitalmarkt sind, in den sie in vielfältiger Weise eingreifen. Zum Beispiel helfen sie Unternehmen bei der Emission von Finanzinstrumenten oder der Akquisition anderer Unternehmen. Bankrecht und Kapitalmarktrecht sind 5 daher eng verwoben, wie sich z.B. daran zeigt, dass in Deutschland eine Behörde – die Bundesanstalt für Finanzdienstleistungsaufsicht (BaFin) – mit der Durchsetzung beider Gebiete betraut ist. Will man diesen Zusammenhang besonders betonen, so kann man von „**Finanzmarktrecht**" sprechen. Diese Bezeichnung gewinnt gerade über das europäische Recht zunehmend an Bedeutung.[1]

B. Regelungsziele und -instrumente

I. Die drei Kernziele: Funktionsfähigkeit des Kapitalmarkts, Anlegerschutz und Systemstabilität

6 Banken und Kapitalmarkt sind die wichtigsten Finanzierungsquellen für Unternehmen und die öffentliche Hand. Ihre **Funktionsfähigkeit** hat daher überragende volkswirtschaftliche Bedeutung. Ein wichtiges Ziel des Bank- und Kapitalmarktrechts ist es, diese Funktionsfähigkeit zu erhalten.

7 Ein weiteres Ziel ist der **Schutz der Anleger** (im Bankrecht: „Einleger", weil sie Depositen – Bankguthaben – „einlegen"). Diese können durch betrügerische Angebote oder mangelhafte Informationen geschädigt werden. Das sollen verschiedene rechtliche Regelungen verhindern.

8 Individuen werden ihr Geld nur dann Banken oder dem Kapitalmarkt überlassen, wenn es dort ausreichend vor Verlust geschützt ist und sie hinreichend über Risiken aufgeklärt werden. Die Bank kann aber ohne Einleger nicht funktionieren, und der Kapitalmarkt nicht ohne Anleger. Funktionsfähigkeit und Anlegerschutz sind daher keine widersprüchlichen Ziele, sondern sind ganz im Gegenteil voneinander abhängig. Der enge Zusammenhang wird in der Literatur durch das Bild zweier „kommunizierender Röhren" beschrieben.[2]

9 Spätestens seit der globalen Finanzkrise 2008 ist auch der **Schutz der Stabilität des Finanzsystems ein Kernziel des Finanzmarktrechts**. Während die anderen beiden Ziele auf individuelle Institutionen (etwa Banken) oder Individuen (etwa Einleger) ausgerichtet sind, betrifft dieses Ziel das Finanzsystem als Ganzes. Es verlangt eine makroökonomische statt einer mikroökonomischen Betrachtungsweise.[3] Gefahren für die Stabilität des Finanzsystems als solches bestehen insbesondere durch die Möglichkeit der Ansteckung eines Instituts durch ein anderes. Würde etwa über das Vermögen einer großen Bank wie z.B. der Deutschen Bank ein Insolvenzverfahren eröffnet, so würde dies die finanzielle Lage vieler anderer Banken beeinträchtigen, die mit ihr in vertraglicher Verbindung stehen. Mit solchen gesamtwirtschaftlichen Fragen beschäftigt sich die makroprudentielle Aufsicht.[4]

1 Siehe z.B. unten Rn. 40 über die „Finanzmarktaufsicht".
2 *Hopt*, Der Kapitalanlegerschutz im Recht der Banken, 1975, S. 52.
3 Die Makroökonomik betrachtet die Volkswirtschaft in ihrer Gesamtheit. Die Mikroökonomie knüpft hingegen an den Individualitäten des Wirtschaftsprozesses (also Haushalte, Unternehmen, einzelnen Gütern) an.
4 Dazu unten Rn. 47–49.

Zu den drei Kernzielen des Finanzmarktrechts sind in letzter Zeit weitere, außerfinanzmarktrechtliche Ziele hinzugetreten. Diese sind nicht mit dem Finanzsystem als solchem verbunden, sondern vielmehr mit allgemeinpolitischen Fragen. Zunehmend wird insbesondere der Nachhaltigkeit der finanzierten Aktivitäten Aufmerksamkeit geschenkt. Ziel ist die Förderung eines ethisch und sozial verantwortlichen Wirtschafts- und Finanzsystems, gemeinhin zusammengefasst unter dem Kürzel **ESG** (Ethical, Social, Governance).[5] Dabei steht der Kampf gegen den Klimawandel derzeit im Vordergrund. Mit Hilfe einer bestimmten Ausgestaltung der Finanzmarktregulierung sollen Investitionen in möglichst umweltfreundliche Technologien gefördert werden.[6] 10

Diese Regelungsziele sind vom Rechtsanwender in der Auslegung einzelner Bestimmungen zu berücksichtigen. 11

II. Die drei Instrumente: Öffentliches Recht, Privatrecht und Strafrecht

Üblicherweise ordnet man Rechtsgebiete einer der drei großen Kategorien des öffentlichen Rechts, Zivilrechts oder Strafrechts zu. Soweit der Gesetzgeber Banken und Kapitalmärkte regelt, bedient er sich aller drei Gebiete. Er sieht z.B. für ein gewisses Verhalten eine verwaltungsrechtliche Sanktion vor, wie etwa die Entziehung einer Bankerlaubnis. Für dasselbe Verhalten kann er auch eine zivilrechtliche Haftung anordnen. Schließlich kann er gleichzeitig oder alternativ strafrechtliche Sanktionen, wie etwa eine Geldstrafe, androhen. Es handelt sich daher beim Bank- und Kapitalmarktrecht um **Mischgebiete**. 12

Viele Normen des Bank- und Kapitalmarktrechts lassen sich dennoch funktional einer der drei Kategorien zuordnen. Das ist u.a. für den zu beschreitenden Rechtsweg von Bedeutung: Vor die Verwaltungsgerichte gelangen nur öffentlich-rechtliche Streitigkeiten (siehe § 40 I S. 1 VwGO), vor die ordentlichen Gerichte (= Amtsgericht, Landgericht, Oberlandesgericht, Bundesgerichtshof) dagegen die bürgerlichen, d.h. privaten Rechtsstreitigkeiten sowie die Strafsachen (siehe § 13 GVG). Die Normen des **Aufsichtsrechts** gehören zum öffentlichen Recht. Sie betreffen die Beziehung der Aufsichtsbehörden zu den Beaufsichtigten, z.B. die Voraussetzungen für die Erlaubnis, Bankgeschäfte tätigen zu dürfen (§ 32 KWG). Die Normen des **Privatrechts** (etwa des „privaten Bankrechts“) regeln Beziehungen zwischen privaten Individuen, z.B. die Rechte aus einem Darlehensvertrag (§§ 488–509 BGB). Die Normen des **Strafrechts** schließlich regeln die Sanktionen für kriminelles Verhalten, z.B. Freiheitsstrafe oder Geldstrafe für das unerlaubte Betreiben von Bankgeschäften (§ 54 I Nr. 2 Var. 1 KWG). Häufig werden von der Aufsicht auch Bußgelder für Ordnungswidrigkeiten verhängt – dies gilt als Teil des Aufsichtsrechts. 13

Obwohl sich einzelne Normen des Bank- und Kapitalmarktrechts somit klar einordnen lassen, hängen sie in der Praxis eng miteinander zusammen. So kann sich die Frage stellen, ob ein Darlehensvertrag, der ohne aufsichtsrechtliche Bankerlaubnis geschlossen wurde, zivilrechtlich wirksam ist und ob sich der Kreditgeber eventuell strafbar 14

5 EU High-Level Export Group on Sustainable Finance, Final Report, 2018, S. 6.
6 *Gortsos*, in: Busch/Ferrarini/Grünewald (Hrsg.), Sustainable Finance in Europe, 2021, S. 355.

gemacht hat. In manchen Fällen ist das Verhältnis zwischen öffentlich-rechtlichen und zivilrechtlichen Regelungen dagegen umstritten, so etwa bei der Frage, ob aufsichtsrechtliche Pflichten Auswirkungen auf Verträge über Wertpapierdienstleistungen haben (vgl. unten Rn. 556 ff.).

C. Rechtsquellen

I. Internationales Recht

15 Auf internationaler Ebene gibt es verschiedene Akteure, die im Bereich des Bank- und Kapitalmarktrechts aktiv sind. Zu beachten ist, dass diese häufig kein verbindliches Recht setzen (**hard law**), sondern unverbindliche Leitlinien und Empfehlungen (**soft law**), die sodann von den Staaten in „hartes" Recht überführt werden.

16 Insbesondere seit der globalen Finanzkrise 2008 ist hier zuerst die Gruppe der zwanzig wichtigsten Industrie- und Schwellenländer (**G20**) zu nennen. Diese erlassen zwar kein unmittelbar bindendes Recht, haben aber durch ihre Abschlusserklärungen den Anstoß für weltweite Reformen des Aufsichtsrechts gegeben und dadurch maßgeblich zur Rechtsvereinheitlichung beigetragen. Sie haben darüber hinaus das Financial Stability Board (**FSB**) geschaffen, welches das globale Finanzsystem überwacht und Empfehlungen zur Vereinheitlichung von Aufsichtsstandards ausspricht.

17 Für Banken spielt zudem der Basler Ausschuss für Bankenaufsicht eine wesentliche Rolle. Dieser erarbeitet Richtlinien und Empfehlungen, zum Beispiel zu den Eigenkapitalvorschriften für Banken (**Basel I–III**[7]), die nachher von den Nationalstaaten auf freiwilliger Basis in nationales Recht überführt werden. Im Bereich des Kapitalmarktrechts ist zur Förderung weltweit einheitlicher Börsen- und Wertpapierzulassungsstandards zudem die Internationale Organisation der Wertpapieraufsichtsbehörden (**IOSCO**) zu nennen. Weitere relevante Institutionen umfassen die Bank für Internationalen Zahlungsausgleich (**BIZ**), sowie den Internationalen Währungsfonds (**IWF**) und die Weltbank als Sonderorganisationen der Vereinten Nationen.

18 Eine Besonderheit auf internationaler Ebene ist die Welthandelsorganisation (**WTO**), deren Verträge für die Mitgliedstaaten unmittelbar verbindlich sind und die einen eigenen zwingenden Streitbeilegungsmechanismus kennt. Von besonderer Relevanz für das Finanzmarktrecht ist das Allgemeine Übereinkommen über den Handel mit Dienstleistungen (**GATS**). Dieses enthält unter anderem zwei Anlagen zu Finanzdienstleistungen.

II. Europarecht

19 Die wichtigste Rechtsquelle des Bank- und Kapitalmarktrechts ist das Recht der Europäischen Union (EU). Die EU beschäftigt sich seit langem intensiv mit der Materie. Sie ist der Motor, der die Gesetzgebung in diesem Bereich permanent antreibt. Mittlerweile

7 Basel III: Finalising post-crisis reforms wird in der Literatur zum Teil auch „Basel IV" genannt.

sind hierzulande schätzungsweise mehr als 90 % aller bank- und kapitalmarktrechtlichen Vorschriften europäischen Ursprungs. Die Folge ist, dass die Bedeutung des originär deutschen Bank- und Kapitalmarktrechts immer mehr abnimmt.

Für die Dominanz der EU auf dem Gebiet des Finanzmarktrechts gibt es verschiedene Gründe. Einer davon ist, dass zu einem Binnenmarkt gehört, dass Banken und andere Finanzintermediäre wie z.B. Fonds oder Börsen ihre Dienste auch über Grenzen hinweg anbieten können. Dazu bedarf es einer Art **„europäischen Passes“**. Zudem sind eine möglichst einheitliche Regulierung und Aufsicht erforderlich, um ein sog. *level playing field* herzustellen, auf dem alle Finanzmarktteilnehmer gleiche Wettbewerbschancen haben. Ein anderer Grund für das Interesse der EU am Bank- und Kapitalmarktrecht ist, dass das Wohl und Wehe einer Bank, eines Fonds oder einer Börse nicht selten Auswirkungen auf andere Mitgliedstaaten hat. Beide Zielsetzungen spiegeln sich in den europäischen Projekten einer **Bankenunion** und **Kapitalmarktunion** wider. 20

Die EU reguliert dabei auf vier verschiedenen Ebenen (s. sogleich), die auf das sog. **Lamfalussy-Verfahren** zurückgehen. Das Verfahren beruht auf einem Vorschlag des „Ausschusses der Weisen“ unter Vorsitz von Baron Alexandre Lamfalussy und sollte die Gesetzgebung im EU-Recht vereinfachen und beschleunigen. Es gilt seit dem Vertrag von Lissabon in leicht abgewandelter Weise fort. 21

1. Richtlinien und Verordnungen

Die Instrumentarien, welche die EU zur Regelung des Bank- und Kapitalmarktrechts einsetzt, sind vor allem Richtlinien und Verordnungen (Level 1-Maßnahmen). 22

Richtlinien bedürfen der Umsetzung in das nationale Recht durch Rechtsvorschriften. Dabei hat der nationale Gesetzgeber einen Spielraum, wo und wie er die Richtlinie umsetzt, denn die Richtlinie ist nur hinsichtlich ihres Ziels verbindlich.[8] Der Rechtsanwender (= Richter, Aufsichtsbeamter) hat mit der Richtlinie als solcher nichts direkt zu tun, sondern nur mit dem sie umsetzenden nationalen Recht.[9] Mittlerweile haben die Richtlinien im Finanzmarktrecht allerdings einen Umfang und Detailgrad erreicht, der den Spielraum der Mitgliedstaaten kaum noch erkennen lässt. 23

Zunehmend reguliert der europäische Gesetzgeber durch **Verordnungen**. Sie sind in den Mitgliedstaaten unmittelbar anwendbar.[10] Der nationale Rechtsanwender muss sie genauso befolgen, als wären sie von seinem nationalen Gesetzgeber erlassen worden. 24

8 Vgl. Art. 288 III des Vertrags über die Arbeitsweise der Europäischen Union (AEUV).

9 Freilich muss er das nationale Recht im Sinne der Richtlinie interpretieren, sogenanntes Gebot der richtlinienkonformen Auslegung. Vgl. dazu *Roth/Jopen*, in: Riesenhuber, Europäische Methodenlehre, 4. Aufl. 2021, § 13. Insofern ist der Richter doch gezwungen, sich mittelbar mit der Richtlinie auseinanderzusetzen.

10 Art. 288 II AEUV.

25 Es ginge zu weit, hier alle Richtlinien und Verordnungen der EU aufzählen zu wollen, die für den Bereich des Bank- und Kapitalmarktrechts wichtig sind.[11] Eine Liste der in diesem Werk behandelten Richtlinien und Verordnungen finden Sie am Beginn dieses Buches.

2. Durchführungs- und delegierte Rechtsakte

26 Neben den vom Rat und Parlament beschlossenen Richtlinien und Verordnungen gibt es auch solche, die von der EU-Kommission im Wege exekutiver Rechtsetzung erlassen werden. Man spricht insoweit von „Level 2-Maßnahmen". Zu unterscheiden sind seit dem Vertrag von Lissabon delegierte Rechtsakte und Durchführungsrechtsakte.

27 **Delegierte Rechtsakte** ergänzen oder ändern nicht wesentliche Vorschriften eines verbindlichen Rechtsakts. Rechtliche Grundlage ist hierfür Art. 290 I AEUV. Auf Grundlage von Art. 290 I AEUV kann die Kommission in einem Gesetzgebungsakt auf Level 1 ermächtigt, werden entsprechende Ergänzungen oder Änderungen vorzunehmen. Der vorgegebene Handlungsspielraum darf jedoch nicht überschritten werden (europäisches Legalitätsprinzip, Art. 290 I S 2 AEUV). Die von der Kommission erlassenen Richtlinien und Verordnungen müssen im Titel den Zusatz „delegiert" tragen.[12]

28 **Durchführungsrechtsakte** enthalten die zur Durchführung von Richtlinien oder Verordnungen erforderlichen Maßnahmen. Für die Durchführung sind nach Art. 291 I AEUV grundsätzlich die Mitgliedstaaten zuständig. Bedarf es allerdings ausnahmsweise einer einheitlichen Durchführung der Level 1-Rechtsakte der Union, können der Kommission oder dem Rat Durchführungsbefugnisse übertragen werden. Rechtsgrundlage für eine solche Ermächtigung ist Art. 291 II AEUV. Auch hier gilt das europäische Legalitätsprinzip. Die auf Grundlage der Ermächtigung erlassenen Rechtsakte tragen den Namen „Durchführungsrichtlinie" oder „Durchführungsverordnung".

29 Zu diesen delegierten Rechtsakten und Durchführungsrechtsakten zählen insbesondere die **technischen Standards (RTS und ITS)**. Sie werden von den Europäischen Aufsichtsbehörden (European Supervisory Authorities – ESAs) vorgeschlagen und von der Kommission erlassen, die jedoch von den Vorschlägen der ESAs nur selten abweicht.[13] Mit ihnen soll die einheitliche Anwendung der Vorgaben des Unionsrechts sichergestellt und eine schnelle Anpassung des Sekundärrechts an Innovationen und technische Gegebenheiten ermöglicht werden. In den technischen Standards sind Einzelheiten zur Anwendung der Richtlinien und Verordnungen ausgeführt. Sie können entweder auf Art. 290 oder auf Art. 291 AEUV gestützt sein. Im ersten Fall spricht man von „technischen Regulierungsstandards" (Regulatory Technical Standards – RTS), im zweiten Fall

11 Zum Stand bis zum Jahre 2004 siehe die Übersicht in: *Schnyder*, Europäisches Banken- und Versicherungsrecht, 2005, S. 11-20, Rn. 22-50.

12 Ein Beispiel ist etwa die Delegierte Verordnung (EU) 2016/522 der Kommission vom 17. Dezember 2015 zur Ergänzung der Verordnung (EU) Nr. 596/2014.

13 Zum Verfahren siehe Art. 10-15 VO (EU) 1093/2010 (EBA) bzw. VO (EU) 1095/2010 (ESMA).

von „technischen Durchführungsstandards“ (Implementing Technical Standards – ITS). Anders als RTS dienen ITS weniger der Rechtsetzung, sondern vielmehr der einheitlichen Umsetzung des Unionsrechts. Die Trennlinie zwischen beiden Arten ist allerdings sehr verschwommen.

3. Leitlinien und Empfehlungen

Auf der nächsten Stufe sind die Europäischen Aufsichtsbehörden (European Supervisory Authorities – ESAs) federführend. Das sind für das Bankrecht die European Bank Authority (EBA) und für das Kapitalmarktrecht die European Securities Markets Authority (ESMA).[14] Beide haben ihren Sitz in Paris. 30

Neben den Entwürfen für die technischen Standards haben die ESAs auch eigene Gestaltungsbefugnisse. Hierzu gehören **Leitlinien und Empfehlungen**, die sie an mitgliedstaatliche Behörden und Finanzinstitute erlassen.[15] Diese Akte bezeichnet man auch als „Level 3-Maßnahmen“. Sie enthalten meist technische Einzelheiten, die in der Aufsichtspraxis jedoch häufig von entscheidender Bedeutung sind. Die Leitlinien und Empfehlungen sind als solche nicht verbindlich. Die Behörden der Mitgliedstaaten müssen aber innerhalb von zwei Monaten erklären, ob sie ihnen nachkommen werden. Sollte das nicht der Fall sein, müssen sie die Gründe für die Abweichung darlegen (der Mechanismus des sogenannten **comply or explain**).[16] 31

4. Überwachung der Durchsetzung durch die Mitgliedstaaten

Auf der vierten Stufe überwacht die EU die ordnungsgemäße und einheitliche Durchsetzung des Aufsichtsrechts durch die Mitgliedstaaten. Die Kommission und die ESAs kontrollieren mithin, ob die Mitgliedstaaten das auf den ersten drei Ebenen unionsrechtlich gesetzte Aufsichtsrecht zutreffend anwenden. Eine einheitliche Anwendung ist nicht nur aus dem Blickwinkel der Union als Rechtsgemeinschaft wichtig, sondern auch, um einen möglichst vollkommenen Binnenmarkt mit gleichen Wettbewerbsbedingungen zu garantieren. 32

III. Nationale Ebene

1. Gesetze

Die meisten deutschen Gesetze zum Bank- und Kapitalmarktrecht dienen der Umsetzung von Richtlinien der EU oder ihrer Vorgängerorganisationen, der früheren EG oder EWG. Darüber hinaus gibt es aber auch eigenständige, nicht europäisch inspirierte Gesetze. 33

14 Für den Bereich der Versicherungen sind die Europäische Aufsichtsbehörde für das Versicherungswesen und die betriebliche Altersversorgung (EIOPA) mit Sitz in Frankfurt am Main zuständig.

15 Art. 16 I VO (EU) 1093/2010 (EBA) bzw. VO (EU) 1095/2010 (ESMA).

16 Art. 16 III UAbs. 2 S. 2 VO (EU) 1093/2010 (EBA) bzw. VO (EU) 1095/2010 (ESMA).

34 Für den **Bankbereich** am wichtigsten ist das Gesetz über das Kreditwesen (KWG). Es stammt in seiner ursprünglichen Fassung aus dem Jahre 1934, ist seitdem aber unzählige Male geändert worden. Das KWG regelt die Erlaubnis zum Betreiben von Bankgeschäften und Finanzdienstleistungen sowie die Aufsicht über die sie betreibenden Institute. Seine Vorschriften sind heute sehr stark durch das EU-Recht überformt. Das private Bankrecht findet sich vor allem in den Vorschriften des BGB über das Darlehen (§§ 488 ff.) und über Zahlungsdienste (§§ 675c ff.).

35 Für den Bereich des **Kapitalmarktrechts** sind das Wertpapierhandelsgesetz (WpHG) sowie das Wertpapierinstitutsgesetz (WpIG) die wichtigsten Quellen. Das WpHG geht auf verschiedene Richtlinien der EU zurück, in erster Linie auf die Markets in Financial Instruments Directive II (MiFID II). Das WpIG geht auf die Investment Services Directive (IFD) zurück. Ansonsten ist das Kapitalmarktrecht über sehr viele verschiedene Gesetze verstreut.[17] Diese setzen meist EU-Richtlinien um.

2. Rechtsverordnungen

36 Manchmal benutzt der deutsche Gesetzgeber auch das Instrument der Rechtsverordnung. Die Rechtsverordnung ist ein von der Exekutive erlassener Akt der Gesetzgebung (vgl. Art. 80 GG) und ist nicht zu verwechseln mit den Verordnungen der EU. Da Rechtsverordnungen häufig auf Ministerialebene erlassen werden, lassen sie sich leichter abändern und damit den sich wandelnden Bedürfnissen besser anpassen als Gesetze.

37 Rechtsverordnungen im Bereich des Bank- und Kapitalmarktrechts erlässt im Regelfall das Bundesministerium der Finanzen. Wichtige Beispiele sind etwa die Verordnung über die angemessene Eigenmittelausstattung von Instituten, Institutsgruppen und Finanzholding-Gruppen (Solvabilitätsverordnung – SolvV)[18] oder die Großkredit- und Millionenkreditverordnung (GroßMiKV)[19]. Ist in dem ermächtigenden Gesetz die Möglichkeit einer Subdelegation im Sinne von Art. 80 I S. 4 GG enthalten, kann durch Rechtsverordnung die Befugnis zur exekutiven Rechtsetzung auch auf andere Stellen übertragen werden. Häufiger Adressat dieser Subdelegation ist die BaFin.

3. Rundschreiben und Merkblätter der BaFin

38 Eine wichtige Quelle des Bankrechts sind schließlich die zahlreichen Bekanntmachungen und Verlautbarungen der Bundesanstalt für Finanzdienstleistungsaufsicht (BaFin), der deutschen Finanzaufsichtsbehörde. Zu diesen gehören insbesondere die Rundschreiben und Merkblätter (abrufbar unter www.bafin.de). Sie enthalten oft Interpretationen des geltenden Rechts.

17 Dazu unten § 9 E II 2 Rn. 381–383.
18 BGBl. 2013 I S. 4168.
19 BGBl. 2013 I S. 4183.

Beispiel: Eine der wichtigsten Bekanntmachungen der BaFin ist das Rundschreiben Nr. 10/2021 v. 16.8.2021 über „Mindestanforderungen an das Risikomanagement", auch bekannt als **MaRisk**. Es beschreibt Anforderungen, die Banken und andere Finanzinstitute einhalten müssen, um ein angemessenes und wirksames Risikomanagement zu gewährleisten.

Rechtlich haben Rundschreiben und Merkblätter keine *unmittelbare* Außenwirkung. 39
Werden sie gleichmäßig befolgt, binden sie jedoch die Verwaltung im Rahmen des Willkürverbots des Art. 3 I GG. Sie kann nicht ohne sachlichen Grund von ihrer sonst allgemein befolgten Praxis abweichen. Rundschreiben und Merkblätter entfalten damit *mittelbare* Bindungswirkung nach außen. Obwohl ihnen im Verhältnis Behörde-Rechtsunterworfener keine rechtliche Wirkung zukommt, binden sie die Behörde bei der Ausübung ihres Ermessens.

D. Grundzüge der Finanzmarktaufsicht

Die zivil- und strafrechtlichen Regeln des Bank- und Kapitalmarktrechts werden von 40
den ordentlichen Gerichten, zum Teil in Zusammenarbeit mit den Strafverfolgungsbehörden, angewandt. Die Finanzmarktaufsicht kümmert sich dagegen um den besonders wichtigen öffentlich-rechtlichen Teil, einschließlich der Verhängung von Bußgeldern. Sie untersteht dabei der Kontrolle durch die Verwaltungsgerichte. Die Finanzmarktaufsicht ist nicht mehr allein den deutschen Behörden übertragen, sondern diese sind in einen europäischen Apparat eingebunden.

I. Die Europäische Aufsicht

Am 1. Januar 2011 ist das Europäische System der Finanzaufsicht (**European System** 41
of Financial Supervision – ESFS) in Kraft getreten. Dieses System soll die Mängel bei der Zusammenarbeit, Koordinierung und kohärenten Anwendung des EU-Rechts beseitigen, die während der Finanzkrise zu Tage getreten sind.[20] Dem immer europäischer werdenden Finanzmarkt soll eine entsprechende europäische Aufsicht entgegengesetzt werden. Das ESFS befasst sich mit Risiken, die einzelnen Instituten drohen (mikroprudentielle Aufsicht) und Risiken, die der gesamten Volkswirtschaft drohen (makroprudentielle Aufsicht).

1. Mikroprudentielle Aufsicht

Die mikroprudentielle Aufsicht wird auf europäischer Ebene neben der EZB, die für 42
Teile der Bankenaufsicht zuständig ist (siehe unten Rn. 166 f.), von drei Aufsichtsbehörden wahrgenommen. Die drei Behörden sind eigene EU-Behörden, genannt „European Supervisory Authorities" (**ESA**). Ihre Zuständigkeiten entsprechen der Aufteilung der Finanzaufsicht nach Sektoren (**sektorielle Aufsicht**).

20 Vgl. Ewgr. 1 VO (EG) 1093/2010.

43 Die Behörden sind im Einzelnen:

1. die Europäische Bankenaufsichtsbehörde (European Banking Authority, **EBA**), die seit dem Brexit nicht mehr in London, sondern in Paris ihren Sitz hat,
2. die Europäische Wertpapier- und Marktaufsichtsbehörde (European Securities and Markets Authority, **ESMA**) ebenfalls mit Sitz in Paris und
3. die Europäische Aufsichtsbehörde für das Versicherungswesen und die betriebliche Altersversorgung (European Insurance and Occupational Pensions Authority, **EIOPA**) mit Sitz in Frankfurt am Main.

44 Im diesem Buch stehen die EBA als Aufsichtsbehörde für Banken und die ESMA als Aufsichtsbehörde über Kapitalmärkte im Mittelpunkt. Die EIOPA spielt dagegen keine Rolle.

Zur Vertiefung: Das europäische Recht folgt nicht dem deutschen Modell der Allfinanzaufsicht[21], sondern gliedert sich nach dem Modell der **sektoralen Aufsicht** in die drei klassischen Bereiche: Banken, Versicherungen und Wertpapierdienstleister. Das liegt daran, dass in einigen Mitgliedstaaten nach wie vor das sektorale Modell vorherrscht und sich die europäische Ebene dem anpassen muss, um der zuständigen nationalen Behörde jeweils einen direkten Gegenpart zur Verfügung zu stellen. Die rechtlichen Grundlagen für die Ausübung der mikroprudentiellen Aufsicht sind auf drei verschiedene Verordnungen verteilt.[22] Diese sehen die Errichtung jeweils einer ESA, deren Organisation, Aufgaben und Befugnisse vor. Inhaltlich sind sie weitgehend identisch.

45 Die drei Behörden beaufsichtigen nicht private oder öffentliche Institute in den Mitgliedstaaten, sondern nur die Aufsichtsbehörden der Mitgliedstaaten. Sie sind **„Aufseher der Aufseher"**. Dazu haben sie bestimmte **Befugnisse**. So haben sie das Recht, beim Erlass sogenannter technischer Regulierungs- und Durchführungsstandards mitzuwirken.[23]

46 Außerdem sind den ESAs noch originäre Aufgaben übertragen. So übt die ESMA z.B. die Aufsicht über Rating-Agenturen und den Derivatehandel aus.[24] Im Fall der Verletzung von Unionsrecht durch einen Mitgliedstaat können die ESAs Beschlüsse erlassen, welche der nationalen Aufsichtsbehörde bestimmte Maßnahmen verbindlich vorschreiben.[25] Die gleiche Befugnis zum „Durchgriff" haben sie im Krisenfall.[26] Darunter versteht der europäische Gesetzgeber „ungünstige Entwicklungen, die das ordnungsgemäße Funktionieren und die Integrität von Finanzmärkten oder die Stabilität des Finanzsystems in der Union als Ganzes oder in Teilen ernsthaft gefährden können"[27]. Schließlich können sie bei Meinungsverschiedenheiten zwischen verschiedenen nationalen Aufsichtsbehörden in grenzüberschreitenden Fällen eine verbindliche Entscheidung treffen.[28]

---

21 Dazu unten Rn. 50.
22 Siehe VO (EU) 1093/2010, 1094/2010 und 1095/2010.
23 Siehe z.B. Art. 10, 15 VO (EU) 1093/2010; Art. 10, 15 VO (EU) 1095/2010. Dazu oben Rn. 31.
24 Siehe VO (EU) 1060/2009 und VO (EU) 648/2012.
25 Art. 17 VO (EU) 1093/2010 und VO (EU) 1095/2010.
26 Art. 18 VO (EU) 1093/2010 und VO (EU) 1095/2010.
27 Art. 18 I UAbs. 1 VO (EU) 1093/2010 und VO (EU) 1095/2010.
28 Art. 19 VO (EU) 1093/2010 und VO (EU) 1095/2010.

2. Makroprudentielle Aufsicht

Vervollständigt wird das Europäische Finanzaufsichtssystem durch den Europäischen Ausschuss für Systemrisiken (European Systemic Risk Board, **ESRB**). Dieser ist zuständig für die makroökonomische Aufsicht in der EU. Er hat den Auftrag, zur Abwendung und Eindämmung sogenannter Systemrisiken beizutragen.[29] Darunter versteht man Risiken, die das gesamte Finanzsystem beeinträchtigen und schwerwiegende negative Folgen für den Binnenmarkt und die Realwirtschaft haben können.[30] Um ihnen vorzubeugen, haben die ESAs den ESRB mit Informationen zu versorgen. Dieser wertet sie aus, um nötigenfalls Warnungen an die Politik und die ESAs geben zu können.[31] Eigene Eingriffsbefugnisse hat der ESRB nicht. 47

Rechtsgrundlage des ESRB ist eine Verordnung.[32] Die wichtigsten Organe des ESRB sind ein Verwaltungsrat und ein Lenkungsausschuss. Im Verwaltungsrat sind neben dem Präsidenten und Vizepräsidenten der EZB auch die Vorsitzenden der drei ESAs sowie – ohne Stimmrecht – der nationalen Aufsichtsbehörden vertreten.[33] 48

Dem ESRB entspricht in den USA das FSOB (Financial Stability Oversight Board). 49

II. Die deutsche Aufsicht

1. Zuständige Behörde

Anders als auf EU-Ebene ist die Finanzaufsicht in Deutschland nicht sektoriell gegliedert, sondern eine Behörde ist für alle Sektoren des Finanzmarkts zuständig. Man nennt dieses Konzept „**Allfinanzaufsicht**“. Damit wird der Tatsache Rechnung getragen, dass sich in der Realität die einzelnen Sektoren nicht mehr sauber trennen lassen. Manche Akteure bieten Dienstleistungen auf mehreren Gebieten an (sogenannte Finanzkonglomerate), z.B. sowohl im Bank- als auch im Versicherungsbereich. 50

Die für die Überwachung der Finanzindustrie zuständige Behörde ist die **Bundesanstalt für Finanzdienstleistungsaufsicht (BaFin)**. Diese ist eine bundesunmittelbare, rechtsfähige Anstalt des öffentlichen Rechts, die unmittelbar dem Bundesministerium der Finanzen untersteht, dessen Rechts- und Fachaufsicht sie auch unterliegt. In ihre Zuständigkeit fallen sowohl die Beaufsichtigung von Kreditinstituten als auch die von Wertpapierdienstleistungsunternehmen und Versicherungen. Bei Kreditinstituten arbeitet die BaFin mit der Deutschen Bundesbank zusammen, § 7 KWG. 51

29 Siehe Art. 3 VO (EU) 1092/2010.
30 Vgl. Art. 2 lit. c VO (EU) 1092/2010.
31 Vgl. i.E. Art. 15 f. VO (EU) 1092/2010.
32 VO (EU) 1092/2010.
33 Vgl. Art. 6 VO (EU) 1092/2010.

2. Organisation und Aufgaben

52 Fragen der Organisation einschließlich Ausstattung und Beaufsichtigung der BaFin sind im Finanzdienstleistungsaufsichtsgesetz (**FinDAG**) geregelt. Die Aufsicht über einzelne Bereiche richtet sich nach den jeweiligen Fachgesetzen.

53 Gemäß § 6 ff. KWG übt die BaFin gemeinsam mit der Bundesbank die Aufsicht über Kredit- und Finanzdienstleistungsinstitute aus. Die Aufsicht über große – systemrelevante – Banken ist dagegen der EZB übertragen.[34] Nach § 6 II WpHG überwacht die BaFin die Einhaltung der Gebote und Verbote des Wertpapierhandelsgesetzes und der auf Grund des WpHG erlassenen Rechtsverordnungen. Darüber hinaus verweist der in § 6 II S. 1 WpHG in Bezug genommene § 1 I Nr. 8 WpHG auf zahlreiche unionsrechtliche Gesetze. Dazu zählen z.B. die Vorschriften über das Verbot von Insidergeschäften (Art. 14 i.V.m. Art. 7 ff. MAR) oder das Verbot der Marktmanipulation (Art. 15 i.V.m. Art. 12 f. MAR). Ebenfalls zu den Aufgaben der BaFin gehört die Überwachung der Einhaltung der sogenannten Wohlverhaltenspflichten bei der Anlageberatung (§§ 63 ff. WpHG).

54 Außer dem KWG und dem WpHG ist die BaFin auch zur Anwendung anderer Gesetze zuständig. Genannt seien nur

1. das Wertpapiererwerbs- und Übernahmegesetz (WpÜG), siehe dessen § 4 I S. 1 (dazu unten Rn. 55) sowie
2. die Prospektverordnung (Art. 31 I S. 1 Prospekt-VO i.V.m. § 17 WpPG) und das Wertpapierprospektgesetz (WpPG).

3. Befugnisse

55 Die BaFin verfügt über verschiedene Befugnisse zur Erfüllung der ihr übertragenen Aufgaben. Die sogenannte **Generalbefugnis** für das Wertpapierhandelsrecht findet sich in § 6 II S. 2 WpHG. Danach kann die Behörde jegliche Anordnung treffen, die zur Durchsetzung der Verbote und Gebote des WpHG geeignet und erforderlich ist. Eine spezielle Befugnis zum Einholen von Informationen sieht § 6 III S. 1 WpHG vor. Betretungs- und Durchsuchungsrechte enthalten § 6 XI und XII WpHG. Eine Art Ersatzvornahme erlaubt § 6 XIV WpHG. Zu Anordnungen zur Sicherung der Stabilität des Finanzsystems ist die BaFin nach § 14 WpHG ermächtigt. Anlass ist dabei nicht die Verletzung eines spezifischen Ge- oder Verbots, sondern ganz allgemein ein Missstand, der den Handel mit Finanzinstrumenten beeinträchtigt oder erhebliche Nachteile für den Finanzmarkt bewirken kann. Man spricht daher von der „**Missstandsaufsicht**".

56 Auch im KWG finden sich allgemein gehaltene Befugnisse. In erster Linie zu nennen sind hier § 6 II und III KWG. Nach § 6 II KWG obliegt der BaFin die Aufgabe, bestimmten Missständen entgegenzuwirken (sog. Missstandsaufsicht). Auf Grundlage der allgemeinen Befugnisnorm des § 6 III KWG kann die BaFin gegenüber Instituten sowie ihren Leitern jede Anordnung treffen, die notwendig ist, um Verstöße gegen Auf-

34 Dazu unten Rn. 166.

sichtsrecht oder Missstände zu verhindern oder zu beseitigen. Zudem hat sie zahlreiche weitere speziell geregelte Befugnisse. Hierzu zählt z.B. die Befugnis bei Verdacht auf Terrorismusfinanzierung der Geschäftsführung einer Bank Konten einzufrieren (§ 6a I Nr. 2 KWG). Im Krisenfall kann sie einen Sonderbeauftragten in die Bank entsenden (§ 45c KWG).

Im WpÜG findet sich eine Generalbefugnis der BaFin, Missstände zu beseitigen, welche die ordnungsmäßige Durchführung des Übernahmeverfahrens beeinträchtigen oder erhebliche Nachteile für den Wertpapiermarkt bewirken können (§ 4 I S. 2 und 3 WpÜG). Außerdem kann sie ein Übernahmeangebot mit fehlender oder unvollständiger Angebotsunterlage nach § 15 WpÜG untersagen. Ermittlungs- und Eingriffsbefugnisse finden sich schließlich in §§ 40–46 WpÜG. 57

Gem. § 4d FinDAG ist die BaFin verpflichtet, ein System einzurichten, das die Annahme von Meldungen sog. **Whistleblower** ermöglicht. Bei Whistleblowern handelt es sich i.d.R. um Mitarbeiter einer Bank, die Kenntnisse von Missständen und Gesetzesverstößen erlangt haben und dieses Wissen unter Wahrung ihrer Anonymität weitergeben. Mitarbeiter von Unternehmen, die von der BaFin beaufsichtigt werden, dürfen wegen Whistleblower-Meldungen weder arbeits- noch strafrechtlich verantwortlich gemacht werden oder zum Schadensersatz herangezogen werden (§ 4d VI FinDAG). Die BaFin kann die Namen von Unternehmen, die gegen Vorschriften des Bank- und Kapitalmarktrechts verstoßen haben, veröffentlichen (siehe § 60b KWG und §§ 123–126 WpHG). Dieses **naming and shaming** hat einen hohen Abschreckungseffekt auf Finanzunternehmen, da diese sehr auf ihre Reputation bedacht sind. 58

4. Staatshaftung der BaFin

Im Rahmen der Aufsicht tritt die BaFin häufig in Ausübung hoheitlicher Macht gegenüber privaten Unternehmen und Anlegern als Teil der öffentlichen Staatsgewalt auf. Damit stellt sich zwangsläufig die Frage, ob die BaFin für **Fehler in der Aufsicht** haftet. Im Ausgangspunkt haftet die BaFin für alle Amtspflichtverletzungen unbeschränkt nach dem nationalen Amtshaftungsanspruch (§ 839 BGB i.V.m. Art. 34 GG). Daneben kann sie eine Haftung auch über den unionsrechtlichen Staatshaftungsanspruch treffen. 59

Gegenüber Anlegern hat der deutsche Gesetzgeber versucht, die **Staatshaftung** auszuschließen. Nachdem der BGH in zwei wegweisenden Urteilen entschieden hatte, dass bestimmte Pflichten des Bankaufsichtsrechts auch dem Schutz von Anlegern zu dienen bestimmt sind und damit drittgerichtete Amtspflichten im Sinne des nationalen Amtshaftungsanspruchs darstellen,[35] fürchtete der Gesetzgeber eine Ausuferung von Haftungsansprüchen. Deshalb erließ er verschiedene Normen, die klarstellten, dass die BaFin nur „im öffentlichen Interesse" tätig wird (vgl. § 4 IV FinDAG, § 4 II WpÜG, § 294 VIII VAG und § 3 III BörsG). Dadurch versuchte der Gesetzgeber, die Drittgerichtetheit der Aufsicht auszuschließen. Ob ein solcher Ausschluss verfassungsrechtlich 60

35 BGHZ 74, 144 (*Wetterstein*) und BGHZ 75, 120 (*Herstatt*).

und unionsrechtlich zulässig ist, ist stark umstritten.[36] Zunächst billigten der BGH und ihm folgend der EuGH in der Rs. *Peter Paul* den Ausschluss.[37] Mittlerweile sieht der EuGH den Ausschluss aber deutlich kritischer.[38] Eine abschließende Klärung der Zulässigkeit des Ausschlusses steht weiterhin aus.

61 **Beispiel (Causa Wirecard)**:

Die Frage, ob ein Ausschluss der Haftung der BaFin gegenüber Anlegern zulässig ist, ist derzeit besonders im Rahmen des Wirecard Skandals virulent. Die Wirecard AG war ein Zahlungsabwickler und Finanzdienstleister, der nach einer Reihe von Bilanzfälschungen 2020 Insolvenz anmelden musste. Kurz zuvor war bekannt geworden, dass 1,9 Milliarden Euro, die angeblich auf Treuhandkonten der Wirecard AG lagen, gar nicht existierten. Durch den Kursabsturz verloren tausende Anleger viel Geld. Ob die Anleger den Schaden von der BaFin wegen Fehlern dieser im Rahmen der Aufsicht über den Wirecard Konzern ersetzt verlangen können, ist derzeit Gegenstand von Rechtsstreitigkeiten.[39]

---

36 Vgl. statt vieler: *Böhme*, Staatshaftung für fehlerhafte Bankenaufsicht nach deutschem und europäischem Recht, 2009; *Schürger*, BKR 2021, 601.

37 BGHZ 162, 49 (*Peter Paul*); EuGH, Rs. C-222/02, Urt. v. 12.10.2004, *Peter Paul u.a.*

38 EuGH, Rs. C-571/16, Urt. v. 4.10.2018, *Kantarev*; dazu *Schürger*, BKR 2021, 601.

39 Zur Staatshaftung im Fall Wirecard: *Renner*, ZBB 2021, 1; *Lehmann/Schürger*, WM 2021, 857 (Teil I) und 905 (Teil II).

1. Teil

Bankrecht

§ 2

Die Bank

A. Historisches

Zur Vertiefung: Bereits in der Antike gab es eine Art Bankwesen. Das Banksystem im modernen Sinn entwickelte sich allerdings erst während des **13. Jahrhunderts** in **Oberitalien**. Eine der ursprünglichen Aufgaben der Bank war es, Geld zu wechseln. Die Bankiers boten ihre Dienste auf Messen und Märkten an Tischen an, zu denen die Kunden kamen, daher der Name „Bank". Eine weitere wichtige Aufgabe der Bank war es, Geld für Einleger aufzubewahren. Dieses wurde getrennt vom Vermögen des Bankinhabers verwahrt. Wenn ein Bankinhaber kein Geld mehr hatte, war die Bank kaputt. Italienisch heißt das „banca rotta". Man erkennt unschwer die Beziehung zum Wort **Bankrott**. Schließlich gingen die Banken auch dazu über, das ihnen anvertraute Geld zu verleihen und auf diese Weise Gewinne zu erzielen, die sie (zum Teil) an ihre Einleger weiterleiteten. Dabei bildeten sich ganze transnationale Konglomerate heraus, die meist von Familien betrieben wurden. Berühmte Bankhäuser waren etwa die der Medici oder der Rothschilds.[1]

B. Wirtschaftliche Funktionen des Banksystems

Banken nehmen eine wichtige Funktion für die Volkswirtschaft wahr. Sie geben den Sparern die Möglichkeit, überschüssiges Geld sicher anzulegen. Dieses reichen sie an Unternehmen weiter. Auf diese Weise versorgen sie die Wirtschaft mit dringend benötigtem Kapital. Damit sorgen sie für die effiziente Allokation von Ressourcen und steigern die gesamtwirtschaftliche Wohlfahrt. Banken dienen somit als **Mittler (Intermediär)** zwischen Sparern und Unternehmen. 62

Natürlich könnten sich Sparer und Unternehmen auch unmittelbar in Verbindung setzen, um Kapital auszutauschen. Diese Möglichkeit bietet der Kapitalmarkt (siehe oben Rn. 3). 63

Zur Vertiefung: In den USA hat der Kapitalmarkt große Bedeutung. Dieser deckt ca. ¼ des Kapitalbedarfs der Wirtschaft ab. In Europa finanzieren sich die Unternehmen dagegen hauptsächlich über Banken.

Die Einschaltung von Banken ist deshalb besonders bedeutsam, weil diese einige Funktionen als „Transformatoren" wahrnehmen. Dies ist zu erläutern. 64

---

1 Zur Geschichte des Banksystems siehe *Parks*, Medici Money, 2005.

I. Risikotransformation

65 Würden die Sparer ihr Kapital unmittelbar an das Unternehmen geben, so liefen sie Gefahr, im Fall von dessen Insolvenz möglicherweise ihr ganzes Geld zu verlieren. Die Einschaltung von Banken mindert dieses Risiko ganz erheblich: Weil die Bank die Finanzmittel der Sparer an eine Vielzahl von Unternehmen als Darlehen gibt, ist der Ausfall eines einzelnen oder mehrerer Kreditnehmer leichter zu verschmerzen. Damit transformieren Banken das Risiko des Sparers: Er trägt nur noch das Risiko, dass die Bank insolvent wird, und nicht mehr das Risiko der Insolvenz des Darlehensnehmers.

II. Losgrößentransformation

66 Die Sparer haben typischerweise nur kleine Summen zum Anlegen übrig. Der Kapitalbedarf eines Unternehmens ist dagegen meist hoch. Die Größe der „Lose", das heißt der Kapitalbeträge, die zur Verfügung gestellt oder gesucht werden, ist also unterschiedlich. Die Banken überbrücken dieses Problem, indem sie Kleinbeträge einsammeln und große Kredite vergeben.

III. Fristentransformation

67 Die Sparer wollen ihre Gelder häufig nur für kurze Zeit bei den Banken anlegen. Meist möchten sie diese sofort zurückbezahlt bekommen. Die Unternehmen benötigen dagegen Mittel auf lange Zeit. Die Banken betätigen sich hier als Transformatoren, indem sie langfristige Kredite vergeben und sie mit den kurzfristigen Einlagen der Sparer finanzieren.

C. Arten von Banken

I. Geschäftsbanken und Zentralbanken

68 Man unterscheidet zwei grundsätzliche Arten von Banken: Geschäftsbanken und Zentralbanken.

69 **Geschäftsbanken** sind die Banken, die uns im täglichen Leben begegnen. Sie nehmen Gelder entgegen, buchen sie auf Konten und geben Kredite.

70 **Zentralbanken** haben ganz andere Aufgaben als Geschäftsbanken. Zu den Zentralbanken gehören in der EU die **Europäische Zentralbank** (EZB) und die nationalen Zentralbanken, z.B. die **Deutsche Bundesbank**. Zusammen bilden sie das Europäische System der Zentralbanken (ESZB). Primäres Ziel des ESZB ist die Gewährleistung der Preisstabilität des Euro (ausführlich unten Rn. 197 ff.). Dabei zielt die EZB auf ein symmetrisches mittelfristiges Inflationsziel von 2 %. Die Preisstabilität versucht das ESZB durch eine Reihe geldpolitischer Instrumente zu steuern. Wesentlich für die Steuerung der Inflation ist die Geldmenge. Soweit es einer Geschäftsbank kurzfristig an liquiden Mitteln fehlt, hilft ihr die Zentralbank als „lender of last resort". Neben diesen Funktio-

nen obliegen den nationalen Zentralbanken weitere hoheitliche Aufgaben, zum Beispiel die Mitwirkung bei der Aufsicht über die Geschäftsbanken.[2]

II. Private Banken, öffentliche Banken und Genossenschaftsbanken

In Deutschland teilt man die Geschäftsbanken in drei Arten ein: private Banken, öffentliche Banken und Genossenschaftsbanken. Man spricht daher auch vom Drei-Säulen-Modell.[3] 71

Private Banken werden von Privatpersonen gegründet und verwaltet. Oft sind sie als Aktiengesellschaften organisiert. Es gibt aber auch kleinere Banken, die in Familienbesitz stehen und als Personengesellschaften funktionieren. 72

Zur Vertiefung: Besondere Formen der privaten Banken sind **Realkreditinstitute**, die nur Kredite vergeben dürfen, die durch Grundpfandrechte gesichert sind. Soweit Banken sogenannte Pfandbriefe ausgeben, heißen sie **Pfandbriefbanken** (§ 1 I S. 1 PfandBG). Manche Institute kombinieren beide Eigenschaften, wie etwa die durch die Finanzkrise berühmt-berüchtigte Hypo Real Estate (HRE), die Pfandbriefe ausgibt und das erhaltene Geld für Kredite verwendet, die durch Hypotheken oder Grundschulden besichert sind. Eine weitere spezielle Form sind die **Direktbanken**, die ihre Dienste ausschließlich im Internet anbieten.

Öffentliche Banken erfüllen grundsätzlich die gleichen Aufgaben wie private Banken. Sie unterscheiden sich von diesen nur durch ihre öffentlich-rechtliche Organisationsform. Meist sind sie als Anstalt des öffentlichen Rechts organisiert. Öffentliche Banken sind zum einen die **Sparkassen**. Sie stehen im Eigentum einer Gemeinde, eines Landkreises oder eines kommunalen Zweckverbands. Zu den öffentlichen Banken zählen des Weiteren die **Landesbanken**. Sie waren ursprünglich Abwicklungsplattformen für Zahlungen der Bundesländer. Noch heute nehmen sie Aufgaben für die Landesregierung und die Sparkassen wahr; sie bieten daneben aber auch der Öffentlichkeit ganz normale Bankdienstleistungen an. Neben den Sparkassen und Landesbanken gibt es noch öffentliche Banken mit Spezialaufgaben. Dazu gehört unter anderem die nach dem Krieg gegründete **Kreditanstalt für Wiederaufbau (KfW)**. Sie wurde nach dem 2. Weltkrieg mit Mitteln aus dem Marshall-Plan geschaffen. Bis heute gewährt sie Darlehen vor allem für den Mittelstand. In der COVID-19 Pandemie wurde die KfW in großem Rahmen für die Bereitstellung von staatlichen Hilfskrediten für die Privatwirtschaft genutzt. 73

Eine dritte Kategorie bilden die **Genossenschaftsbanken**. Zu ihnen gehören vor allem die **Volksbanken und Raiffeisenbanken**. Sie sind als eingetragene Genossenschaften (e.G.) organisiert. Das heißt, die Kunden können zugleich Eigentümer der Bank sein. Sie müssen dies aber nicht sein, denn die Genossenschaften bieten ihre Dienstleistungen auch Nicht-Mitgliedern an. Als Spitzeninstitute existierten früher die Westdeutsche Genossenschafts-Zentralbank e.G. (WGZ-Bank) und die Deutsche Genossenschaftsbank (DZ-Bank); erstere wurde 2016 auf letztere verschmolzen, so dass nur noch die DZ-Bank fortbesteht. 74

2 Dazu unten § 4 C IV 3 Rn. 205–213.

3 Vgl. *Kirchhartz*, in: Claussen, Bank- und Börsenrecht, 5. Aufl. 2014, § 1 Rn. 50.

III. Commercial Banks und Investment Banks

75 Aus dem angelsächsischen Raum stammt die Unterscheidung zwischen commercial und investment banks. **Commercial banks** nehmen Einlagen ihrer Kunden entgegen, vergeben Kredite und kaufen oder verkaufen Finanzinstrumente (z.B. Aktien oder Schuldtitel). Sie sind also die Banken, bei denen jedermann seine Geschäfte des täglichen Lebens abwickelt. **Investment banks** helfen dagegen Unternehmen, ihre Finanzinstrumente unter den Investoren zu vertreiben (man sagt: „platzieren"). Diese Tätigkeit hängt eng mit dem Kapitalmarkt zusammen und gehört daher in den zweiten Teil.[4]

Zur Vertiefung: Beide Funktionen konnten in den USA nach dem **Glass-Steagall-Act** aus dem Jahr 1933 nur getrennt ausgeübt werden, das heißt eine Bank konnte nicht gleichzeitig für ihre Kunden Geld anlegen und für ein Unternehmen Titel platzieren. Der Act wurde im Jahr 1999 durch den **Gramm-Leach-Bliley Act** aufgehoben. Trotzdem lebten Investmentbanken als gesonderte Institute weiter. Von den fünf großen Investmentbanken sind allerdings seit der Finanzmarktkrise 2008 drei nicht mehr selbständig existent (Bear Stearns, Lehman Brothers, Merrill Lynch), zwei andere haben ihren Status als Investmentbank aufgegeben (Goldman Sachs, Morgan Stanley). Die im Jahre 2010 mit dem **Dodd-Frank Act** verabschiedete Volcker Rule (benannt nach dem früheren Federal Reserve Chairman Paul Volcker) sieht vor, dass commercial banks nur in begrenztem Umfang sogenanntes „proprietary trading" vornehmen können, d.h. Handel für eigene Rechnung in riskanten Finanzinstrumenten. Damit ist der Glass-Steagall-Act nicht wiedereingeführt, jedoch sind den commercial banks die riskantesten Tätigkeiten untersagt, um nicht das Vermögen der Einleger zu gefährden. Die Volcker Rule wurde allerdings durch nachfolgende Gesetzgebung wesentlich verwässert.

76 In Deutschland kennt man keine Trennung von commercial banking und investment banking. Hier folgt man dem sogenannten **Universalbankensystem** – eine Bank kann alle Aufgaben wahrnehmen. Die meisten Banken sind Universalbanken, die sowohl für Unternehmen als auch für den „kleinen Mann" arbeiten. Trotzdem lässt sich funktional danach unterscheiden, ob sie im Einzelfall als commercial bank oder als investment bank agieren.

D. Gesetzliche Begriffe: „Kreditinstitute", „Finanzdienstleistungsinstitute" und „CRR-Kreditinstitute"

77 Das KWG spricht nicht von Banken, sondern wählt etwas technischere Begriffe. Sie sollten sich diese für Ihren Sprachgebrauch aneignen, um die exakte juristische Terminologie zu benutzen.

78 Der erste Begriff ist „**Kreditinstitute**". Unter ihm versteht das Gesetz Unternehmen, die Bankgeschäfte betreiben, vgl. § 1 I S. 1 KWG (zum Begriff des Bankgeschäfts unten Rn. 92–101). Diese müssen gewerbsmäßig oder in einem Umfang erbracht werden, der einen in kaufmännischer Weise eingerichteten Geschäftsbetrieb erfordert (dazu unten Rn. 118–122).

4 Dazu unten Rn. 455.

Der zweite Begriff ist „**Finanzdienstleistungsinstitute**". Darunter versteht das Gesetz Unternehmen, die Finanzdienstleistungen erbringen, vgl. § 1 Ia 1 KWG (zum Begriff der Finanzdienstleistung unten Rn. 102–114). Auch diese müssen gewerbsmäßig oder in einem Umfang erbracht werden, der einen in kaufmännischer Weise eingerichteten Geschäftsbetrieb erfordert. **79**

Unternehmen, die sowohl Bankgeschäfte als auch Finanzdienstleistungen erbringen, heißen Kreditinstitute. Dies folgt aus dem Zusatz in § 1 Ia S. 1 KWG a.E.: „und die keine Kreditinstitute sind". Der Begriff des Kreditinstituts hat also **Vorrang**. Finanzdienstleistungsinstitute sind nur solche Unternehmen, die Finanzdienstleistungen erbringen und gleichzeitig keine Bankgeschäfte betreiben. **80**

Beispiel: Ein Unternehmen gewährt Gelddarlehen und vermittelt Geschäfte über die Anschaffung von Finanzinstrumenten wie z.B. Aktien. Es betreibt damit Bankgeschäfte i.S.d. § 1 I S. 2 Nr. 2 KWG und erbringt Finanzdienstleistungen i.S.d. § 1 Ia S. 2 Nr. 1 KWG. Das Unternehmen ist ein Kreditinstitut.

Beide Arten, Kreditinstitute und Finanzdienstleistungsinstitute, fasst das Gesetz unter dem Begriff „**Institute**" zusammen, § 1 Ib KWG. Dies ist der eigentliche Grundbegriff des KWG. Die meisten seiner Vorschriften richten sich an „Institute" (siehe z.B. § 13 II KWG). Nur manchmal wird zwischen ihnen unterschieden (siehe § 14 I S. 1 KWG). **81**

Der Begriff der „Banken" spielt im KWG dagegen keine Rolle. Nur die Bezeichnung „Bank" sowie „Bankier" ist durch das Gesetz geschützt, siehe § 39 KWG. Einen entsprechenden Schutz gibt es auch für den Namen „Sparkasse", vgl. § 40 KWG. Die Begriffe „Kreditinstitut" und „Finanzdienstleistungsinstitut" sind dagegen nicht speziell geschützt. Werden diese unzulässiger Weise benutzt, kann der allgemeine Schutz nach Firmenrecht[5] oder dem Recht des unlauteren Wettbewerbs[6] eingreifen.[7] **82**

Wichtig ist dagegen der Begriff des „**CRR-Kreditinstituts**". Dabei handelt es sich um alle Kreditinstitute, die der Capital Requirements Regulation, zweite Version (CRR II)[8] unterliegen. Das sind solche, deren Tätigkeit darin besteht, Einlagen oder andere rückzahlbare Gelder des Publikums entgegenzunehmen und Kredite für eigene Rechnung zu gewähren, siehe Art. 4 I Nr. 1 CRR II. Zu den Einzelheiten der CRR II unten Rn. 138–155. **83**

5 § 37 HGB.
6 §§ 1, 3 UWG.
7 Vgl. *Schwennicke*, in: Schwennicke/Auerbach, KWG, 4. Aufl. 2021, § 1 Rn. 3.
8 VO (EU) 575/2013.

§ 3

Bankerlaubnis und Bankaufsicht

A. Wirtschaftliche Hintergründe

I. Von Tresorbanken zu modernen Einlageinstituten

84 Es gibt zwei grundsätzliche Möglichkeiten, eine Bank zu führen: Man kann das Geld der Kunden schlicht in einen Safe einlagern. Jeder hinterlegte Geldschein gehört dann einem bestimmten Kunden. Die Bank funktioniert wie ein Tresor. Der Nachteil dieser Methode ist, dass das Geld nicht arbeitet. Um Gewinne zu erzielen, müsste man den Kunden teure Kontogebühren auferlegen. Dies lässt sich aber in einem durch starken Wettbewerb gekennzeichneten Umfeld nicht durchsetzen.

85 Stattdessen kann man das Geld der Kunden auch anderen Kunden verleihen. Rechtlich spricht man von einem „Darlehensvertrag".[1] Mit dem von den Darlehensnehmern eingenommenen Geld kann man eigenen Gewinn erzielen und eventuell den hinterlegenden Kunden etwas abgeben (etwa als Zinsen für ein Tagesgeldkonto). Hier hat die Bank nur noch einen geringen Teil des bei ihr hinterlegten Bargelds physisch in Besitz, und zwar gerade so viel, wie sie als Reserve benötigt, um die laufenden Auszahlungswünsche ihrer Kunden zu befriedigen. Man nennt dies auf Englisch ***fractional reserve banking***.

II. Gefahren durch Banken

1. Gefahren für die Anleger in der Insolvenz der Bank

86 Alle modernen Banken sind nach dem Modell des *fractional reserve banking* organisiert. Wählt man diese Gestaltung, ändert sich der rechtliche Charakter der Beziehungen zu den hinterlegenden Kunden fundamental: Sie haben **kein Eigentum** mehr an den eingezahlten Beträgen, denn diese wurden an Dritte ausbezahlt. Vielmehr stehen ihnen nur noch **schuldrechtliche Ansprüche** gegen die Bank zu. Das hat Nachteile insbesondere in der Insolvenz der Bank, weil die Kunden ihr Geld nicht aussondern können.[2] Möglicherweise fehlt es ihnen daher am nötigen Vertrauen, und sie geben ihr Kapital nicht weiter, sondern verwahren es zu Hause im sprichwörtlichen „Sparstrumpf".

---

1 Siehe § 488 I S. 1 BGB.

2 Nach § 47 InsO kann nur derjenige aussondern, der auf Grund eines dinglichen oder persönlichen Rechts geltend machen kann, dass ein Gegenstand nicht zur Insolvenzmasse gehört. Der schuldrechtliche Anspruch ist kein dingliches Recht. Er ist zwar ein persönliches Recht, doch fehlt ihm die notwendige weitere Komponente, denn auf seiner Grundlage lässt sich nicht geltend machen, dass der Gegenstand (haftungsrechtlich gesehen) nicht zur Insolvenzmasse gehöre. Vielmehr hat der Inhaber des schuldrechtlichen Anspruchs nur eine Insolvenzforderung, d.h. er erhält bei nicht ausreichender Masse nur einen Bruchteil seines ursprünglichen Anspruchs (Insolvenzquote). Vgl. dazu *Ganter*, in: MünchKomm-InsO, 4. Aufl. 2019, § 47, Rn. 340.

2. Hohe Insolvenzgefahr mangels Fristenparallelität

Banken gewähren meist langfristige Kredite an Unternehmen; die Sparer verlangen ihr **87**
Geld aber nicht selten mit sehr kurzer Frist zurück. Wenn die Bank darauf nicht vorbereitet ist, kann sie in Liquiditätsschwierigkeiten geraten. Wenn die Kunden befürchten, dass ihre Gelder nicht mehr sicher sind, werden sie beginnen, diese abzuziehen. Vor den Banken bilden sich lange Schlangen. Die Befürchtungen der Kunden werden dadurch zur „self-fulfilling prophecy": Tatsächlich gerät die Bank in Zahlungsschwierigkeiten, weil sie nicht genauso viel Bargeld zur Verfügung hat, wie Einlagen bei ihr gemacht wurden. Selbst gesunde Institute können durch den Vertrauensverlust und einen nachfolgenden sog. „bank run" in einen unaufhaltsamen Abwärtsstrudel geraten.

3. Systemische Risiken von Bankeninsolvenzen

Schließlich gehen von Banken auch **Risiken für das gesamte Finanzsystem** aus: Die **88**
Insolvenz einer von ihnen kann sich in einer Art Dominoeffekt auf andere Institute ausbreiten. Eine Krise der Finanzwirtschaft hat Rückwirkungen auf die Realwirtschaft, d.h. die Anbieter von Gütern und Dienstleistungen. Diese werden unzureichend mit Kapital versorgt und können daher keine Investitionen für zukünftige Produkte und Geschäfte tätigen. Außerdem drohen soziale Probleme und politische Tumulte, wenn kein Geld mehr aus dem Automaten kommt. Wegen dieser systemischen Bedeutung sind die durch eine Bankenpleite drohenden Gefahren für die gesamte Volkswirtschaft größer als die durch den Zusammenbruch eines Unternehmens der Realwirtschaft, wie z.B. eines Autoherstellers.

III. Ziele der Erlaubnis und Aufsicht

Hauptsächliches Ziel des Erlaubnisvorbehalts und der Aufsicht über Banken ist es, das **89**
Funktionieren des Finanzsystems sicherzustellen. Dieses ist die entscheidende Voraussetzung für die Versorgung der Wirtschaft mit Kapital. Das Funktionieren des Finanzsystems ist jedoch vom **Vertrauen** der Kunden abhängig. Diese werden ihr Geld nur dann der Bank zur Verfügung stellen, wenn sie den Eindruck haben, dass es dort sicher angelegt ist. Das Vertrauen der Kunden in die Solvenz der Bank zu erhalten ist daher die oberste Leitlinie des öffentlichen Bankrechts. Das Bankaufsichtsrecht dient daher sowohl der Funktionsfähigkeit des Finanzsystems als auch dem Schutz der Anleger. Beide Ziele können nicht getrennt werden, sondern sind zwei Seiten derselben Medaille, da ohne Anlegerschutz das Finanzsystem nicht funktionieren kann.[3]

Zur Vertiefung: In neuerer Zeit legt die EZB im Rahmen ihrer Aufsicht zunehmend einen Schwerpunkt auf Klimarisiken für Banken. Die EZB hat erkannt, dass Klimarisiken sich sowohl in den Bilanzen der Banken materialisieren als auch externe Schocks durch Naturkatastrophen einen Einfluss auf die Stabilität von Banken haben können. Deshalb kontrolliert die EZB im Rahmen des Supervisory Review and Evaluation Process (SREP), inwiefern Banken ihre Governance und Risikoüberwachungssysteme auf Klimarisiken angepasst haben. Zudem führt die EZB Stressszenarien für Banken (sog. stress tests) im Jahr 2022 erstmalig basierend auf Klimarisiken durch.

3 Vgl. *Hopt*, Der Kapitalanlegerschutz im Recht der Banken, 1975, S. 51 f. Siehe schon oben Rn. 8.

B. Das Erfordernis der Bankerlaubnis

90 Wegen der Risiken, die die Tätigkeit von Banken mit sich bringt (siehe oben Rn. 86–88), führt der Staat eine strenge Aufsicht über Kredit- und Finanzdienstleistungsinstitute. Die Gründung einer Bank ist daher ungleich schwieriger als die eines anderen Unternehmens. Von vornherein unzulässig ist die Führung einer Bank in der Rechtsform des Einzelkaufmanns (§ 2b I KWG). Daher ist die Gründung einer Gesellschaft zum Beispiel in Form einer Aktiengesellschaft (AG) oder einer Kommanditgesellschaft auf Aktien (KGaA) notwendig. Zusätzlich benötigt man aber noch eine besondere Erlaubnis nach **§ 32 I S. 1 KWG**. Dieser bedarf jeder, der „im Inland gewerbsmäßig oder in einem Umfang, der einen in kaufmännischer Weise eingerichteten Geschäftsbetrieb erfordert, Bankgeschäfte betreiben oder Finanzdienstleistungen erbringen will". Die Bestandteile dieser Norm sind einzeln zu analysieren.

I. Erfasste Geschäfte

91 Zunächst ist zu klären, was man unter „Bankgeschäfte" und „Finanzdienstleistungen" zu verstehen hat.

1. Bankgeschäfte

92 Der Begriff des **Bankgeschäfts** ist in § 1 I S. 2 KWG legaldefiniert. Dort findet sich eine lange Liste verschiedener Tätigkeiten, die Bankgeschäfte darstellen. Diese wird hier nicht im Einzelnen dargelegt: Sie können (und sollten) sie selbst durchlesen. Im Folgenden werden nur die allerwichtigsten genannt.

93 a) Zunächst sticht das **Einlagengeschäft** nach Nr. 1 heraus, das heißt „die Annahme fremder Gelder als Einlagen oder anderer unbedingt rückzahlbarer Gelder des Publikums". Dies ist das historische und klassische Bankgeschäft (siehe oben vor Rn. 62). Der Begriff der „Einlagen" wird im Gesetz nicht näher definiert. Nach einer alten Definition soll eine Einlage vorliegen, wenn „von einer Vielzahl von Geldgebern aufgrund typisierter Verträge darlehensweise oder in ähnlicher Weise Gelder entgegengenommen werden".[4] Sehr leicht kann man hierin eine Beschreibung des typischen Bankgeschäfts wiedererkennen. Allerdings ist man sich heute darüber einig, dass diese Definition nicht allein ausschlaggebend sein kann. Vielmehr ist nach ständiger Rechtsprechung über den Einlagenbegriff „aufgrund einer Wertung aller Umstände des einzelnen Falles unter Berücksichtigung der bankwirtschaftlichen Verkehrsauffassung" zu entscheiden.[5] Besonders bedeutsam an dieser Formulierung ist der Hinweis auf die „bankwirtschaftliche Verkehrsauffassung". Durch ihn werden eine Reihe von Fällen aus dem Einlagenbegriff ausgeschieden, die der Verkehr nicht als Bankgeschäfte ansieht.

---

4 OVG Berlin E 12, 217, 219.
5 BGH, NJW 1994, 1801, 1805; BGHZ 129, 90, 94; BVerwG WM 1984, 1364, 1367.

Beispiel: A schließt mit seinen Kunden Verträge, denen zufolge er für diese eine Kapitalanlage tätigen soll. Die Kunden überweisen ihm die dazu nötigen Beträge. Der BGH hat in einer solchen Situation das Vorliegen einer Einlage unter Rückgriff auf die bankwirtschaftliche Auffassung abgelehnt: Da A das Kapital nicht mit der Absicht entgegengenommen hat, es für seine eigenen Zwecke zu nutzen, sondern es im Interesse der Kunden möglichst ertragreich anzulegen und zu vermehren, könne nicht von einem Einlagengeschäft ausgegangen werden.[6]

Zu beachten ist, dass nach § 1 I S. 2 Nr. 1, 2. Fall KWG ein Bankgeschäft auch bei **94** Annahme „anderer unbedingt rückzahlbarer Gelder des Publikums“ vorliegt. Diese zusätzliche Variante ist durch die 6. Novelle in das KWG eingeführt worden.[7] Sie spielt die Rolle eines Auffangtatbestands: Greift sie ein, kommt es auf die Charakterisierung als Einlage nicht mehr an. Dazu müssen mehrere Voraussetzungen erfüllt sein:

1. Zunächst muss es sich um Gelder „des Publikums“ handeln. Dies wird immer **95** angenommen, wenn es sich bei den Einlegern um Privatpersonen und nicht um institutionelle Anleger – wie z.B. Investmentfonds – handelt.[8] Die Unterscheidung überzeugt jedoch nicht. Entscheidend sollte nicht die Person der Einleger sein, sondern ihre Zahl, die nicht beschränkt sein darf. Daher sollte man verlangen, dass das Angebot an einen unbegrenzten oder nur nach allgemeinen Merkmalen bestimmten Adressatenkreis gemacht wird.

2. Weitere Voraussetzung ist, dass ein unbedingter Rückzahlungsanspruch des Kun- **96** den gegenüber dem Annehmenden besteht. Dieser kann auf Gesetz und Vertrag beruhen und von einer vorherigen Kündigung abhängen; er darf jedoch nicht von einem ungewissen Ereignis abhängen, auf das der Kunde keinen Einfluss hat, denn sonst wäre er nicht unbedingt. Typische rückzahlbare Gelder sind Darlehen. Dagegen fehlt es an der unbedingten Rückzahlbarkeit, wenn eine Person Gelder als Einzahlungen in einen Immobilienfonds entgegennimmt, denn diese sind nur dann zurückzuzahlen, wenn sich das Vermögen des Fonds nicht durch Verluste reduziert hat.[9]

Beispiel: Die Gemeinde G hat eine zündende Idee. Statt ihr permanentes Haushaltsdefizit durch teure Bankkredite zu decken, möchte sie lieber ihre Bürger „anpumpen“. Sie bietet ihnen daher kleine Geldanlagen in Höhe von 5.000 Euro an. Im Gegenzug sollen die Bürger eine Verzinsung von 4 % erhalten, die aus ihrer Sicht attraktiv ist, gleichzeitig aber geringer ist als die von den Banken gegenüber G verlangten Kreditzinsen. Die Rückzahlungsansprüche werden durch Grundschulden an Grundstücken besichert, die im städtischen Eigentum stehen. Die BaFin untersagte der G diese Praxis nach § 37 I S. 1 Fall 1 KWG, weil sie ohne die erforderliche Erlaubnis ein Bankgeschäft betrieb. Zwar fällt die Tätigkeit der G nach der bankwirtschaftlichen Auffassung nicht unter den Begriff „Einlagen“ in § 1 I S. 2 Nr. 1 KWG, da die Gelder zur Finanzierung des eigenen Finanzbedarfs des Schuldners dienen sollen. Doch hat G gewerbsmäßig unbedingt rückzahlbare Gelder des Publikums angenommen. Sie bedarf daher einer Bankerlaubnis.

---

6 BGHZ 129, 90, 94.

7 Art. 1 des Gesetzes zur Umsetzung von EG-Richtlinien zur Harmonisierung bank- und wertpapieraufsichtsrechtlicher Vorschriften vom 22.10.1997 (6. KWG Novelle), BGBl. I, S. 2518.

8 *Schwennicke*, in: Schwennicke/Auerbach, KWG, 4. Aufl. 2021, § 1 Rn. 28.

9 BGH WM 1982, 124.

97 a) Ein Einlagengeschäft liegt gemäß § 1 I S. 2 Nr. 1 KWG nicht vor, wenn der Rückzahlungsanspruch in Inhaber- oder Orderschuldverschreibungen (Rn. 344) verbrieft ist. Dabei handelt es sich um Finanzinstrumente (Rn. 427), die auf dem Kapitalmarkt gehandelt werden (zu ihrer bürgerlichrechtlichen Regelung siehe §§ 793–806 BGB). Die Ausnahme dient dazu, Unternehmen von der Bankerlaubnis freizustellen, die sich als Emittenten (Rn. 375) von Finanzinstrumenten betätigen, um ihren Kapitalbedarf zu decken.

Beispiel: Das Unternehmen E bringt eine Anleihe auf den Kapitalmarkt. Die von den Anlegern gezahlten Gelder sind zwar unbedingt rückzahlbar. Jedoch ist der Rückzahlungsanspruch in einer Inhaberschuldverschreibung verbrieft. E bedarf daher keiner Bankerlaubnis.

98 b) Ein anderes wichtiges Bankgeschäft ist das **Kreditgeschäft**, § 1 I S. 2 Nr. 2 KWG. Dieses ist gewissermaßen das Spiegelbild des Einlagengeschäfts: Es wird Geld an die Kunden als Darlehen gegeben.

99 c) Weiter hervorzuheben ist die Anschaffung von Finanzinstrumenten (Wertpapieren und Derivaten) im eigenen Namen für fremde Rechnung (**Finanzkommissionsgeschäft**), § 1 I S. 2 Nr. 4 KWG.[10]

Beispiel: Der „Finanzberater“ F bietet seinen Kunden an, ihnen „bestmögliche“ Unternehmensanleihen zu besorgen. Diese erwirbt er auf deren Bestellung; gegenüber den Verkäufern tritt er jedoch im eigenen Namen auf. Hier sind die typischen Merkmale des Kommissionsgeschäfts nach §§ 383–405 HGB erfüllt, so dass ein Finanzkommissionsgeschäft i.S.v. § 1 I S. 2 Nr. 4 KWG vorliegt. Zu beachten ist jedoch, dass der handelsrechtliche und der bankrechtliche Begriff nicht vollständig übereinstimmen. Bankrechtlich kann ein Geschäft als Finanzkommission einzuordnen sein, auch wenn einzelne der in §§ 383–405 HGB vorausgesetzten Elemente fehlen.[11] Es kommt darauf an, dass der Typus des Kommissionsgeschäfts vorliegt.

100 d) Zu den klassischen Bankgeschäften gehören auch das **Depotgeschäft** (§ 1 I S. 2 Nr. 5 KWG), die **Verpflichtung zum Rückerwerb zuvor veräußerter Darlehensforderungen** (§ 1 I S. 2 Nr. 7 KWG), das **Garantiegeschäft** (§ 1 I S. 2 Nr. 8 KWG) und das **Scheckeinzugs-, Wechseleinzugs-** und **Reisescheckgeschäft** (§ 1 I S. 2 Nr. 9 KWG). Ihnen ist gemein, dass sie besondere Gefahren für die Allgemeinheit bergen.

Beispiel: Im Fall des § 1 I S. 2 Nr. 5 KWG (Depotgeschäft) lagert ein Unternehmen Wertpapiere des Kunden ein. Es besteht die Gefahr der Veruntreuung der anvertrauten Papiere. Im Fall des § 1 I S. 2 Nr. 7 KWG verpflichtet sich eine Seite, eine Darlehensforderung, die sie zuvor veräußert hat, zurückzuerwerben, bevor diese fällig ist. Im Bilanzrecht bezeichnet man dies auch als Pensionsgeschäft, siehe § 340b HGB. Wirtschaftlich gesehen gestaltet sich das Geschäft so, dass das Unternehmen zunächst den Kaufpreis für die Darlehensforderung erhält, später aber wieder zurückzahlen muss. Es besteht die Gefahr, dass es zu diesem Zeitpunkt nicht in der Lage sein wird, den Kaufpreis zurückzuzahlen.

---

10 BVerwG a.a.O.
11 BVerwG WM 2008, 1359, 1366.

Das Unterhalten von Girokonten (Girogeschäft) ist nicht mehr tatbestandliches Bankgeschäft (anders § 1 I S. 2 Nr. 9 a.F. KWG). Dieses fällt nunmehr unter das Zahlungsdiensteaufsichtsgesetz (ZAG), dazu unten Rn. 266 f. **101**

2. Finanzdienstleistungen

Außer für den Betrieb von Bankgeschäften braucht man eine Erlaubnis auch für die Erbringung sogenannter **Finanzdienstleistungen**, vgl. § 32 I S. 1 KWG. Der Begriff ist in § 1 Ia S. 2 KWG definiert. Es handelt sich dabei typischerweise um Tätigkeiten, die außer von Banken auch von anderen Unternehmen, wie etwa Anlageberatern oder Vermögensverwaltern, vorgenommen werden. Der Begriff des Finanzdienstleistungsgeschäfts ist weitgehend deckungsgleich mit dem der Wertpapierdienstleistung in § 2 VIII S. 1 WpHG (dazu unten Rn. 522) und in § 2 II WpIG. **102**

a) Zu den Finanzdienstleistungen zählt die **Anlagevermittlung**, d.h. Vermittlung über die Anschaffung und Veräußerung von Finanzinstrumenten (z.B. Aktien, Anleihen oder Derivaten) (§ 1 Ia S. 2 Nr. 1 KWG). **103**

Beispiel: A bietet seinen Kunden an, Aktien für sie anzuschaffen und zu veräußern. A ist Finanzdienstleistungsunternehmen. Weist er ihnen dagegen nur die Gelegenheit zum Kauf oder Verkauf nach (sog. Nachweismakler), liegt keine Anlagevermittlung vor, und A benötigt keine Bankerlaubnis.

b) Auch die **Anlageberatung** ist Finanzdienstleistung (§ 1 Ia S. 2 Nr. 1a KWG). Dabei empfiehlt der Dienstleister ein Finanzinstrument (Aktie, Anleihen oder Derivat) zum Kauf. Anlageberatung liegt allerdings nicht vor, wenn Empfehlungen für Finanzinstrumente ausschließlich über Informationsverbreitungskanäle oder für die Öffentlichkeit bekannt gegeben werden. **104**

Beispiel: B empfiehlt im Nachrichtensender X regelmäßig bestimmte Aktien zum Kauf oder Verkauf. Es handelt sich nicht um eine Finanzdienstleistung, da diese Information ausschließlich über Informationsverbreitungskanäle bekannt gegeben wird.

c) Der **Betrieb eines multilateralen Handelssystems** ist ebenfalls Finanzdienstleistung (§ 1 Ia S. 2 Nr. 1b KWG). Zum Begriff unten Rn. 395. **105**

d) Das **Platzieren von Finanzinstrumenten** ohne feste Übernahmeverpflichtung (sogenanntes *best efforts underwriting*, dazu unten Rn. 458) gehört zu den Finanzdienstleistungen (§ 1 Ia S. 2 Nr. 1c KWG). Es handelt sich um ein typisches Geschäft von Investmentbanken. Zu beachten ist der Zusammenhang des § 1 Ia S. 2 Nr. 1c mit § 1 I S. 2 Nr. 10 KWG. Aus beiden Normen ergibt sich, dass die Platzierung von Finanzinstrumenten für andere, egal ob für eigenes Risiko oder ohne feste Übernahmeverpflichtung, einer Erlaubnis bedarf. **106**

e) Die Anschaffung und Veräußerung von Finanzinstrumenten im fremden Namen für fremde Rechnung, also die **Abschlussvermittlung**, ist ebenfalls als Finanzdienstleistung einzuordnen (§ 1 Ia S. 2 Nr. 2 KWG). **107**

Beispiel: A kauft im Namen seiner Kunden und für deren Rechnung Aktien ein. Er ist Abschlussvermittler und bedarf daher einer Bankerlaubnis.

108 f) Selbst der **Eigenhandel**, das heißt die Anschaffung und Veräußerung beispielsweise von Finanzinstrumenten im eigenen Namen und auf eigene Rechnung als Dienstleistung für andere, ist erlaubnispflichtig (§ 1 Ia S. 2 Nr. 4 KWG). Erfasst werden daher jene Fälle, in denen das Finanzdienstleistungsinstitut nicht als Kommissionär handelt, sondern selbst als Käufer oder Verkäufer auftritt. Es gelten jedoch weitgehende Ausnahmen (siehe unten Rn. 115–117).

109 g) Vom Eigenhandel zu unterscheiden ist das Eigengeschäft (§ 1 Ia S. 3-5 KWG). Auch dieses setzt zunächst die Anschaffung oder Veräußerung von Finanzinstrumenten auf eigene Rechnung voraus. Allerdings wird diese Finanzdienstleistung ohne direkten Kundenbezug erbracht; es fehlt der Dienstleistungscharakter. Vielmehr wird das Eigengeschäft lediglich innerhalb einer Institutsgruppe erbracht, der zugleich auch ein CRR-Kreditinstitut angehört. Damit sollen indirekte Risiken für letzteres erfasst werden.

110 h) Finanzdienstleistung ist weiter die **Finanzportfolioverwaltung**, also die Verwaltung fremder Vermögen, soweit diese aus Finanzinstrumenten wie Aktien oder Anleihen bestehen und dem Verwalter ein eigener Entscheidungsspielraum verbleibt (§ 1 Ia S. 2 Nr. 3 KWG).

111 i) Die **Drittstaateneinlagenvermittlung** ist ebenfalls Finanzdienstleistung (§ 1 Ia S. 2 Nr. 5 KWG). Dieses Wortungetüm soll Fälle erfassen, in denen ein Unternehmen Anleger wirbt, ihr Geld bei Unternehmen anzulegen, die ihren Sitz außerhalb des Europäischen Wirtschaftsraums (EWR, bestehend aus EU, Island, Liechtenstein und Norwegen) haben. Wird Geld innerhalb des EWR angelegt, greifen die Schutzvorschriften des europäisch harmonisierten Bankrechts, so dass es einer besonderen Erlaubnis nicht bedarf.

112 j) Das **Sortengeschäft** (§ 1 Ia S. 2 Nr. 7 KWG) umfasst den Handel mit Banknoten und Münzen. Seine Einordnung als Finanzdienstleistung soll vor allem Wechselstuben der Bankaufsicht unterstellen.

113 k) Als **Factoring** (§ 1 Ia S. 2 Nr. 9 KWG) bezeichnet man den Ankauf von Forderungen durch ein Unternehmen auf der Grundlage von Rahmenverträgen.[12] Zu unterscheiden sind unechtes und echtes Factoring. Beim unechten Factoring behält sich das Unternehmen den Rückgriff gegen den Auftraggeber für den Fall vor, dass die Forderung sich als uneinbringlich erweist. Beim echten Factoring besteht die Möglichkeit des Rückgriffs nicht, weil das Factoring-Unternehmen die Forderung im Wege des Kaufs (§§ 433, 453 BGB) mit allen Risiken übernimmt.[13] Beide Arten des Factoring sind Finanzdienstleistungen.

12 Zum Abtretungsverbot im Unternehmergeschäft siehe § 354a HGB.

13 Nach Kaufrecht haftet der Verkäufer einer Forderung nicht für die Zahlungsunfähigkeit des Schuldners, siehe *Grüneberg/Weidenkaff*, BGB, 81. Aufl. 2021, § 453, Rn. 22.

l) Das **Finanzierungsleasing** ist ebenfalls als Finanzdienstleistung anzusehen (§ 1 Ia S. 2 Nr. 10 KWG). Nicht erfasst ist dagegen das Operatingleasing, das vorwiegend der Nutzung des Gegenstands und nicht dessen Erwerb dient. **114**

Hinweis: Der Leasingvertrag setzt immer eine Dreiecksbeziehung aus Leasinggeber, Leasingnehmer und Lieferant voraus. Das „Leasing" durch den Hersteller selbst ohne Zwischenschaltung einer rechtlich selbständigen Gesellschaft fällt daher nicht unter den Tatbestand des § 1 Ia S. 2 Nr. 10.[14]

m) Auch die Verwahrung, Verwaltung und Sicherung von Kryptowerten oder kryptographischen Schlüsseln (§ 1 Ia S. 2 Nr. 6 KWG), sowie die Führung einer Kryptowertpapierregisters (§ 1 Ia S. 2 Nr. 8 KWG) sind Finanzdienstleistungen. Dies betrifft sog. Wallet Provider von Bitcoin oder anderen Kryptowährungen sowie Token.

3. Ausnahmen

Auch wenn ein Bankgeschäft vorliegt, führt dies nicht notwendig zur Erlaubnispflicht. Vielmehr sind verschiedene Ausnahmetatbestände zu beachten. In **§ 2 I KWG** finden sich verschiedene Freistellungen. **115**

Zur Vertiefung: Rechtstechnisch gesehen enthält § 2 I KWG nur Ausnahmen vom Begriff des Kreditinstituts nach § 1 I S. 1 KWG.[15] Die Erlaubnispflicht nach § 32 I S. 1 KWG bezieht sich jedoch auf die Erbringung von Bankgeschäften, nicht auf „Kreditinstitute". Trotzdem wird § 2 I KWG allgemein als Ausnahme von der Erlaubnispflicht verstanden, weil die dort genannten Einrichtungen insgesamt nicht dem KWG unterfielen.[16]

Eine Ausnahme gilt z.B. für die Deutsche Bundesbank[17], die KfW[18], Kapitalverwaltungsgesellschaften im Sinne des Kapitalanlagegesetzbuchs[19] und Versicherungsunternehmen[20]. Für die in § 2 I Nr. 4–6 genannten Unternehmen gibt es allerdings wieder eine Rückausnahme, wenn sie Bankgeschäfte betreiben, „die nicht zu den ihnen eigentümlichen Geschäften gehören", § 2 III KWG. In diesem Fall bedürfen sie diesbezüglich doch einer Erlaubnis. **116**

Beispiel: Die Versicherung XY bietet ihren Kunden die Eröffnung eines „Tagesgeldkontos" an. Dies ist kein versicherungstypisches Geschäft. Obwohl Versicherung, bedarf XY daher insoweit einer Bankerlaubnis.

---

14 BaFin, Hinweise zum Tatbestand des Finanzierungsleasings (Stand: Mai 2021), erhältlich unter http://www.bafin.de (zuletzt besucht am 12.1.2021).

15 *Reschke*, in: Beck/Samm/Kookemoor, KWG mit CRR, § 2 Rn. 3.

16 Siehe *Schäfer*, in: Boos/Fischer/Schulte-Mattler, KWG, CRR, 5. Aufl. 2016, § 2 Rn. 1; *Schwennicke*, in: Schwennicke/Auerbach, KWG, 4. Aufl. 2021, § 2 Rn. 1; *Szagunn/Haug/Ergenzinger*, KWG, 6. Aufl. 1996, § 2 Rn. 1.

17 § 2 I Nr. 1 KWG.

18 § 2 I Nr. 2 KWG.

19 § 2 I Nr. 3b KWG.

20 § 2 I Nr. 4 KWG.

117 Parallele Ausnahmen zu denen vom Begriff des Kreditinstituts enthält **§ 2 VI KWG** für die Finanzdienstleistungsinstitute. Für die Unternehmen, die Eigengeschäfte und Eigenhandel betreiben, sind die Ausnahmen § 2 VI S. 1 Nr. 11 und 13 KWG besonders wichtig, da sie eine weitgehende Freistellung vom Erfordernis der Bankerlaubnis enthalten.

4. Umfang

118 Alle Bankgeschäfte und Finanzdienstleistungen müssen entweder **„gewerbsmäßig"** erbracht werden oder **„in einem Umfang, der einen in kaufmännischer Weise eingerichteten Geschäftsbetrieb erfordert"**, vgl. § 1 I S. 1, Ia 1 KWG. Die Definition beider Begriffe ist aus dem Handelsrecht bekannt.

119 a) **Gewerbsmäßig** handelt danach, wer (1.) dauerhaft, (2.) planmäßig, (3.) entgeltliche Leistungen (4.) an einem Markt anbietet und (5.) keinen freien Beruf ausübt.

Beispiel: A gibt seinen Freunden von Zeit zu Zeit Kredit und verlangt dafür 5 % Zinsen. Solange die Kreditvergabe nicht dauerhaft ist und keinem Plan, sondern einer jeweils spontanen Eingebung entspringt, benötigt A keine Bankerlaubnis.

120 b) Ob ein **in kaufmännischer Weise eingerichteter Geschäftsbetrieb erforderlich** ist, muss von Einzelfall zu Einzelfall bestimmt werden. Üblicherweise stellt man darauf ab, ob sich der Inhaber kaufmännischer Instrumente bedienen muss, wie z.B. der doppelten Buchführung. Das ist in gewisser Weise zirkulär, denn die Verpflichtung zur doppelten Buchführung (§ 238 HGB) folgt nach dem HGB gerade aus der Kaufmannseigenschaft (§§ 1, 6 HGB). Statt dieser Daumenregel sollte daher besser auf konkrete Indizien zurückgegriffen werden. Ob eine kaufmännische Einrichtung des Geschäftsbetriebs nötig ist, hängt vor allem ab von

1. der Größe eines Geschäfts,
2. seinem Umsatz und
3. der Zahl seiner Mitarbeiter.

Beispiel: A vergibt zwei Kredite in Höhe von jeweils 100.000 Euro. Trotz der Größe dieser Geschäfte ist eine eigene Buchführung nicht notwendig. Gibt A dagegen 200 Kredite zu jeweils 500 Euro aus (also denselben Betrag), ist ein in kaufmännischer Weise eingerichteter Geschäftsbetrieb notwendig.

121 c) Für die Auslegung beider Merkmale sind die Rundschreiben der BaFin von entscheidender Bedeutung. Die Rundschreiben konkretisieren die Merkmale unter Berücksichtigung der besonderen Eigenheiten des jeweiligen Geschäfts.

Beispiel: In einem Merkblatt wird ausgeführt, dass für Einlagengeschäfte (§ 1 I S. 2 Nr. 1 KWG) nur dann ein kaufmännischer Geschäftsbetrieb erforderlich ist, wenn entweder fünf Einlagen im Wert von mindestens 12 500 Euro oder – unabhängig von der Summe – mehr als 25 Einlagen entgegengenommen werden.[21]

---

21 Siehe BaFin, Merkblatt – Hinweise zum Tatbestand des Einlagengeschäfts nach § 1 Abs. 1 Satz 2 Nr. 1 KWG (Stand: August 2021), erhältlich unter http://www.bafin.de (zuletzt besucht am 12.1.2021).

d) Zu beachten ist, dass nach dem Wortlaut des § 32 KWG das Vorliegen eines der beiden Merkmale genügt. Eine Erlaubnis ist daher bereits dann erforderlich, wenn entweder gewerbsmäßig oder in einem Umfang gehandelt wird, der einen in kaufmännischer Weise eingerichteten Geschäftsbetrieb erfordert. Das ist vor allem dann von Bedeutung, wenn ein subjektives Element des Begriffs „gewerbsmäßig" nicht nachgewiesen werden kann. **122**

Beispiel: A kauft von Zeit zu Zeit Wechsel und Schecks in beträchtlicher Höhe an. Es lässt sich nicht nachweisen, dass er dies planmäßig tut. Dennoch bedarf er gemäß § 32 i.V.m. § 1 I S. 2 Nr. 3 KWG einer Bankerlaubnis, wenn die Geschäfte einen solchen Umfang erreicht haben, dass es eines in kaufmännischer Weise eingerichteten Geschäftsbetriebs bedarf.

5. Im Inland

Zu beachten ist, dass eine Bankerlaubnis nur notwendig ist, wenn man die Tätigkeit **123** „**im Inland**" erbringt, § 32 KWG. Dazu muss man sich jedoch nicht unbedingt im Inland aufhalten oder gar eine inländische Präsenz unterhalten. Entscheidend ist nach einer Auffassung, dass man Bankgeschäfte und Finanzdienstleistungen zielgerichtet durch Kommunikationsmittel an Kunden anbietet, die sich auf deutschem Territorium aufhalten (sog. **vertriebsbezogene Auslegung**). Nach herrschender Ansicht bedarf es aber zumindest gewisser Schritte im Inland (**Teilaktstheorie**).

Beispiel: Ein Schweizer Unternehmen bietet Kredite für Kunden mit deutscher Staatsbürgerschaft und Wohnsitz in Deutschland an. Der Vertragsabschluss erfolgt einerseits über in der Bundesrepublik tätige, selbständige Kreditvermittler; andererseits über das Internet. In letzterem Fall können sich die Kunden ein „Kreditgesuch" herunterladen, das sie ausfüllen und mit den geforderten Unterlagen per Post an die Klägerin in die Schweiz senden. Das Bundesverwaltungsgericht hat hier angenommen, dass das Unternehmen einer deutschen Erlaubnis für Bankgeschäfte bedürfe, da „die wesentlichen, zum Vertragsschluss hinführenden Schritte" im Inland vorgenommen wurden.[22] Diese Ansicht ist mit der – grundsätzlich auch für Institute aus Drittstaaten geltenden – Kapitalverkehrsfreiheit nach Art. 63 AEUV (= ex-Art. 56 EG) vereinbar, wie der EuGH inzwischen bestätigt hat.[23]

Auch deutsche Zweigniederlassungen ausländischer Institute bedürfen einer Erlaubnis. **124** Diese gelten selbst als Kreditinstitut im Sinne des KWG, § 53 I S. 1 KWG, obwohl sie gesellschaftsrechtlich gesehen keine eigene Rechtspersönlichkeit und Rechtsfähigkeit haben. Die Zweigniederlassungen von Banken anderer EU-Mitgliedstaaten sind dagegen vom Erfordernis einer Erlaubnis befreit.[24]

6. Unabhängigkeit vom Institutsbegriff

Das Erfordernis der Bankerlaubnis ist unabhängig davon, ob ein Institut im Sinne des **125** § 1 I S. 1 KWG vorliegt oder nicht. Das folgt daraus, dass die Vorschrift des § 32 KWG nur auf die Begriffe „Bankgeschäfte" und „Finanzdienstleistungen" Bezug nimmt, nicht

22 BVerwGE 133, 358, 366, Rn. 36.
23 EuGH, Rs. C-452/04, Urt. v. 3.10.2005, Rn. 49-50.
24 Dazu unten Rn. 137.

jedoch auf den des Instituts. Jeder, der solche Geschäfte betreibt oder Leistungen in dem näher definierten Mindestumfang anbietet, bedarf daher der Erlaubnis. Dies ist **unabhängig davon, ob** er ein **„Unternehmen“** i.S.d. § 1 I S. 1, Ia S. 1 KWG ist, ob er also einen auf Dauer angelegten, durch einen allgemeinen Plan organisierten, kaufmännisch eingerichteten Geschäftsbetrieb führt.[25] Die Bankerlaubnis benötigt auch derjenige, der ohne organisatorische Vorkehrungen Bankgeschäfte oder Finanzdienstleistungen gewerbsmäßig oder in großem Umfang anbietet.

Zur Vertiefung: Manchmal beachtet der Gesetzgeber selbst die Unterscheidung zwischen dem Institutsbegriff und dem Erfordernis der Bankerlaubnis nicht genügend. Dies gilt etwa für § 2 KWG, der seinem Wortlaut nach Ausnahmen vom Institutsbegriff vorsieht, aber zugleich vom Erfordernis der Bankerlaubnis befreien will (siehe oben Rn. 115).

II. Verfahren der Erlaubniserteilung

1. Zuständigkeit

126 Die Erlaubnis erteilt gem. § 32 I S. 1 KWG die „Bundesanstalt“. Gemeint ist die **Bundesanstalt für Finanzdienstleistungsaufsicht (BaFin)**. Sie übt zusammen mit der **Deutschen Bundesbank** die Aufsicht über die Banken aus (dazu oben Rn. 51 und unten Rn. 165).

2. Antrag

127 Um eine Bankerlaubnis zu erhalten, bedarf es eines Antrags. Den Inhalt des Erlaubnisantrags ersehen Sie aus § 32 I S. 5 KWG. Er ist auf die Voraussetzungen abgestimmt, unter denen die Bankerlaubnis versagt werden kann. Diese sind in § 33 KWG festgelegt. Das Gesetz unterscheidet dabei zwischen obligatorischen (§ 33 I, Ia KWG) und fakultativen Versagungsgründen (§ 33 II KWG). Die obligatorische oder fakultative Natur der Versagungsgründe ergibt sich aus dem Wortlaut der jeweiligen Bestimmung („Die Erlaubnis **ist** zu versagen…“, „Die Bundesanstalt **kann** die Erlaubnis versagen…“). Diese werden im Einzelnen sogleich erörtert.

3. Voraussetzungen

128 Um eine Erlaubnis zu erhalten, bedarf es der Einhaltung einer Reihe von Voraussetzungen. Diese sind in **§ 33 KWG** in negativer Weise aufgezählt. Die wichtigsten obligatorischen Voraussetzungen sind:

129 a) Es muss ein **Anfangskapital** vorhanden sein, § 33 I S. 1 Nr. 1 KWG. Seine Höhe ist unterschiedlich je nach Art des betriebenen Geschäfts. Bestimmte Anlageberater müssen beispielsweise lediglich 75.000 Euro vorweisen, während CRR-Kreditinstitute[26]

25 BVerwGE 122, 29; 1; *Schwennicke*, in: Schwennicke/Auerbach, KWG, 4. Aufl. 2021, § 53 Rn. 5; *Schäfer*, in: Boos/Fischer/Schulte-Mattler, KWG, CRR, 5. Aufl. 2016, § 1 Rn. 11.

26 Zum Begriff oben Rn. 83.

mindestens fünf Millionen Euro aufzubringen haben, § 33 I S. 1 Nr. 1 lit. a und d KWG. Wieviel Kapital genau zu leisten ist, richtet sich nach den Regeln der CRR II (dazu unten Rn. 138–153).

b) Es müssen weiter **mindestens zwei Geschäftsleiter** vorgesehen werden. Der Begriff des Geschäftsleiters ist in § 1 II KWG legaldefiniert. Es handelt sich bei Banken z.B. in der Rechtsform der AG um die Vorstandsmitglieder (§§ 76, 78 AktG), bei einer KG um die Komplementäre (§ 161 I i.V.m. § 125 I HGB). Dass immer mindestens zwei Geschäftsleiter vorgesehen sein müssen, ergibt sich aus der Verwendung des Plurals in § 32 I S. 5 Nr. 2 und aus § 33 I S. 1 Nr. 5 KWG. Es gilt damit das sogenannte Vier-Augen-Prinzip. **130**

c) Außerdem muss der Antragsteller **zuverlässig** sein; dies gilt auch für die vorgesehenen Geschäftsleiter, § 33 I S. 1 Nr. 2 KWG. Auch die Inhaber einer bedeutenden Beteiligung der Bank (§ 1 IX KWG), d.h. wichtige Gesellschafter, müssen zuverlässig sein, § 33 I S. 1 Nr. 3 KWG. Außerdem müssen die Inhaber und die Geschäftsleiter über die **fachliche Eignung** verfügen, § 33 I S. 1 Nr. 4 KWG. Dazu ist es notwendig, dass sie praktische Erfahrungen im Bankgeschäft gesammelt haben oder sich während des Studiums banktheoretische Kenntnisse angeeignet haben (z.B. durch den Besuch der Vorlesung „Bank- und Kapitalmarktrecht“). Darüber hinaus müssen sie über gewisse Leitungserfahrungen verfügen. Zusammen bezeichnet man diese Anforderung als „fit and proper test“. **131**

Weitere Anforderungen, z.B. an den Sitz der Hauptverwaltung des Instituts, können Sie dem § 33 KWG entnehmen. **132**

Darüber hinaus kann die BaFin die Erlaubnis aufgrund fakultativer Voraussetzungen versagen, die in § 33 II KWG normiert sind. Die BaFin kann in solchen Fällen die Erlaubnis versagen, wenn sie der Ansicht ist, dass eine effektive Aufsicht des Antragstellers nicht möglich wäre. Dies kann beispielsweise der Fall sein, wenn der Antragsteller Teil einer intransparenten Konzernstruktur ist (§ 33 II Nr. 1 KWG) oder weil sein Mutterunternehmen in einem Drittstaat ansässig ist und dort nicht wirksam beaufsichtigt wird (§ 33 II Nr. 3 KWG). **133**

III. Sanktionen für Handeln ohne Erlaubnis

Werden ohne Erlaubnis Bankgeschäfte betrieben oder Finanzdienstleistungen erbracht, kann die BaFin gemäß § 37 I S. 1 Nr. 1 KWG eine Verfügung erlassen, mit der sie die sofortige Einstellung des Geschäftsbetriebs und die Abwicklung der Geschäfte verlangt. Außerdem setzt man sich der Gefahr einer Freiheitsstrafe bis zu fünf Jahren oder einer Geldstrafe aus, § 54 I Nr. 2 KWG, bei fahrlässigem Handeln bis zu drei Jahren oder einer Geldstrafe, § 54 II KWG. **134**

Die geschlossenen Geschäfte sind nicht ohne Weiteres gemäß § 134 BGB wegen Verstoßes gegen ein gesetzliches Verbot nichtig. Vielmehr muss die BaFin die Interessen der Anleger berücksichtigen, bevor sie eine Abwicklung verlangt.[27] **135**

27 Hessischer VGH, WM 2009, 1889.

136 Eine besondere Verbotsvorschrift enthält allerdings § 3 KWG. Diese greift für einige der in § 1 I KWG genannten Bankgeschäfte ein, insbesondere für das Einlagengeschäft, wenn gewisse weitere Umstände erfüllt sind. Relevant ist insbesondere § 3 I Nr. 3 KWG. Ob der Verstoß gegen diese Vorschrift zur Nichtigkeit des Geschäfts nach § 134 BGB führt, hat der BGH offengelassen.[28] In der Literatur wird die Frage kontrovers diskutiert.[29] Angesichts des Interesses des Kunden, sein Geld sofort zurückzubekommen, und des öffentlichen Interesses an der Verhinderung solcher Geschäfte ist von Nichtigkeit auszugehen.

IV. Räumliche Reichweite der Erlaubnis

137 Die Erlaubnis reicht grundsätzlich nur für Geschäfte im **deutschen Staatsgebiet**. Allerdings folgen Erweiterungen aus verschiedenen Richtlinien der Europäischen Gemeinschaft zur Harmonisierung des Bankrechts. Zu nennen ist insbesondere die Capital Requirements Directive, fünfte Version (CRD V).[30] Diese sieht den sogenannten **europäischen Pass** für Kreditinstitute und Finanzinstitute vor[31]: Ein Institut, das in einem bestimmten Mitgliedstaat seinen Sitz hat, bedarf ausschließlich dessen Genehmigung und wird nur von diesem beaufsichtigt, auch wenn es in anderen Mitgliedstaaten tätig ist, z.B. dort Zweigniederlassungen unterhält. Es gilt das **Herkunftslandprinzip**. Dieses basiert auf dem gegenseitigen Vertrauen der Mitgliedstaaten in die Aufsicht der anderen Länder. Im deutschen Recht ist der europäische Pass in § 53b KWG umgesetzt, der Banken aus anderen Mitgliedstaaten das Tätigwerden in Deutschland ohne Erlaubnis der BaFin gestattet. Im Gegenzug für das entgegengebrachte Vertrauen enthält das europäische Recht jedoch bestimmte Mindestanforderungen, die alle nationalen Rechtsordnungen der Mitgliedstaaten vorsehen müssen. Insbesondere müssen sie die Banken beaufsichtigen und eine bestimmte Ausstattung mit Eigenmitteln sicherstellen.[32]

C. Materielle Anforderungen an die Institute

I. Eigenmittelausstattung

138 Zentrales Anliegen des Aufsichtsrechts ist der Schutz vor Überschuldung der Institute. Dazu verlangt die Capital Requirements Regulation (CRR II)[33] die Einhaltung von Vorschriften über **Eigenmittel**. Die CRR II ist als europäische Verordnung unmittelbar in den Mitgliedstaaten anwendbar. Sie ist eine der längsten und kompliziertesten Verordnungen überhaupt. Hier können nur die wesentlichen Züge dargestellt werden.

---

28 BGHZ 129, 90, 92.

29 Für Nichtigkeit *Schwennicke*, in: Schwennicke/Auerbach, KWG, 4. Aufl. 2021, § 3 Rn. 20; grds. auch *Schäfer*, in: Boos/Fischer/Schulte-Mattler, KWG, CRR, 5. Aufl. 2016, § 3 Rn. 30 (aber in Ausnahmefällen für bloße Teilunwirksamkeit); gegen Nichtigkeit *Reschke*, in: Beck/Samm/Kookemoor, KWG mit CRR, Art. 3 Rn. 72–74.

30 RL 2013/36/EU (CRD V).

31 Art. 33 RL 2013/36/EU (CRD V).

32 Siehe RL 2013/36/EU (CRD V) und die VO (EU) 575/2013 (CRR II).

33 VO (EU) 575/2013.

Was Eigenmittel sind, bestimmt Art. 72 CRR II. Danach handelt es sich um die Summe aus Kernkapital und Ergänzungskapital. **139**

1. Kernkapital

Das **Kernkapital** setzt sich seinerseits aus dem **harten und dem zusätzlichen Kernkapital** zusammen, Art. 25 CRR II. **140**

a) Als **hartes Kernkapital** (tier 1 capital) sind nur die Posten anzusehen, die Art. 26 I und Art. 27 I CRR II aufführen. Die wichtigsten unter ihnen sind Kapitalinstrumente, welche die in Art. 28 f. CRR II genannten Bedingungen erfüllen. Es muss sich um gesellschaftsrechtliche Beteiligungen handeln, die vom Institut direkt begeben werden, von den Gesellschaftern eingezahlt sowie zeitlich unbefristet sind. Dies ist bei Personengesellschaften das eingezahlte Geschäftskapital, bei Kapitalgesellschaften das Stammkapital (bei einer GmbH) bzw. das Grundkapital (so die Terminologie bei einer AG oder KGaA). Die Kapitalaufbringungsvorschriften des GmbH- und Aktienrechts sorgen dafür, dass dieses Geld real aufgebracht wurde und der Gesellschaftsleitung sowie den Gläubigern zur Verfügung steht. Das harte Kernkapital verhindert damit eine vorzeitige Insolvenz der Bank. **141**

b) Daneben steht das **zusätzliche Kernkapital** (additional tier 1 capital). Über dieses enthalten die Art. 51 ff. CRR II nähere Regelungen. Erfasst sind damit vor allem hybride Instrumente. Sie tragen sowohl Züge des Eigen- wie des Fremdkapitals in sich. Beispiele sind etwa sogenannte CoCo (contingent convertible)-Anleihen. Sie werden als Fremdkapital begeben, aber in der Insolvenz der Bank in Eigenkapital umgewandelt. Dadurch ist sichergestellt, dass die Inhaber an den Verlusten der Bank beteiligt werden und nicht anderen Fremdgläubigern – vor allem den Einlegern – einen Teil des Vermögens wegnehmen. **142**

2. Ergänzungskapital

Das **Ergänzungskapital** (tier 2 capital) besteht aus den Posten des Ergänzungskapitals nach gewissen Abzügen, Art. 71 CRR II. Zu den Posten gehören nicht zum Kernkapital zählende Kapitalinstrumente und nachrangige Darlehen, Art. 63 CRR II. Sie verleihen den Inhabern mehr Rechte in der Insolvenz als reine Eigenkapitalinstrumente. Daher werden sie auch nur begrenzt als Eigenmittel anerkannt. **143**

3. Capital ratio

Besonders wichtig ist, dass ein bestimmtes Verhältnis der Eigenmittel zu den ausstehenden Forderungen der Bank vorliegen muss. Man bezeichnet dies auch als **capital ratio**. Art. 92 I CRR II schreibt im Einzelnen vor: **144**

- eine harte Kernkapitalquote von 4,5 %
- eine zusätzliche Kernkapitalquote von 6 %
- eine Gesamtkapitalquote von 8 %
- eine Verschuldungsquote von 3 %.

145 Die Gesamtkapitalquote verlangt, dass die Bank alle ausstehenden Forderungen mit insgesamt 8 % Eigenmitteln unterlegen muss. Bezugspunkt der Kapitalquoten ist in der Terminologie der CRR II der Gesamtrisikobetrag und nach dem KWG der sogenannte **Gesamtforderungsbetrag**. Die beiden Begriffe sind dabei identisch.[34] Der Betrag setzt sich grundsätzlich zusammen aus allen Forderungen, welche die Bank gegen Schuldner hat. Das bedeutet im Ausgangspunkt: je mehr ausstehende Forderungen, umso mehr Eigenmittel sind erforderlich. Hintergrund ist das Risiko, dass die ausstehenden Forderungen nicht zurückgezahlt werden könnten (daher auch der englische Name des Gesamtforderungsbetrags: total risk exposure amount). Durch die Eigenmittelanforderungen wird die Geldschöpfung durch die Banken beschränkt: Sie können nicht unbegrenzt neue Kredite vergeben, sondern nur insofern, als sie über ausreichende Eigenmittel verfügen, um einen Ausfall des Kreditnehmers zu verkraften.

4. Risikogewichtung

146 Wichtig ist weiter, dass der Gesamtforderungsbetrag nicht einfach nur nach der Höhe der jeweiligen Forderungen bestimmt wird, sondern abhängig vom Grad des Risikos ihrer Nichterfüllung. Dazu werden die Forderungsbeträge **risikogewichtet** (englisch: risk-weighted assets – rwa). Das Risiko des Forderungsausfalls hängt vor allem von der Zahlungsfähigkeit des Schuldners ab. Da diese im Einzelfall nur schwer zu bestimmen ist, gibt es zur Ermittlung zwei verschiedene Methoden: den sogenannten Standardansatz und den auf internen Beurteilungen der Bank basierenden Ansatz (kurz: internes Rating).

Beispiel: Der Basler Ausschuss hat kürzlich eine Risikogewichtung von 1250 % für bestimmte Kryptowerte wie bspw. Bitcoin vorgeschlagen. Wenngleich dieser Standard bis zu seiner Umsetzung in der EU noch nicht rechtsverbindlich ist, erwartet die EZB, dass Banken, die in diesem Markt tätig werden wollen, diese Risikogewichtung bei ihrer Geschäfts- und Kapitalplanung bereits berücksichtigen. Das direkte oder indirekte Halten von Kryptowerten ist für Banken daher unattraktiv; die Bank müsste das gesamte in Kryptowerte investierte Kapital mit Eigenmitteln unterlegen (8 % x 1250 % = 1).

147 Beim **Standardansatz** werden Forderungen nach dem Schuldner oder ihrer Art kategorisiert, siehe Art. 112 CRR II. Je niedriger ein Ausfallrisiko der jeweiligen Schuldner- bzw. Schuldkategorie, umso weniger muss die Bank an Eigenmitteln für die Vergabe eines Kredits bereithalten. Anleihen von Zentralregierungen und Zentralbanken der EU-Mitgliedstaaten, also Staatsanleihen, sind der besten Forderungsklasse zugeordnet. Bei ihnen beträgt die Risikogewichtung 0 %.[35] Das Kreditinstitut muss für sie also gar keine Eigenmittel vorhalten. Das führt dazu, dass Banken bereit sind, Zentralregierungen Kredite zu günstigeren Konditionen zu erteilen als anderen Schuldnern. Daher rührt die Präferenz von Banken für Staatsanleihen, die sich in der Finanzkrise verheerend ausgewirkt hat. Trotz vieler Absichtserklärungen hat sich hieran bis heute nichts geändert. Bei der Bestimmung der Standard-Position für andere Banken und Unterneh-

34 *Ortgies*, in: Boos/Fischer/Schulte-Mattler, KWG, CRR, 5. Aufl. 2016, § 10c Rn. 6.
35 Art. 114 IV CRR II.

men ist auch das **Rating** des Kreditnehmers heranzuziehen.[36] Damit verlässt sich der Aufseher auf die Einstufung der Bonität des Schuldners durch eine angesehene Rating-Agentur, wie etwa *Standard & Poors*, *Moody's* oder *Fitch*. Das sind private Gesellschaften, die professionelle Kreditratings vornehmen. Sie müssen allerdings in der EU anerkannt sein und den Bestimmungen der Rating-Verordnung entsprechen.[37]

Beim **internen Rating** erstellt die Bank ihre eigenen Risikoprofile (Internal Ratings Based Approach – IRB-Approach/IRB-Ansatz). Das heißt, sie wird selbst als Ratingagentur tätig, jedoch schätzt sie die Kreditwürdigkeit von Schuldnern nur für ihre eigenen Zwecke ein. Die Bank hat die Wahl, diesen Weg zu gehen. Allerdings bedarf sie dazu einer vorherigen Genehmigung durch die Aufsichtsbehörde (EZB oder BaFin), Art. 143 CRR II. Diese prüft die von der Bank vorgesehenen Mechanismen des internen Ratings auf ihre Zuverlässigkeit. Dazu müssen sie weitreichende Voraussetzungen erfüllen.[38] Die Bank kann also nicht einfach *raten*, wie sie möchte, sondern unterliegt auch insoweit strengen Anforderungen. In der Praxis lohnt sich der Einsatz des internen Ratings nur für die großen Institute. **148**

Die Bank kann das Risiko des Ausfalls einer Forderung und damit den Gesamtforderungsbetrag **minimieren**, indem sie z.B. Sicherheiten verlangt. Der Wert der Sicherheiten geht ebenfalls in die Berechnung der notwendigen Eigenmittel ein.[39] Je höher er ist, desto geringer ist das von der Bank für den Kredit vorzuhaltende Kapital. **149**

5. Kapitalpuffer

Die Anforderungen an die Eigenmittel sind europäisch einheitlich. Zusätzlich sollen die nationalen Gesetzgeber noch weitere sogenannte **Kapitalpuffer** vorhalten, siehe Art. 129–131 CRD V. Das europäische Recht enthält insoweit keine unmittelbar anwendbare Vorschrift, sondern nur Richtlinienvorgaben. Diese sind im deutschen Recht in §§ 10c–i KWG umgesetzt. Zunächst bedarf es eines sogenannten **Kapitalerhaltungspuffers** von 2,5 %.[40] Außerdem wird ein **antizyklischer Kapitalpuffer** verlangt.[41] Dieser wird in wirtschaftlich guten Zeiten von der Bank aufgebaut und kann in wirtschaftlich schlechten Zeiten reduziert werden. Seine Höhe ist von Institut zu Institut verschieden; sie beträgt zwischen 0 und 2,5 % des Gesamtforderungsbetrags.[42] Die genaue Höhe wird von der BaFin festgelegt. Schließlich wird von besonders großen oder gut vernetzten Banken ein zusätzlicher **Kapitalpuffer für systemische Risiken** verlangt.[43] Ein großes Institut wie etwa die Deutsche Bank muss daher regelmäßig mindestens 15,5 % an Eigenmitteln aufbringen (8 % Gesamtkapital + 2,5 % Kapitalerhaltungspuffer + 3 % antizyklischer Puffer + 2 % Puffer für systemische Risiken). **150**

---

36 Siehe Art. 120, 122 CRR II.
37 Siehe Art. 135 CRR II.
38 Siehe 142-191 CRR II.
39 Art. 192-241 CRR II.
40 § 10c KWG (Umsetzung von Art. 129 I CRD V).
41 § 10d KWG (Umsetzung von Art. 130 CRD V).
42 § 10d III S. 1 KWG.
43 § 10e KWG (Umsetzung von Art. 131 CRD V).

6. Weitere Risiken

151 Außer dem Kreditausfallrisiko gibt es noch weitere Risiken, für welche die Bank mit Eigenmitteln vorsorgen muss:

- das **operationelle Risiko,**[44] z.B. eine falsche Eingabe eines Mitarbeiters in ein Computersystem,
- das **Marktrisiko,**[45] also das Risiko einer allgemeinen Verschlechterung der Marktlage, z.B. durch eine Wirtschaftskrise,
- das **Fremdwährungsrisiko,**[46] also das Risiko einer für die Bank nachteiligen Veränderung der Wechselkurse,
- das **Warenpositionsrisko,**[47] welche Institute trifft, die z.B. mit Warenderivaten handeln,
- das **Abwicklungsrisiko,**[48] d.h. die Gefahr, dass sich der Preis von Finanzinstrumenten während der Abwicklung von Geschäften über diese ändert oder
- das Risiko einer **Anpassung der Kreditbewertung des Schuldners.**[49]

152 Diesen Gefahren beugt die Bank typischerweise durch ein sogenanntes **Risikomanagement** vor. Dabei werden die Auswirkungen bestimmter negativer Szenarien auf die Vermögenslage der Bank ermittelt (*value at risk*-Ansatz). Zugrunde gelegt werden die statistischen Wahrscheinlichkeiten dieser Szenarien und ihrer Auswirkungen nach den Erfahrungen der Vergangenheit. Dagegen werden extreme Änderungen des Umfelds in sogenannten *stress tests* simuliert. Abhängig von den Ergebnissen können zusätzliche Eigenmittel notwendig sein.

7. Konsolidierung

153 Bei **Bankengruppen** müssen die Eigenmittelanforderungen von jedem Institut einzeln erfüllt werden, Art. 6 I S. 1 CRR II. Zusätzlich muss das Mutterinstitut, wenn es sich in der EU befindet, die Anforderungen auf **konsolidierter Basis** erfüllen, Art. 11 I CRR II. Das bedeutet, dass die Gesamtforderungen und Risiken aller Gesellschaften der Gruppe zusammengerechnet und auf dieser Basis die notwendigen Eigenmittel der Gruppe berechnet werden.

154 Zusammenfassung: Anders als ein normales Unternehmen kann eine Bank nicht wirtschaften, wie sie will. Stattdessen muss sie permanent eine bestimmte Kapitalausstattung aufweisen. Diese ist allerdings anders als bei der Gründung nicht durch einen festen Betrag determiniert, sondern hängt von den gesamten ausstehenden Forderungen der Bank ab. Zudem werden diese risikogewichtet.

---

44 Art. 312-324 CRR II.
45 Art. 325-325bp CRR II.
46 Art. 351-354 CRR II.
47 Art. 355-361 CRR II.
48 Art. 378-380 CRR II.
49 Art. 381-386 CRR II.

Zur Vertiefung: Die CRD V und die CRR II dienen der Transponierung der sogenannten **Basel Frameworks**. Dabei handelt es sich um Standards für die Eigenmittelausstattung von Banken, die den Staaten der Welt vom Basel Committee on Banking Supervision vorgeschlagen wurden. Letzteres ist ein Netzwerk verschiedener Bankenaufsichtsbehörden, das institutionell an die in Basel beheimatete Bank for International Settlement (BIS) angegliedert ist und keine eigene Rechtspersönlichkeit hat. Seine Vorschläge haben zwar keine rechtliche Bindungswirkung, werden aber von den großen Wirtschaftsblöcken (EU, USA, Japan) akzeptiert und umgesetzt.

Die Basel Standards gibt es bereits in der dritten Version (Basel III[50]). Die Aktualisierungen sollen Mängel der Vorgängerregelung ausgleichen, die sich in der Finanzkrise gezeigt haben. Aufgrund der COVID-19 Pandemie erfolgt die Implementierung der neuen Standards allerdings zeitlich verzögert, um die Banken durch neue Verschärfungen der Regeln nicht zu sehr unter Druck zu setzen.

II. Liquidität

Das Institut muss außerdem ausreichend flüssige Mittel (insbesondere Bargeld) vorhal- **155**
ten, um ein Ungleichgewicht zwischen den Zu- und Abflüssen von Geld ausgleichen zu können.[51] Insbesondere muss es in der Lage sein, auch unter Stressbedingungen mindestens 30 Tage alle Kunden mit Bargeld bedienen zu können.[52] Einzelheiten regeln die Art. 411–428az CRR II.

III. Rechnungslegung

Unabhängig von den Anforderungen an Eigenmittel und Liquidität unterliegt auch die **156**
Rechnungslegung von Banken einer umfangreichen Regulierung. Sie ergeben sich aus dem Handelsrecht, §§ 340 ff. HGB. Sie unterscheiden sich zum Teil von denen anderer Unternehmen.

D. Wertpapierinstitute

Die wesentlichen Fragen der Überwachung von Kreditinstituten und Finanzdienstleis- **157**
tern waren bislang im **KWG** zusammengefasst. Dort finden sich insbesondere die **prudentielle Anforderungen**, d.h. die institutionellen Anforderungen – bspw. an die Ausstattung mit Eigenmitteln oder die Voraussetzungen an die fachliche Qualifikation der Geschäftsführer. Dessen Anforderungen basieren weitgehend auf europarechtlichen Regelungen (CRD V und CRR II), die ihrerseits die vom Basler Ausschuss für Bankenaufsicht erlassenen Regulierungsstandards (derzeit „Basel III") umsetzen. Diese sind auf große, grenzüberschreitende Institute zugeschnitten. Ihre Anwendung auf **kleine und mittlere Finanzdienstleister** wäre jedoch **unverhältnismäßig**.

50 Basel III: Finalising post-crisis reforms wird in der Literatur auch „Basel IV" genannt.
51 Art. 412 I CRR II.
52 Art. 412 I CRR II.

158 Um dies zu vermeiden und dem Grundsatz „same business, same risks, same rules“ besser Rechnung zu tragen, wurden die aufsichtsrechtlichen Regelungen neugeordnet: auf europäischer Ebene wurden die Investment Firm Regulation (**IFR**)[53] und die dazugehörige Investment Firm Directive (**IFD**)[54] geschaffen. Sie sollen einen für bestimmte Finanzdienstleister – **Wertpapierfirmen** (*investment firms*) – maßgeschneiderten Aufsichtsrahmen einführen, der sich von dem für Kreditinstitute unterscheidet. Die IFD wurde am 26. Juni 2021 im Wertpapierinstitutsgesetz (WpIG) umgesetzt. Damit unterliegen nicht mehr alle Institute, die Finanzdienstleistungen erbringen, dem KWG.

I. Systematik

159 Mit dem WpIG wurde ein weitgehend eigenes Regime für Wertpapierdienstleister geschaffen. Dabei **orientiert sich** das WpIG grundsätzlich **an der Systematik des KWG**, betrifft aber im Gegensatz zu diesen nur Wertpapierfirmen, und keine Kreditinstitute („Banken“ im umgangssprachlichen Sinne). In Anlehnung an das KWG definiert das WpIG das Wertpapierinstitut als ein Unternehmen, das gewerbsmäßig oder in einem Umfang, der einen in kaufmännischer Weise eingerichteten Geschäftsbetrieb erfordert, Wertpapierdienstleistungen allein oder zusammen mit Wertpapiernebendienstleistungen oder Nebengeschäften erbringt (§ 2 I WpIG). Erfasst sind damit nur solche Unternehmen, die Dienstleistungen im Zusammenhang mit Wertpapieren erbringen. Diese werden im KWG „Finanzdienstleistungen“ genannt; das WpIG verwendet stattdessen den Begriff „Wertpapierdienstleistungen“, der aber weitgehend ähnlich ist.

160 Bisher war das Erlaubnisverfahren einheitlich, auch für Wertpapierdienstleistungsinstitute, in § 32 KWG geregelt. Mit der Umsetzung der IFD wurden die Anforderungen an die Erlaubnis von Wertpapierdienstleistungsinstituten aus dem KWG herausgelöst und finden sich nun in § 15 WpIG. Diese Verbotsnorm mit **Erlaubnisvorbehalt** ist parallel zu § 32 KWG ausgestaltet.

II. Einteilung der Wertpapierinstitute

161 Der Umfang und der Inhalt der neuen regulatorischen Anforderungen unterscheiden sich je nach Größe und Komplexität des Wertpapierinstituts. Es werden vier verschiedene Klassen unterschieden: **Systemrelevante Wertpapierinstitute** sind vom Anwendungsbereich des WpIG ausgenommen. Systemrelevante Wertpapierinstitute sind Institute, deren Bilanzsumme allein oder konsolidiert 30 Milliarden Euro überschreitet und die das Emissionsgeschäft, den Eigenhandel oder das Eigengeschäft betreiben. Sie stellen aufgrund ihrer Größe und Verflechtung mit anderen Finanz- und Wirtschaftsakteuren eine gesteigerte Gefahr für das Finanzsystem dar. Sie werden daher den Kreditinstituten gleichgestellt und unterliegen dem KWG.[55] Ebenso wie bei systemrelevanten Banken werden auch systemrelevante Wertpapierinstitute von der Europäischen Zentralbank (EZB) überwacht (siehe oben Rn. 53).

53 VO (EU) 2019/2033.
54 RL (EU) 2019/2034.
55 Vgl. Art. 2 V CRR II, Art. 4 I lit. b CRR II i.V.m. § 1 IIId KWG.

Unterhalb dieser Schwelle kommt das WpIG zur Anwendung, welches weiter zwischen **kleinen, mittleren und großen Instituten** differenziert (§ 2 XVI–XVIII WpIG). Hierbei knüpft das WpIG an bestimmte Schwellenwerte an. Allgemein lässt sich festhalten, dass die institutionellen Anforderungen von der Art und dem Umfang der Tätigkeit und der Verflechtung mit sonstigen Finanz- und Wirtschaftsakteuren abhängen. So soll den besonderen Geschäftspraktiken und den verschiedenen Arten von Wertpapierinstituten besser Rechnung getragen werden. Aktuell gibt es in Deutschland etwa 650 kleine und 70 mittlere Wertpapierinstitute, aber kein einziges großes Wertpapierinstitut.[56] **162**

III. Erleichterungen für Wertpapierinstitute

Das neue Aufsichtsregime, bestehend aus IFR und WpIG, soll den spezifischen Geschäftsmodellen und Risikoprofilen von Wertpapierinstituten Rechnung tragen. Die Erleichterungen konzentrieren sich im Wesentlichen auf die Bereiche der Eigenmittelanforderungen, der Liquiditätsanforderungen, der Anforderungen an das Konzentrationsrisiko sowie an die Melde- und Offenlegungspflichten. Die wohl größten Veränderungen finden sich im Bereich der Anforderungen an die Ermittlung der Eigenmittelanforderungen. **163**

E. Aufsicht

Wie gesehen unterliegt die Gründung, die Eigenmittelausstattung und die Tätigkeit der Kredit- und Finanzdienstleistungsinstitute strengen Anforderungen. Über ihre Einhaltung wachen die Aufsichtsbehörden. **164**

I. Zuständigkeit

1. Deutsche Ebene

Mit der Überwachung der Einhaltung der Vorschriften über Eigenmittel und Liquidität sind die **BaFin** und die **Deutsche Bundesbank** betraut. Diese teilen sich die Aufsicht über die Kredit- und Finanzdienstleistungsinstitute sowie die Wertpapierinstitute. Einzelheiten der Zusammenarbeit sind in § 7 KWG geregelt. Danach übernimmt die Deutsche Bundesbank die laufende Überwachung (§ 7 I S. 2 KWG), sie ist also quasi die ausführende Behörde vor Ort. Bei ihrer Tätigkeit beachtet sie die Richtlinien der BaFin (§ 7 II S. 1 KWG). Die BaFin erlässt darüber hinaus die einzelnen aufsichtsrechtlichen Maßnahmen, vor allem Allgemeinverfügungen und sonstige Verwaltungsakte (§ 7 II S. 5 KWG). Entsprechend dem Modell der **Allfinanzaufsicht** ist die BaFin nicht nur für die Beaufsichtigung von Banken, sondern auch von Versicherungen und Wertpapierdienstleistungsunternehmen zuständig.[57] **165**

---

56 RegE WpIG, BT-Drs. 19/26929, 199.

57 Siehe oben § 1 D II Rn. 50–58.

2. Europäische Ebene

166 Seit 2014 nimmt die **Europäische Zentralbank (EZB)** die Aufsicht über die größten („systemrelevanten") Banken der Eurozone wahr.[58] Ob eine Bank unter die Aufsicht der EZB fällt, wird durch bestimmte Schwellenwerte ermittelt. Erfasst sind alle Banken, die Aktiva im Wert von 30 Mrd. Euro Aktiva oder von mehr als 20 % des Bruttoinlandsprodukts des Staats haben, in dem sie ansässig sind. Darüber hinaus werden die drei größten Institute jedes Mitgliedstaats der EZB-Aufsicht unterstellt.[59] Die EZB kann die Aufsicht auf die nationalen Behörden zurückübertragen, falls aus ihrer Sicht keine makroökonomischen Gefahren von einer Bank ausgehen, sie also nicht „systemrelevant" ist. Auch bezüglich kleinerer Banken sind der EZB Aufgaben übertragen. Sie erteilt insoweit Verordnungen, Leitlinien und allgemeine Weisungen gegenüber den nationalen Aufsichtsbehörden.[60] Letztere kooperieren eng mit ihr.

Zur Vertiefung:. Die Übertragung der Aufsicht auf die EZB ist eine Reaktion auf die Finanzkrise. In dieser hatte sich gezeigt, dass eine einheitliche Anwendung des europäischen Rechts durch verschiedene nationale Behörden nicht gesichert werden kann. Daher wurde der Einheitliche Aufsichtsmechanismus (**Single Supervisory Mechanism – SSM**) beschlossen, der der EZB die Oberhoheit über die Bankenaufsicht überträgt. Der SSM ist die erste Säule der sogenannten **Bankenunion.**[61] Die zweite Säule ist ein einheitlicher Mechanismus zur Abwicklung oder Restrukturierung von kriselnden Banken (**Single Resolution Mechanism – SRM**)[62]. In diesem ist z.B. die Beteiligung von Gläubigern an der finanziellen Sanierung notleidender Banken vorgesehen (dazu unten Rn. 181–185). Geplant ist außerdem eine **einheitliche Einlagensicherung**. Diese stößt jedoch insbesondere in Deutschland auf heftigen politischen Widerstand (dazu unten Rn. 253).

Die Übertragung der Bankenaufsicht auf die EZB ist nicht unbedenklich. Es besteht die Gefahr, dass sie das Ziel der Stabilität des Bankensystems mit der ihr gleichzeitig übertragenen Aufgabe der Wahrung der Preisstabilität[63] vermischt. Zwischen beiden kann es zu Konflikten kommen: Wenn z.B. die Inflation ansteigt, kann eine Zinserhöhung geboten sein. Dies kann sich jedoch schädlich auf die Stabilität einzelner oder vieler Banken auswirken. Daher sollte die Erhaltung der Währungsstabilität einer gesonderten Institution anvertraut werden; zumindest sind Vorkehrungen dagegen nötig, dass ein Ziel um des anderen willen vernachlässigt wird. Innerhalb der EZB wurde dazu ein spezielles Aufsichtsgremium, das sogenannte **Supervisory Board**, eingerichtet. Dieses bereitet Beschlussentwürfe in allen die Beaufsichtigung von Kreditinstituten betreffenden Fragen vor. Letztentscheidungsbefugt bleibt aber der EZB-Rat, so dass Konflikte nicht völlig ausgeschlossen sind.

167 Darüber hinaus gibt es auch eine Europäische Bankaufsichtsbehörde: die **EBA** (European Banking Authority).[64] Diese hat ihren Sitz seit dem Brexit nicht mehr in London, sondern ist in Paris beheimatet. Sie ist – im Unterschied zur EZB – nicht nur für die 18 Staaten der Eurozone, sondern für die gesamte EU zuständig. Allerdings übt sie keine

58 VO (EU) Nr. 1024/2013.
59 Vgl. Art. 6 IV SSM-(VO (EU) 1024/2013).
60 Art. 6 V SSM-VO.
61 Ausführlich zur Bankenunion: *Schürger/Mayer*, JURA 2021, 916 (Teil I) und 1209 (Teil II).
62 VO (EU) 806/2014.
63 Dazu unten Rn. 201.
64 Dazu oben Rn. 43.

unmittelbare Aufsicht über die privaten Banken aus. Vielmehr ist sie nur „Aufseher der Aufseher".[65] Eine ihrer wichtigsten Aufgaben besteht darin, technische Standards zu erarbeiten, die die Aufsichtsbehörden der Mitgliedstaaten bei ihrer Tätigkeit einhalten sollen.[66] Darüber hinaus kann sie in Notfällen Weisungen an diese erteilen und Streitigkeiten zwischen den Behörden verschiedener Mitgliedstaaten entscheiden.[67]

II. Maßnahmenkatalog

Die Überwachung der Regelungen über Banken, sozusagen das Bankverwaltungsrecht, ergibt sich aus dem KWG. **168**

1. Einholung von Informationen

Um die Einhaltung der genannten Regeln zu überwachen, können die Aufsichtsbehörden **Auskünfte** und die **Vorlage von Unterlagen** verlangen, § 44 I S. 1 KWG. Sie können auch selbst Prüfungen bei den Instituten vornehmen, § 44 I S. 2 KWG. **169**

2. Aufhebung der Erlaubnis

Wenn die Voraussetzungen für die Erlaubnis während des Geschäftsbetriebs nicht mehr erfüllt werden, kann die **Erlaubnis von der BaFin aufgehoben** werden, § 35 II Nr. 3 KWG. **170**

3. Weitere Eingriffsbefugnisse

Als milderes Mittel zum Entzug der Erlaubnis stehen den beiden Aufsichtsbehörden eine Reihe von anderen Eingriffsbefugnissen zu. Sind etwa die Eigenmittel oder die Liquidität nicht ausreichend, kann die BaFin die **Entnahme von Gewinnen oder die Vergabe von Krediten beschränken**, § 45 II S. 1 Nr. 5 und 8 KWG. Bei organisatorischen Mängeln gilt § 45b KWG. Die BaFin kann auch einen Sonderbeauftragten für das Institut bestellen, der dieses von innen überwacht, § 45c KWG. Besteht die Gefahr, dass das Institut seine Verpflichtungen nicht erfüllen kann, darf sie **einstweilige Maßnahmen** treffen, § 46 KWG. Diese gehen bis zur **Untersagung der Tätigkeit der Inhaber oder Geschäftsleiter**, § 46 I S. 1 Nr. 3 KWG. **171**

F. Insolvenz und „Bankenrettung"

I. Insolvenz

Die Eröffnung eines Insolvenzverfahrens über das Vermögen einer Bank hat gravierende Auswirkungen. Es besteht die Gefahr, dass die Kunden das Vertrauen in das Finanzsystem insgesamt verlieren und in einem „*bank run*" ihr Kapital abziehen. Dadurch würde sich die Krise jedoch weiter vertiefen und ausweiten. **172**

65 Dazu oben Rn. 45.
66 Art. 10, 15 VO (EU) 1093/2010. Siehe dazu oben Rn. 31.
67 Art. 18, 19 VO (EU) 1093/2010.

173 Daher sieht das KWG für die Insolvenz eines Instituts einige **Sondervorschriften** vor. Diese weichen zum Teil von der Insolvenzordnung (InsO) ab, die bei allen anderen Unternehmen gilt. Die wichtigsten Abweichungen sind folgende:

1. Die Bank, die in eine finanzielle Schieflage gerät, muss dies der BaFin **unverzüglich anzeigen**, § 46b I S. 1 KWG.
2. Den Insolvenzantrag kann **nur die BaFin** stellen, § 46b I S. 4 KWG. Bei anderen Unternehmen ist der Schuldner selbst und jeder Gläubiger antragsberechtigt, siehe § 13 I S. 2 InsO. Bei Instituten ist dies nicht möglich. Damit soll verhindert werden, dass das Vertrauen in die Bank möglicherweise unberechtigt erschüttert wird.

174 Nach der Antragsstellung erfolgt die Insolvenzabwicklung durch das zuständige Amtsgericht nach den Vorschriften der InsO.

II. Restrukturierung

175 Seit der Finanzkrise kommt es immer häufiger vor, dass Banken sich auf eine Insolvenz zubewegen. Der Staat möchte diese wegen der nachteiligen gesamtgesellschaftlichen Nebenwirkungen verhindern. Zu diesem Zweck hat er frühzeitige Eingriffsmöglichkeiten geschaffen. Sie sind der Insolvenz vorgelagert und sollen diese verhindern. Man spricht daher statt von Insolvenz von „Restrukturierung“.

1. Bad Bank

176 Eine solche Möglichkeit ist die Übertragung von sogenannten **toxischen Vermögenswerten** der Banken auf eine andere Einheit. Dabei handelt es sich zum Beispiel um ABS-Papiere, die Hypothekenkredite verbriefen (siehe unten Rn. 333). Der Begriff „toxisch“ ist irreführend, denn die Instrumente sind nicht giftig, sondern geringwertig. In der Finanzkrise entwickelten sie sich zunehmend als Belastung für einige Institute, die deren Buchwert ständig nach unten berichtigen mussten. Zugleich mussten sie die gehaltenen Risikoaktiva aufgrund des gestiegenen Ausfallrisikos mit deutlich mehr Eigenkapital unterlegen. Dadurch gerieten die Institute zunehmend unter Druck.

177 Die Lösung besteht darin, diese Vermögenswerte **auf eine andere Einheit, die „Bad Bank“, zu übertragen**. In Deutschland hat man diese im **Stabilitätsfondsgesetz (StFG)** vorgesehen. Dieses errichtet den Finanzmarktstabilisierungsfonds des Bundes (§ 1 StFG), im Volksmund auch „SoFFin“ (Sonderfonds Finanzmarktstabilisierung) genannt. Der Fonds ist vom sonstigen Vermögen des Bundes getrennt; gleichwohl haftet der Bund für seine Verbindlichkeiten (§ 5 StFG).

178 Das StFG sieht vor, dass der Fonds toxische Instrumente nicht selbst übernimmt, sondern diese auf eine andere Einheit übertragen werden. Zur Ausgestaltung der Einheit sieht das Gesetz zwei Wege vor: Diese kann entweder eine staatliche Abwicklungsanstalt (§§ 8a und 8b StFG) oder eine private Zweckgesellschaft sein. Die staatliche Abwicklungsanstalt kann entweder vom Bund oder von einem Land gegründet werden. Die bundesrechtlichen Anstalten stehen unter der Aufsicht der Bundesanstalt für

Finanzmarktstabilisierung (kurz: „Anstalt"), § 3a StFG. Diese ist eine bundesunmittelbare Anstalt, die der Rechts- und Fachaufsicht des Bundesfinanzministeriums untersteht (§ 3a I S. 1 und 4 StFG).

Als Gegenleistung für die Übertragung begibt diese Einheit Schuldverschreibungen **179** zugunsten der übertragenden Bank. Diese werden mit einer staatlichen Garantie des Fonds unterlegt und haben infolgedessen ein nur sehr geringes Ausfallrisiko. Die übertragende Bank kann damit ihre Pflicht zur Eigenkapitalunterlegung reduzieren. Außerdem hat sie die Möglichkeit, die Schuldverschreibungen als Sicherheit im Rahmen von Refinanzierungsgeschäften mit der EZB zu verwenden (siehe unten Rn. 208), um sich zusätzliche Liquidität zu verschaffen. Allerdings muss sie dem Staat für die Garantien einen Ausgleich zahlen.

Die Unternehmen können sich frei entscheiden, ob sie am Verfahren nach dem StFG **180** teilnehmen. Aufgrund der insgesamt sehr hohen Kosten für die teilnahmeberechtigten Unternehmen war ihm aber nur geringer Erfolg beschieden. Die Tätigkeit des Fonds ist zeitlich begrenzt: Er darf nur für bis zum 31.12.2015 begebene toxische Papiere Garantien übernehmen, § 6 StFG. Eine Ausweitung sieht § 6a StFG vor; in diesem Fall müssen die Papiere vor dem 30.5.2014 erworben worden sein, siehe § 6a II Nr. 1 StFG.

2. Bail-in und Bridge Bank

Eine ganz andere Lösung sieht das **Sanierungs- und Abwicklungsgesetz** (**SAG**) vor. **181** Ziel ist hier, Kreditinstitute entweder zu sanieren oder abzuwickeln, ohne dass Gefahren für die Stabilität des Finanzsystems entstehen. Die Idee dahinter ist, Banken dem normalen Wettbewerb auszusetzen und sie nicht mit einer impliziten Staatsgarantie auszustatten. Wegen der Größe einzelner Institute war der Staat bisher stets gezwungen, diese bei Schwierigkeiten mit dem Einsatz von Steuergeldern zu retten („**too big to fail**"), z.B. nach dem FMStFG. Damit soll nun Schluss sein. Dazu hat die EU in der Bank Resolution and Restructuring Directive (BRRD)[68] verschiedene Maßnahmen vorgesehen, welche das SAG in deutsches Recht umsetzt. Sie greifen ein, sobald ein Kreditinstitut in eine Krise gerät.

Wichtigstes Instrument ist der **bail-in**, d.h. die Beteiligung der Gesellschafter und Gläu- **182** biger der Bank an der Restrukturierung (§§ 89 f. SAG). Es handelt sich um einen Verwaltungsakt der Abwicklungsbehörde (zum Begriff Rn. 184). Durch diesen werden Beteiligungen (Eigenkapital) und Schulden (Fremdkapital) der Bank gekürzt, möglicherweise bis auf Null. Eine andere Möglichkeit besteht darin, Fremdkapital in Eigenkapital im Wege des sogenannten Debt-Equity-Swap umzuwandeln. Durch die Beseitigung von Schulden wird die finanzielle Lage der Bank verbessert; sie wird „saniert". Wichtig ist, dass sich das Ganze anders als bei der Bad Bank ohne Steuermittel erreichen lässt.

68 Richtlinie 2014/59/EU.

183 Eine weitere Möglichkeit ist der **Vermögenstransfer**, also die Übertragung von Anteilen, Vermögenswerten, Verbindlichkeiten und Rechtsverhältnissen der Bank (§§ 107–135 SAG). Dazu bedarf es ebenfalls eines Verwaltungsakts der Abwicklungsbehörde. Durch ihn werden die systemrelevanten Teile dem Institut **zwangsweise** entzogen und auf einen anderen Träger übertragen. Dabei kann es sich um eine andere Bank, ein Brückeninstitut oder eine Vermögensverwaltungsgesellschaft handeln. Man spricht insoweit auch von der „good bank". Als systemrelevant wird man z.B. das Zahlungssystem einer Bank ansehen müssen, welches u.a. sicherstellt, dass die Kunden Überweisungen tätigen und Geld am Automaten abheben können. Der verbleibende Teil der Bank wird dann dem Insolvenzverfahren ausgesetzt. Es überlebt nur das für die Stabilität des Finanzsystems relevante Gerippe, während der Rest des Körpers den normalen marktwirtschaftlichen Mechanismen unterworfen ist.

184 Um die Abwicklung möglichst reibungsfrei zu gestalten, müssen die Banken im Zusammenwirken mit den Behörden im Vorhinein sogenannte **Sanierungspläne** entwerfen (§ 12 SAG). Zuständige Abwicklungsbehörde ist in Deutschland die Bundesanstalt für Finanzmarktstabilisierung, die sich mit der BaFin abstimmt (§ 3 SAG). Für grenzüberschreitende und von der EZB beaufsichtigte systemrelevante Gruppen sowie für Kreditinstitute, die keiner Gruppe angehören, ist das **Single Resolution Board (SRB)** mit Sitz in Brüssel zuständig. Von ihm werden alle Abwicklungsentscheidungen mit Wirkung für die Eurozone erlassen, die von den Mitgliedstaaten umzusetzen sind. Rechtsgrundlage ist die Verordnung über den Single Resolution Mechanism – SRM-VO[69].

185 Bail-in und Vermögenstransfer kommen der Enteignung sehr nahe. Eine Entschädigung wird der Bank nicht gezahlt. Daher könnte man zweifeln, ob die Maßnahmen mit der **Eigentumsgarantie** (Art. 14 I, III GG) vereinbar sind. Allerdings verlangt das SAG im Einklang mit dem europäischen Recht, dass die Verluste der Anteilsinhaber und Gläubiger nicht größer sind als bei einer Insolvenz (§ 68 I Nr. 1 SAG). Man spricht insoweit vom „no creditor worse off"-Prinzip. Die von einer Abwicklungsmaßnahme Betroffenen erleiden daher durch die Restrukturierung keine größeren Verluste als durch ein Insolvenzverfahren, das ohne die Restrukturierung ohnehin unvermeidbar wäre.

---

69 VO (EU) 806/2014.

§ 4

Das Geld

Lit.: *Hahn/Häde*, Währungsrecht, 2. Aufl. 2010; *Proctor*, Mann and Proctor on the Law of Money, 8. Aufl. 2023.

A. Geldfunktionen

Der Begriff des Geldes lässt sich nur äußerst schwierig definieren. Am besten beginnt man mit den ökonomischen Funktionen. Geld ist danach (1.) Tauschmittel, (2.) Wertspeicher und (3.) Rechnungseinheit. Als Tauschmittel dient es, weil man jederzeit Waren oder Dienstleistungen dafür erhalten kann. Geld ist aber auch Wertspeicher, weil es erlaubt, den Wert, den man für eigene Leistungen wie zum Beispiel Arbeit erhält, aufzubewahren. Gleichzeitig dient es als Rechnungseinheit etwa im Bankverkehr oder bei der Berechnung des Preises verschiedener Güter. **186**

B. Geldarten

In der Realität existiert Geld in verschiedenen Formen. Die bekannteste ist das **Bargeld**, also Münzen und Noten. Als **Buchgeld** bezeichnet man die Beträge, die auf Konten von Banken gutgeschrieben sind. Weil es in den Überweisungsverkehr (Giroverkehr) einbezogen ist, spricht man häufig auch von Giralgeld. Sogenanntes **elektronisches Geld (e-money)** existiert nur in abstrakter Form. Es ist z.B. auf Geldkarten gespeichert. Außerdem haben sich in den letzten Jahren einige **virtuelle Währungen** herausgebildet, mit denen man im Internet zahlen kann, z.B. Bitcoin oder Ether. Schließlich gibt es sogenanntes **Regio-Geld**. Es handelt sich um Zahlungsmittel, die zwischen Unternehmern und Verbrauchern einer bestimmten Region vereinbart werden, wie etwa der Chiemgauer. **187**

I. Historisches

Zur Vertiefung: Bargeld in Form von Münzen existiert seit **ca. 3.000 Jahren**. Ursprünglich bestand es ausschließlich aus Edelmetall. Aus dem verwendeten Rohstoff ergab sich sein besonderer Wert. Über die Ersetzung durch minderwertige Materialien, das Abschleifen oder andere Techniken konnte der Münzwert allerdings verändert werden (daher die Bezeichnung der Täter als „Kipper und Wipper“). Aus diesem Grund behielt sich der Staat das Recht vor, Geld zu prägen, das heißt mit seinem eigenen Siegel zu versehen (**Münzmonopol**).

Wegen des Gewichts und des Umfangs erwies sich diese Art des Tauschmittels aber zunehmend als unpraktisch. Daher setzte man Noten ein. Sie werden von einer staatlichen Stelle (z.B. der Bank of England) unterzeichnet und genießen daher besonderes Vertrauen. Anfangs war für jede Note ein entsprechender Betrag in Gold hinterlegt. Dies sollte sich später ändern: Die **Golddeckung** wurde schrittweise aufgehoben, zuletzt die des Dollar Anfang der 1970er Jahre. Der besondere Geldwert folgte dann nur noch aus dem Versprechen der Notenbank. Zu beobachten ist, dass sich die Anleger noch heute in Gold flüchten, wenn der Wert des Papiergeldes zweifelhaft wird.

Buchgeld entstand, als es zunehmend unpraktisch und gefährlich wurde, Geld aufzubewahren und körperlich zu übergeben. Stattdessen lagerte man es bei Banken ein und überwies Beträge von einer Bankinstitution zur anderen, insbesondere bei Zahlungen im grenzüberschreitenden Verkehr. Voraussetzung dafür war, dass diese miteinander ihre Überweisungen verrechneten. Dies geschah zuerst in England um 1775 in den sog. **clearing houses**.

Das elektronische Geld trat erst in jüngster Zeit in Erscheinung. Sein Aufkommen ist mit der Verbreitung neuer Technologien verbunden, die es gestatten, Werte ohne Papier und außerhalb der Bücher von Banken zu übertragen. Dazu gehören etwa Geldkarten oder das Internet.

II. Juristische Einordnung als „Geld“

188 Es ist sehr zweifelhaft, welche der genannten Arten aus juristischer Sicht den Namen „Geld“ verdienen. Dies ist jedoch entscheidend, um einige praktisch wichtige Fragen beantworten zu können: Muss zum Beispiel die Verrechnungsstelle für Regionalgeld eine Bankerlaubnis gemäß § 32 I S. 1 i.V.m. § 1 I S. 2 Nr. 1 KWG beantragen, weil sie fremde Gelder als Einlagen annimmt?

1. Theorien zur Einordnung von Geld

189 Im Laufe der Zeit wurden verschiedene juristische Theorien zur Definition des Geldes entwickelt.[1] So wurde z.B. gesagt, Geld sei „ein allgemeiner Wertmesser“ oder „Träger einer Vermögensmacht“.[2] Andere sehen im Geld eine „ideelle Einheit“.[3] Solche allgemeinen Aussagen sind jedoch wenig hilfreich. Ebenso wenig nützt es, zwischen einem wirtschaftlichen und einem juristischen Geldbegriff zu unterscheiden. Damit ist nur gesagt, dass beide Disziplinen, die Wirtschaftswissenschaften und die Rechtswissenschaften, den Begriff nicht in derselben Weise verwenden. Noch nicht bestimmt ist damit aber, welche Erscheinungen juristisch als Geld anzusehen sind.

2. Die verschiedenen Geldarten

190 Nützlicher ist es, sich die verschiedenen Arten von Zahlungsmitteln anzusehen und zu fragen, ob diese als Geld anzusehen sind oder nicht.

191 a) Unstrittig ist die Geldeigenschaft lediglich beim **Bargeld**. Dieses ist mit der **Autorität des Staates** unterlegt (vgl. zum Notenausgabe- und Münzmonopol unten Rn. 204). Es ist **gesetzliches Zahlungsmittel**, das heißt jede Schuld kann in Bargeld erfüllt werden. Dies folgt mittelbar aus § 244 BGB.

Zur Vertiefung: Die Norm betrifft Forderungen, die in einer anderen Währung ausgedrückt sind, z.B. eine Darlehensforderung auf Zahlung von 10.000 US-$. Ist diese Forderung im Inland zu begleichen, so erlaubt es § 244 II BGB dem Schuldner, auch in Euro zu zahlen; die Umrechnung erfolgt gemäß § 244 II BGB nach dem Kurswert zur Zeit der Zahlung am Zahlungsort. Soll also A nach dem Darlehensvertrag 10.000 US-$ am 30. Mai in Frankfurt a.M. zahlen, so kann er auch mit

1 Zu ihnen *Hahn/Häde*, Währungsrecht, 2. Aufl. 2010, S. 15-30.
2 So die Theorie von *Savigny*, siehe *Hahn/Häde*, Währungsrecht, 2. Aufl. 2010, § 2, Rn. 2, S. 15.
3 Zum Geldbegriff *Nußbaums*, siehe *Hahn/Häde*, Währungsrecht, 2. Aufl. 2010, § 2, Rn. 27, S. 23.

einem Euro-Betrag erfüllen, der dem an diesem Tag in Frankfurt erhältlichen Umtauschkurs entspricht. Das gilt unabhängig davon, ob der Vertrag deutschem oder ausländischem Recht unterliegt; auch in letzterem Fall bleibt § 244 BGB anwendbar.[4]

b) **Streitig** ist die Geldeigenschaft dagegen von **Buchgeld**. Dabei handelt es sich um **192**
das Geld, das sich lediglich in den Büchern der Kreditinstitute in Form von Guthaben der Kunden befindet. Diesem steht meist keine entsprechende Summe an Bargeld gegenüber, über die die Bank verfügen könnte. Die Banken haben das Buchgeld daher durch die Buchung selbst geschaffen.

Von einigen Autoren wird gegen die Einordnung dieser Beträge als „Geld" eingewandt, **193**
nur der Staat habe das Recht, Geld zu schaffen.[5] Das von den Banken kreierte Buchgeld sei daher nicht als „Geld" im juristischen Sinne anzusehen. Tatsächlich wird man jedoch zwischen verschiedenen Fragen **unterscheiden** müssen.

In der **Beziehung zwischen dem Kontoinhaber und seiner Bank** ist das Buchgeld **194**
juristisch kein Geld, sondern lediglich eine Forderung, welche die Bank mit Geld erfüllen kann.

Auch für das **Strafrecht** besteht Geld im Sinne der §§ 146–152 StGB nur aus Geldzeichen.[6] Buchgeld lässt sich etwa nicht „verfälschen". Der juristische Geldbegriff ist hier also enger als der wirtschaftliche.

Für das **Vertragsrecht** ist Buchgeld allerdings als dem Bargeld gleichwertiges Zah- **195**
lungsmittel anerkannt. Zwar genügt die Überweisung von Buchgeld durch den Schuldner auf ein Konto des Gläubigers zur Erfüllung der Forderung nur dann, wenn der Gläubiger damit einverstanden ist. Das Einverständnis kann jedoch konkludent erteilt werden, z.B. durch Angabe einer Bankverbindung auf einem Brief oder einer Rechnung.[7] Sie können also mit Buchgeld ähnlich wie mit Bargeld zahlen. Dennoch besteht deshalb aus juristischer Sicht kein Anlass, Bankguthaben als „Geld" zu bezeichnen; es handelt sich lediglich um die Art der Abwicklung von Verträgen.

Einem weiten Geldbegriff folgt das **Währungsrecht**: Zu den Aufgaben der EZB gehört **196**
es, die „Geldpolitik der Gemeinschaft" festzulegen und auszuführen, vgl. Art. 127 II des Vertrags über die Arbeitsweise der Europäischen Union (AEUV) sowie Art. 3 des Protokolls über die Satzung der EZB. Teil der Geldpolitik ist die Steuerung der Geldmenge (z.B. von „M 3"). Diese ist wichtig für die Bekämpfung etwa von Inflationen. Geld in diesem Sinne umfasst auch und gerade das Buchgeld. Mittels der Geldpolitik beschränkt die Zentralbank die private Geldschöpfung und schützt damit den Wert des vorhandenen Geldes.

---

4 Art. 12 II Rom I-VO (VO (EU) 593/2008). Siehe dazu *Grundmann*, in: MünchKomm-BGB, 9. Aufl. 2022, § 245, Rn. 29-30.
5 So *Knapp*, Staatliche Theorie des Geldes, 1923.
6 Vgl. *Sternberg-Lieben*, in: Schönke/Schröder, StGB, 30. Aufl. 2019, § 146, Rn. 2.
7 *Grüneberg*, 80. Aufl. 2021, § 362, Rn. 9.

Zur Vertiefung: Die Geldeigenschaft von **E-money** ist derzeit ungeklärt. Immerhin bedarf man zur Ausgabe und Verwaltung von elektronischem Geld einer besonderen Erlaubnis, vgl. § 1 I Nr. 2 Zahlungsdiensteaufsichtsgesetz (ZAG) (dazu unten Rn. 266 f.). Auch bei **virtuellen Währungen** im Internet wie etwa Bitcoin ist umstritten, ob sie als Geld anzusehen sind; jedenfalls unterliegen sie dem Geldwäschegesetz (§ 10 III Nr. 2c lit. c GwG). Hinsichtlich des **Regio-Gelds** wird geltend gemacht, es verstoße gegen das Währungsmonopol der EZB. Andere wenden ein, dass Regio-Geld nicht mehr als eine von den Parteien bestimmte, besondere Erfüllungsmethode anzusehen sei, zu der diese kraft ihrer Privatautonomie berechtigt seien.

C. Schutz des Geldwertes

I. Zuständigkeit

197 Das Vertrauen in den Wert einer Währung ist eine Grundvoraussetzung für das Funktionieren einer Volkswirtschaft. Mit der Aufgabe, dieses Vertrauen aufrechtzuerhalten und zu stärken, ist in der Euro-Zone das „**Europäische System der Zentralbanken**" **(ESZB)** beauftragt. Die nicht zum Euroraum gehörenden EU-Mitgliedstaaten sind davon ausgenommen, vgl. Art. 139 I, III AEUV.

II. Organisation

198 a) Das ESZB besteht aus der **EZB** und den **Zentralbanken aller EU-Mitgliedstaaten** (Art. 282 I S. 1 AEUV, siehe auch Art. 1 I S. 1 des Protokolls über die Satzung des Europäischen Systems der Zentralbanken und der Europäischen Zentralbank – EZBSatzProt). Das ESZB und die Mitgliedstaaten, die den Euro als Währung angenommen haben, bilden das Eurosystem (Art. 282 I S. 2 AEUV, Art. 1 I S. 2 EZBSatzProt). Geleitet wird das ESZB von den Beschlussorganen der EZB (Art. 129 I, Art. 282 II S. 1 AEUV, Art. 8 EZBSatzProt). Diese sind der EZB-Rat und das EZB-Direktorium (vgl. Art. 129 I AEUV).

199 b) Das **Direktorium** (Executive Board) besteht aus dem Präsidenten (derzeit Christine Lagarde), dem Vizepräsidenten und vier weiteren Mitgliedern (Art. 283 II UAbs. 1 AEUV, Art. 11.1 EZBSatzProt). Diese werden vom Europäischen Parlament auf Empfehlung des Rates der EU für acht Jahre ernannt (zu Einzelheiten siehe Art. 283 II UAbs. 2–4 AEUV, Art. 11.2 EZBSatzProt). Das Direktorium hat im Wesentlichen organisatorische Aufgaben. Es bereitet die Sitzungen des Rats vor (Art. 12.2 EZBSatzProt).

200 c) Der **EZB-Rat** ist das wichtigste Beschlussorgan der EZB. Er erlässt alle Leitlinien und Entscheidungen (Art. 12.1 EZBSatzProt). Er legt die Geldpolitik fest, z.B. durch Beschlüsse in Bezug auf Leitzinssätze. Der EZB-Rat besteht aus allen Mitgliedern des Direktoriums, die ihm kraft Amtes angehören, sowie den Präsidenten der nationalen Zentralbanken derjenigen Mitgliedstaaten, deren Währung der Euro ist (Art. 283 I AEUV, Art. 10.1 EZBSatzProt). Dabei hat jedes Ratsmitglied eine Stimme („one man, one vote", siehe Art. 10.2 S. 1 EZBSatzProt). Die Zahl der Ratsmitglieder ist auf 15 begrenzt (vgl. Art. 10.2 S. 2 EZBSatzProt). Da der Eurozone mittlerweile 20 Staaten

angehören, kann nicht jeder Mitgliedstaat gleichzeitig einen Vertreter entsenden. Wer im Rat vertreten ist, wird durch ein kompliziertes Rotationssystem bestimmt (siehe Art. 10.2 S. 3 EZBSatzProt).

III. Ziele und Aufgaben

Vorrangiges Ziel des ESZB ist die Gewährleistung der **Preisstabilität**, Art. 127 I S. 1 **201**
AEUV. Das bedeutet nach dem aktuellen Verständnis der EZB, dass die Inflationsrate mittelfristig bei 2 % liegen soll. Alle anderen Ziele wie die Stimulierung wirtschaftlichen Wachstums sind dem untergeordnet. Grundlegende Aufgaben des ESZB sind in Art. 127 II AEUV definiert. Sie können diese im Text nachlesen. In neuerer Zeit hat sich die EZB das Ziel gesetzt, ihre Geldpolitik umweltfreundlicher zu gestalten.[8] Dazu will sie zum einen bevorzugt Anleihen nachhaltigerer Unternehmen kaufen. Zum anderen will die EZB ihr Sicherheitensystem verstärkt an „grünen“ Kriterien ausrichten. Ob eine solche „grünere“ Geldpolitik vom Mandat der EZB gedeckt ist, ist in der Literatur umstritten.[9]

Wichtig ist, die Ziele der Geldpolitik von denen der Bankenaufsicht (dazu oben **202**
Rn. 166) zu unterscheiden, welche die EZB ebenfalls wahrnimmt. Während erstere der Preisstabilität dient, soll letztere die Finanzmarktstabilität gewährleisten. Beide Ziele sind zwar miteinander verknüpft, z.B. weil instabile Preise Banken in die Insolvenz treiben. Umgekehrt können aber auch Konflikte zwischen ihnen entstehen (siehe oben Rn. 166 Kasten). Dem soll innerhalb der EZB durch organisatorische Abtrennung der Bankenaufsicht im Supervisory Board Rechnung getragen werden. Die Separierung beider Bereiche ist jedoch unvollkommen, da der EZB-Rat letztentscheidungsbefugt bleibt (siehe oben Rn. 166 Kasten).

IV. Befugnisse

1. Allgemeine Befugnisse

Zur Erfüllung ihrer Aufgaben kann die EZB Rechtsakte erlassen, wie aus Art. 132 **203**
AEUV hervorgeht. Sie kann danach (unverbindliche) Empfehlungen und Stellungnahmen abgeben. Sie kann aber auch verbindliche Entscheidungen treffen und sogar allgemein verbindliche Rechtsverordnungen verabschieden. Dies gilt allerdings nur im Bereich der ihr übertragenen Aufgaben, das heißt v.a. zum Schutz der Preisstabilität.

2. Notenausgabe- und Münzmonopol

Das Monopol, Banknoten auszugeben, teilen sich gemäß Art. 128 I S. 2 AEUV die EZB **204**
und die nationalen Zentralbanken. Allerdings kommt der EZB ein Vorrang zu, denn sie

---

8 Siehe hierzu EZB, Klimawandel und die EZB, https://www.ecb.europa.eu/ecb/climate/html/index.de.html (zuletzt abgerufen am 25.1.2023).

9 Zu dieser Diskussion siehe *Zilioli/Ioannidis*, EuZW 2021, 1061; *Dietz*, EuR 2022, 443; *Nees*, EuR 2021, 119.

muss die Ausgabe von Banknoten in der EU genehmigen, Art. 128 I S. 2 AEUV. Münzen dürfen nur die Mitgliedstaaten ausgeben, doch bedarf der Umfang wiederum der Genehmigung durch die EZB, vgl. § 128 II S. 1 AEUV.

3. Operationen

205 Zum Schutz der Preisstabilität, die ihr als vorrangige Aufgabe obliegt, stehen der EZB bestimmte Operationen zur Verfügung. Dazu gehören die Offenmarkt- und die Kreditpolitik, die Einforderung von Mindestreserven sowie einige seit neuerer Zeit eingeführte Maßnahmen.

206 a) **Offenmarktpolitik** (Art. 18.1, erster Spiegelstrich EZBSatzProt.) bedeutet folgendes: Die Zentralbank kauft oder verkauft am „offenen Markt" – das heißt bei den Geschäftsbanken – Wertpapiere. Häufiger als der endgültige Kauf oder Verkauf sind Rückkaufsvereinbarungen, die man auch als Pensionsgeschäfte oder **repos** (sale and repurchase agreements) bezeichnet. In deren Rahmen kauft die EZB Wertpapiere der Geschäftsbanken an und verpflichtet sich, diese später wieder an diese zurückzuverkaufen.

Zur Vertiefung: Wirtschaftlich gesehen gibt sie damit den Geschäftsbanken einen Kredit, der durch die Wertpapiere gesichert wird. Überhaupt wirkt die Offenmarktpolitik ähnlich wie die Kreditvergabe – es wird Geld in die Wirtschaft gepumpt. Wenn die EZB Papiere verkauft, legt sie das erhaltene Geld still und verringert damit die Geldmenge.

207 Die Offenmarktpolitik wird durch ein Versteigerungsverfahren durchgeführt. Man spricht in diesem Zusammenhang vom sog. **Tender**. Der Haupttender wird jede Woche veranstaltet. Es wird den Kreditinstituten Geld mit einer Laufzeit von einer Woche angeboten; sie können hierauf „tendern" (bieten). Der **Haupttender** ist die wichtigste Operation, mit der die EZB die Geschäftsbanken refinanziert, und wird daher auch „Hauptrefinanzierungsoperation" genannt. Aus dem Zinssatz, den die Bank dabei erzielt, berechnet sich gemäß § 247 BGB der **Basiszinssatz**, welcher nach § 288 I S. 2, II BGB für den Verzugszinssatz bei privaten Forderungen von Bedeutung ist.

Zur Vertiefung: Neben dem Haupttender führen die nationalen Zentralbanken noch sogenannte **Basistender** durch. Diese werden jeden Monat veranstaltet. Dabei wird den Geschäftsbanken Geld mit einer Laufzeit von drei Monaten zur Verfügung gestellt.

208 b) Weiterhin vergibt die Zentralbank den Geschäftsbanken **Kredite** (vgl. Art. 18.1, zweiter Spiegelstrich EZBSatzProt). Meist handelt es sich dabei um sehr kurzfristige Darlehen. Dies hat den Zweck, Geld in die Wirtschaft zu pumpen. Die Vergabe kurzzeitiger Kredite (Fazilitäten) ist derzeit besonders nötig, um den Geldmarkt am Laufen zu halten. Für die Darlehen müssen ausreichende Sicherheiten bestellt werden (vgl. Art. 18.1, zweiter Spiegelstrich EZBSatzProt). Das können z.B. Anleihen (Schuldverschreibungen) sein.

209 c) Einen umgekehrten Zweck hat die **Mindestreserve**. Sie bedeutet, dass die Geschäftsbanken gezwungen werden, bei der Zentralbank einen bestimmten Betrag von Kapital zu hinterlegen (vgl. Art. 19 EZBSatzProt). Dies steht dann nicht für normale

Geschäfte zur Verfügung, das heißt die Geldmenge wird verringert, wenn die Mindestreserve erhöht wird. Genau dies ist der Zweck der Mindestreserven. Diese werden von der EZB üblicherweise (niedrig) verzinst. Wie die Vergangenheit gezeigt hat, kann dieser Zinssatz auch ins Negative abrutschen. Dies soll die Geschäftsbanken zur Kreditvergabe und damit zur Konjunkturbelebung anhalten.

d) Zusätzlich zu diesen klassischen Maßnahmen hat die EZB zur Milderung der Fol- **210**
gen der Finanzkrise weitere Instrumente eingeführt. Die Ermächtigung, neue geldpolitische Instrumente einzuführen, folgt aus Art. 20 EZBSatzProt.

Eine dieser neuen Maßnahmen ist der Ankauf sogenannter **covered bonds**. Diese wer- **211**
den im Deutschen als „Pfandbriefe“ bezeichnet. Es handelt sich um Schuldverschreibungen, die durch bestimmte Sicherheiten (z.B. Hypotheken oder Forderungen gegen die öffentliche Hand) gedeckt („covered“) sind. Durch den Ankauf soll dem Markt mehr Liquidität zugeführt werden. Bisher wurden bereits mehrere covered bonds-Programme durchgeführt.

Darüber hinaus hat die EZB ein Programm für Wertpapiermärkte (**securities market** **212**
programme) aufgelegt. Dabei kauft sie Wertpapiere (Anleihen oder Aktien) direkt auf dem Markt an. In diesen Rahmen fällt auch der in der Öffentlichkeit vieldiskutierte Ankauf von Staatsanleihen. Im September 2012 wurde angekündigt, dass das securities market programme nunmehr in ein **outright monetary transactions** (OMT) Programme umgewandelt werden soll. Dessen Kernpunkt war der selektive Ankauf von Staatsanleihen. Selektiv bedeutet in diesem Kontext, dass sich die EZB beim Ankauf von Staatsanleihen nicht wie sonst am Schlüssel für die Zeichnung des Kapitals der EZB (Art. 29 EZBSatzProt) orientiert, sondern Anleihen einzelner Staaten schwerpunktmäßig aufkauft. Das OMT Programm wurde nie in die Praxis umgesetzt.

Zur Vertiefung: Diese Maßnahmen sind aus mehreren Gründen umstritten. Zum einen wird ein Verstoß gegen Art. 123 I AEUV diskutiert, welcher der EZB und den Zentralbanken der Mitgliedstaaten ausdrücklich den *unmittelbaren* Erwerb von Schuldtiteln der Mitgliedstaaten untersagt. Befürworter weisen darauf hin, dass die EZB die Staatsanleihen nicht von den ausgebenden Ländern selbst erwirbt, sondern von privaten Geschäftsbanken auf dem Sekundärmarkt. Kritiker wenden dagegen ein, dabei handele es sich um einen Fall der Umgehung des Verbots. Sie haben daher Verfassungsbeschwerden vor dem BVerfG angestrengt. Zum anderen wird kritisiert, dass die Ankäufe nicht Teil der Währungspolitik, sondern der Wirtschaftspolitik seien. Letztere liegt in der Kompetenz der Mitgliedstaaten (vgl. Art. 127 I AEUV) und nicht der EZB. Nach dieser Auffassung ist Ziel der Ankäufe, die Schuldentragfähigkeit einiger Mitgliedstaaten sicherzustellen, nicht aber die Preisstabilität zu gewährleisten. Die EZB behauptet dagegen, die Anleihekäufe wirkten gestörten geldpolitischen Transmissionsmechanismen entgegen.

Das BVerfG hatte die Vereinbarkeit des Programms mit dem AEUV bezweifelt und in diesem Zusammenhang – erstmals in seiner Geschichte – ein Vorabentscheidungsersuchen an den EuGH gerichtet.[10] Dieser hat in einem Grundsatzurteil im Jahr 2015 die Vereinbarkeit des Programms mit dem AEUV festgestellt.[11] Seiner Ansicht nach hat die EZB ihre Befugnisse nicht überschritten, da

10 BVerfG NJW 2014, 907.
11 EuGH, Rs. C-62/14, Urt. v. 16.6.2015.

sie in geldpolitischen Fragen über ein weites Ermessen verfüge. Das OMT-Programm sei nicht offensichtlich ungeeignet, das der Zentralbank aufgetragene Ziel der Preisstabilität zu erreichen. Dabei stellte der EuGH allerdings fünf Kriterien auf, denen zukünftige Anleihekaufprogramme genügen müssten. Das BVerfG hat sich dieser Auslegung des EuGH (widerwillig) angeschlossen und entschieden, dass es sich bei der Maßnahme der EZB nicht um einen sogenannten „ausbrechenden EU-Rechtsakt" (ultra-vires) handelt, der gegen das Grundgesetz verstößt.[12]

213 Obwohl die Staatsschuldenkrise weiter abflachte, beschloss die EZB im Rahmen des **Public Sector Purchase Programme** (**PSPP**) am 22.1.2015, die Ankäufe von Anleihen von im Euroraum ansässigen Zentralstaaten, Emittenten mit Förderauftrag und europäischen Institutionen auszuweiten. Anders als das OMT-Programm wurde das PSPP tatsächlich in die Tat umgesetzt. Es sah allerdings keinen selektiven Ankauf von Staatsanleihen vor, sondern richtete sich nach dem Verhältnis der Anteile der Mitgliedstaaten am Kapitalschlüssel der EZB. Auch gegen dieses Programm wendeten sich in Deutschland Bürger, die eine Verletzung ihrer Rechte aus Art. 38 GG monierten und das BVerfG im Wege der Verfassungsbeschwerde anriefen. Das BVerfG sah das Anleihekaufprogramm erneut kritisch und legte das Verfahren dem EuGH vor. Der EuGH urteilte, dass auch PSPP innerhalb des währungsrechtlichen Mandats der EZB liege und keinen Verstoß gegen Art. 123 AEUV darstelle.[13]

Das BVerfG schloss sich diesem Urteil nicht an und kategorisierte das Urteil des EuGH sowie das PSPP als ausbrechende Rechtsakte.[14] Ein einmaliger Vorgang in der Verfassungsgeschichte Deutschlands. Hinsichtlich des PSPP kritisierte das BVerfG, dass die EZB die Verhältnismäßigkeit des Programms nicht ausführlich genug begründet habe. Es trug der EZB auf, diese Frist nachzuholen. Ansonsten drohte es an, der Deutschen Bundesbank die Beteiligung am PSPP zu untersagen, was das Ende des Programms bedeutet hätte. Die EZB, die Deutsche Bundesbank sowie der Deutsche Bundestag diskutierten daraufhin die Verhältnismäßigkeit des PSPP ausführlich und kamen zu dem Ergebnis, dass das PSPP den Anforderungen der Verhältnismäßigkeit entspreche. Das BVerfG gab sich mit dieser Nachholung der Begründung einverstanden, sodass ein Zusammenbrechen des PSPP abgewendet werden konnte.[15] Ein Scheitern des PSPP hätte dramatische Konsequenzen für die gesamte Eurozone gehabt. Die Spannungen zwischen EuGH und BVerfG hinsichtlich der Rolle der EZB und der übergeordneten Frage des Vorrangs des Unionsrechts vor Verfassungsrecht bestehen seit dieser Entscheidung dennoch in nie dagewesener Weise fort.

Aufgrund der Pandemie hat die EZB im Jahr 2020 ein neues Programm aufgelegt. Das **Pandemic Emergency Purchase Programm (PEPP)** soll die Preisstabilität und Effektivität der Geldpolitik in der Eurozone während der COVID-19-Pandemie sicherstellen. Zu diesem Zweck kauft die EZB verstärkt Anleihen öffentlicher und privater Schuldner auf dem Sekundärmarkt auf. Auch gegen dieses Programm, das die EZB im März 2022 beendet hat, laufen Verfassungsbeschwerden vor dem BVerfG. Die weitere Entwicklung bleibt abzuwarten.

12 BVerfG NJW 2016, 2473; vgl. zur Diskussion: *Ludwigs*, NVwZ 2015, 537; *Gött*, EuR 2014, 514; *Wendel*, ZaöRV 2014, 615.

13 EuGH Rs. C-493/17, Urt. v. 11.12.2018.

14 BVerfG NJW 2020, 1647; dazu: *Derksen*, EuZW 2021, 938; *Hofmann/Heger*, EuGRZ 2020, 176; *Ipsen*, Recht und Politik 2020, 344.

15 BVerfG NJW, 2021, 2187, Beschl. v. 29.4.2021.

Schließlich hat die EZB mehrere Programme zur längerfristigen Ausstattung der Geschäftsbanken mit Geld unternommen. Im Rahmen der „targeted longer-term refinancing operations" (**TLTROs**) hat sie enorme Geldbeträge zur Verfügung gestellt. Das TLTRO-Programm existiert mittlerweile in dritter Auflage. Es bildet das Gegenstück zum „Quantitative Easing" (QE) der amerikanischen Federal Reserve. Seine Berechtigung ist ebenfalls umstritten.

V. Unabhängigkeit der EZB

Bei der Erfüllung ihrer Aufgaben ist die EZB **unabhängig**, Art. 130 AEUV. Sie unterliegt insbesondere nicht den Weisungen des Rates der Europäischen Union und der darin vertretenen Regierungen der Mitgliedstaaten. Diese Unabhängigkeit ist in der Realität immer wieder Angriffen ausgesetzt. Vor dem Hintergrund der hohen Staatsverschuldung der Mitgliedstaaten sowie deren Abhängigkeit von Anleihekäufen der EZB auf dem Sekundärmarkt wird zunehmend eine fiskalische Dominanz der Geldpolitik angemahnt. Damit ist gemeint, dass die EZB bei der Bestimmung der richtigen Geldpolitik zunehmend Rücksicht auf die Haushaltslage in den Mitgliedstaaten nehmen muss, will sie keine neue Staatsschuldenkrise auslösen. Dadurch gerät jedoch das Primärziel der Preisstabilität bedenklich in den Hintergrund. **214**

VI. Indexierungsverbot

Eine gesetzliche Maßnahme zum Schutz der Preisstabilität ist das sogenannte **Indexierungsverbot**. Es ist in § 1 Preisklauselgesetz vorgesehen. Dieser lautet: **215**

(1) Der Betrag von Geldschulden darf nicht unmittelbar und selbsttätig durch den Preis oder Wert von anderen Gütern oder Leistungen bestimmt werden, die mit den vereinbarten Gütern oder Leistungen nicht vergleichbar sind.

(2) Das Verbot nach Absatz 1 gilt nicht für Klauseln,

1. die hinsichtlich des Ausmaßes der Änderung des geschuldeten Betrages einen Ermessensspielraum lassen, der es ermöglicht, die neue Höhe der Geldschuld nach Billigkeitsgrundsätzen zu bestimmen (Leistungsvorbehaltsklauseln),
2. bei denen die in ein Verhältnis zueinander gesetzten Güter oder Leistungen im Wesentlichen gleichartig oder zumindest vergleichbar sind (Spannungsklauseln),
3. nach denen der geschuldete Betrag insoweit von der Entwicklung der Preise oder Werte für Güter oder Leistungen abhängig gemacht wird, als diese die Selbstkosten des Gläubigers bei der Erbringung der Gegenleistung unmittelbar beeinflussen (Kostenelementeklauseln),
4. die lediglich zu einer Ermäßigung der Geldschuld führen können.

(3) Die Vorschriften über die Indexmiete nach § 557b des Bürgerlichen Gesetzbuches und über die Zulässigkeit von Preisklauseln in Wärmelieferungsverträgen nach der Verordnung über Allgemeine Bedingungen für die Versorgung mit Fernwärme bleiben unberührt.

Der Grund für dieses Verbot sogenannter Wertsicherungsklauseln ist, dass sie das Misstrauen in die eigene Währung erhöhen. Sie würden außerdem zu unerwarteten Preisschüben führen. Ausnahmen gelten z.B. für Mietverträge (§ 1 III Preisklauselgesetz). **216**

D. Konvertibilität

I. Begriff

217 Als **Konvertibilität** bezeichnet man die Möglichkeit, eine Währung in eine andere umzutauschen. Die Währungen der wichtigsten westlichen Länder sind frei konvertibel. Anderes gilt für die Währungen weniger entwickelter Länder. Für diese ist häufig ein bestimmter Umtauschsatz vorgeschrieben. Manche Staaten verfolgen auch eine etwas subtilere Methode: Sie binden ihre Währung an eine Leitwährung, zum Beispiel den US-Dollar, an. Sobald die eigene unter deren Kurs absinkt, greift die nationale Notenbank mit Stützungskäufen ein.

II. Das System von Bretton Woods

218 Das Übereinkommen über den Internationalen Währungsfonds, das am 22. Juli 1944 in **Bretton Woods** unterzeichnet wurde, sah ein System stabiler Wechselkurse vor. Jeder Unterzeichnerstaat war verpflichtet, eine Parität (d.h. ein bestimmtes Umtauschverhältnis) seiner Währung gegenüber dem Gold oder dem Dollar festzulegen. Die USA verpflichteten sich ihrerseits, Dollar jederzeit und unbeschränkt gegen Gold umzutauschen. Um die Parität aufrechtzuerhalten, mussten die Zentralbanken häufig an den Devisenmärkten eingreifen.

219 Im Zuge der Währungskrise des Jahres 1971 widerriefen die USA ihre Verpflichtung, Dollar gegen Gold umzutauschen. Dadurch brach das System zusammen. Es begann die Zeit der flexiblen Wechselkurse (floating).

220 Um jederzeit auf Devisen (= ausländische Währung) zurückgreifen zu können, wurde schon 1944 der International Monetary Fund eingerichtet. In diesen Fonds zahlen alle Mitgliedstaaten in ihrer eigenen Währung ein. Sie erhalten dafür das Recht, Devisen aus dem Fonds zu entnehmen. Neben den normalen Berechtigungen, die sich aus der Mitgliedschaft ableiten, gibt es direkte Zugriffsmöglichkeiten auf besonders begehrte Währungen (z.B. Dollar, Yen, Euro). Der Umfang dieser Berechtigung richtet sich nach den „special drawing rights“ (SDR). Diese können von den Staaten untereinander gehandelt werden, bilden aber keine Währung im eigentlichen Sinne. Ihr Wert wird auf der Grundlage eines Korbs aus den vier genannten Währungen berechnet.

§ 5

Das Bankkonto

A. Was ist ein Bankkonto?

I. Allgemeine Einordnung

Nach den vorwiegend öffentlich-rechtlichen Problemen der Geldpolitik wenden wir uns nun den Fragen der individuellen Bankbeziehungen zu, die zumeist zivilrechtlicher Natur sind. Das Bankkonto ist Teil des schuldrechtlichen Verhältnisses zwischen der Bank und ihrem Kunden. Das Wort „Konto" stammt von dem italienischen „conto" und bedeutet so viel wie **Abrechnung**. Das Konto ist also eine Abrechnung, in der die Bank ihre Rechte und Verpflichtungen gegenüber dem Kunden feststellt. **221**

Das Bankkonto ist von den auf ihm **gebuchten Beträgen** zu unterscheiden. Diese sind rechtlich als **einzelne Forderungen** des Kunden gegen die Bank anzusehen oder umgekehrt (bei negativem Saldo oder bei Kreditkonten) als Forderungen der Bank gegen ihren Kunden. Sie bilden das sogenannte Buchgeld (dazu oben Rn. 192–195). Das Konto betrifft hingegen die Gesamtheit der Rechtsbeziehungen der Bank zum Kunden. **222**

II. Arten von Bankkonten

1. Tatsächliche Erscheinungen

Es sind verschiedene Arten des Kontos zu unterscheiden. So gibt es **Spar-, Festgeld-, Wertpapierdepot-, Kredit- und Girokonten**. Daneben existieren noch Sonderformen wie **Fremdwährungsgeldkonten** oder **Sperrkonten** sowie **Treuhand- und Anderkonten**. **223**

2. Rechtliche Einordnung

Rechtlich gesehen gehört fast **jedes** dieser Konten in **eine eigene Kategorie**. So handelt es sich bei einem **Sparkonto** um ein Darlehen des Konteninhabers an die Bank (§§ 488 ff. BGB). Ebenso wie das Sparkonto ist das **Festgeldkonto** einzuordnen. Das Sparbuch ist hingegen kein Vertrag, sondern ein Wertpapier. Dem **Wertpapierdepotkonto** liegt eine besondere Form des Verwahrungsvertrags zugrunde (nämlich von Wertpapieren), die im Depotgesetz geregelt ist. Das **Kreditkonto** ist als Darlehen der Bank an den Kunden zu qualifizieren (§§ 488 ff. BGB). Das **Girokonto** ist ein besonderer Vertragstyp, der noch näher behandelt wird (vgl. unten Rn. 231–243). **224**

225 Das Zahlungskontengesetz (ZKG)[1] sieht einen Anspruch auf ein sogenanntes **Basiskonto** vor. Das ist ein Konto mit grundlegenden Funktionen, wie etwa der Überweisung, § 30 II ZKG. Auf die Einrichtung eines solchen Kontos besteht ein allgemeiner Rechtsanspruch, siehe unten Rn. 227.

B. Wie wird ein Konto eröffnet?

I. Angebot und Annahme

226 Wie jedes vertragliche Schuldverhältnis entsteht das Bankkonto durch Angebot und Annahme gemäß den §§ 145 ff. BGB. Die Kontenvereinbarung ist ein **Rahmenvertrag**, das heißt die in diesem getroffenen Regeln gelten für alle Rechtsbeziehungen zwischen den Vertragsparteien, auch für künftig geschlossene Verträge.

227 Für den Abschluss des Kontovertrags gilt der Grundsatz der Privatautonomie. Dieser ist allerdings für Banken eingeschränkt. Jedermann, der bei ihm einen entsprechenden Antrag stellt, hat einen **Rechtsanspruch** auf die Eröffnung eines **Basiskontos**, § 31 ZKG. Es gilt also ein gesetzlicher Kontrahierungszwang, dem die Bank unterworfen ist. Ausnahmen bestehen nur solchen Personen, die bereits ein Konto haben, die wegen bestimmter Delikte vorbestraft sind (z.B. wegen Geldwäsche) oder denen ein solches Konto wegen Zahlungsverzugs gekündigt wurde, §§ 35–37 ZKG. Dieser Rechtsanspruch sichert einen Zugang zu einer modernen Gesellschaft unverzichtbaren Dienstleistung. Insofern ist die Einschränkung der Privatautonomie gerechtfertigt, ebenso wie bei anderen Unternehmen der Daseinsvorsorge, etwa Strom- oder Wasserwerken.

II. AGB

228 Für alle Konten ist typisch, dass bei Eröffnung die **Allgemeinen Geschäftsbedingungen (AGB) der Banken oder Sparkassen** als Teil des Rahmenvertrags vereinbart werden (abgedruckt z.B. in *Baumbach/Hopt*, HGB, 42. Aufl. 2023, 2. Teil, Nr. 8 und 9). Diese werden von einer Reihe hochkarätiger Juristen ausgearbeitet und alljährlich den Entwicklungen der Rechtsprechung und den Bedürfnissen des Rechtsverkehrs (vor allem der Banken) angepasst. Die AGB werden nur dann Teil des Rahmenvertrags, wenn die Voraussetzungen des **§ 305 II, III BGB** gewahrt sind. In einem Grundsatzurteil vom 27. April 2021 hat der BGH hierzu entschieden, dass eine Klausel in AGB, die eine Zustimmung des Kunden zu einer Änderung der AGB fingiert, wenn dieser nicht innerhalb einer bestimmten Frist widerspricht, den Kunden unangemessen gemäß § 307 I S. 1, II Nr. 1 BGB benachteiligt.[2]

1 Gesetz über die Vergleichbarkeit von Zahlungskontoentgelten, den Wechsel von Zahlungskonten sowie den Zugang zu Zahlungskonten mit grundlegenden Funktionen vom 11.4.2016, BGBl. I 720.

2 BGH NJW 2021, 2273.

III. Öffentlich-rechtliche Anforderungen

Für die Eröffnung eines Kontos gilt steuerrechtlich der Grundsatz der formalen Kontenwahrheit, vgl. **§ 154 I Abgabenordnung (AO)**. Danach darf ein Konto nur im eigenen Namen des Konteninhabers eröffnet werden. Ein anonymes Nummernkonto wie in der Schweiz ist in Deutschland nicht zulässig. **229**

Weitere Anforderungen regelt das **Geldwäschegesetz (GWG)**. Nach dessen § 11 I S. 1 muss der Vertragspartner bei der Kontoneröffnung identifiziert werden. Ausnahmen sieht § 14 GwG vor. **230**

C. Wie funktioniert ein Girokonto?

I. Allgemein

Unter den verschiedenen Arten des Kontos hat das **Girokonto** besondere praktische Bedeutung. Der Ausdruck „giro" kommt, Sie werden es erraten, wiederum aus dem Italienischen. Er bedeutet so viel wie Kreislauf. Die Besonderheit des Girokontos gegenüber anderen Kontenarten liegt darin, dass es am Giroverkehr teilnimmt. Der „Giroverkehr" ist der bargeldlose Zahlungsverkehr. Er wird durch die Banken organisiert (dazu, wie dies funktioniert, unten Rn. 264 ff.). Auf dem Girokonto laufen bargeldlose Zahlungen von und an andere Konten ein und aus. **231**

Aus dem Girovertrag folgen Rechte und Pflichten der Bank und des Kunden. Teil des Girovertrags ist der Zahlungsdiensterahmenvertrag. Dieser ist in § 675f II BGB geregelt (s. unten Rn. 270). Außerdem enthält der Girovertrag, der meist durch AGB geregelt ist, noch weitergehende Rechte und Pflichten. Dazu gehören zum Beispiel Entgelte für die Verwahrung und Kontoführung sowie eventuelle Ansprüche des Kunden auf Zinsen.

Getrieben durch die Niedrigzinspolitik der EZB haben Banken zeitweise in ihren AGB Verwahrentgelte und negative Zinsen für Einlagen auf Girokonten erhoben. Die Zulässigkeit solcher Verwahrentgelte und negativer Zinsen ist umstritten. In einer neueren Entscheidung hat das LG Berlin einen Verstoß gegen § 307 II Nr. 1 BGB solcher Klauseln mit der Begründung angenommen, dass Verwahrentgelte und negative Zinsen von wesentlichen Grundgedanken der gesetzlichen Regelung abwichen und damit den Kunden unangemessen benachteiligen.[3]

II. Kontokorrentabrede

Wichtigster Bestandteil des Girokontos ist die sogenannte **Kontokorrentabrede**. Der Ausdruck stammt vom italienischen „conto corrente" und bedeutet „laufende Rechnung". Die Kontokorrentabrede ist in **§§ 355–357 HGB** näher geregelt; weitere Vorschriften enthält **Nr. 7 AGB der privaten Banken und Nr. 7 AGB der Sparkassen**. **232**

3 LG Berlin, Urt. v. 28.10.2021 – 16 O 43/21 = VuR 2022, 20; *Strobel*, NJW 2021, 881.

1. Bedeutung

233 Das Kontokorrent ist eine Geschäftsverbindung, bei der „die aus der Verbindung entspringenden **beiderseitigen Ansprüche** und Leistungen nebst Zinsen **in Rechnung gestellt** und **in regelmäßigen Zeitabschnitten durch Verrechnung** und Feststellung des für den einen oder anderen Teil sich ergebenden Überschusses **ausgeglichen werden**", § 355 I HGB. Der erste Teil der Formulierung beschreibt den sogenannten „**Saldo**" (Italienisch für Rest). Er wird praktisch dauernd ermittelt. Der zweite Teil der Formulierung beschreibt den „**Rechnungsabschluss**". Er ist nach Nr. 7 AGB der privaten Banken und AGB der Sparkassen jeweils zum **Ende des Kalenderquartals**, also alle drei Monate, vorzunehmen.

2. Saldofeststellung

234 Die Bedeutung des Saldos ergibt sich aus Folgendem: Eine Forderung, die in die Saldierung einbezogen ist, verliert ihre rechtliche Selbständigkeit. Sie kann insbesondere vom Kontoinhaber **nicht einzeln geltend gemacht** und von den Gläubigern **nicht gepfändet** werden. So kann etwa A die auf sein Konto überwiesene Gehaltsforderung i.H.v. 1.600 Euro nicht gegen seine Bank einklagen, wenn der Saldo seines Kontos nach der Überweisung -2.000 Euro beträgt. Ebenso wenig können seine Gläubiger auf das Gehalt zugreifen. Geltend gemacht werden kann immer nur der Saldo. In § 356 HGB sind einzelne Regelungen zum Schicksal von Pfandrechten vorgesehen.

3. Rechnungsabschluss

235 Der Rechnungsabschluss hat eine weitergehende Bedeutung: Durch ihn entsteht eine neue Forderung (**Novation**). Für sie beginnt eine neue Verjährungsfrist von drei Jahren zu laufen (§ 195 BGB). Der von der Bank an den Kunden versandte Rechnungsabschluss ist als Angebot auf Abschluss eines **abstrakten Schuldanerkenntnisses** im Sinne von § 781 BGB anzusehen. Schweigt der Kunde auf den Rechnungsabschluss sechs Wochen lang, so gilt dies als „Genehmigung" (Nr. 7 II S. 1 und 2 AGB der privaten Banken und Nr. 7 III S. 2 AGB der Sparkassen), also als Annahme des Angebots auf Abschluss eines Schuldanerkenntnisses. Diese Regelung ist gemäß § 308 Nr. 5 BGB wirksam, weil eine angemessene Frist vorgesehen ist und der Kunde auf die Folgen des Schweigens hingewiesen wird.

236 Eine Folge des Rechnungsabschlusses ist, dass nunmehr Zinsen auch von bereits im Rechnungsabschluss enthaltenen Zinsforderungen geltend gemacht werden können, § 355 I HGB. Das ist eine Legalausnahme vom Verbot der Zinseszinsen in § 248 I BGB.

237 Die Genehmigung des Rechnungsabschlusses, d.h. der Abschluss des Schuldanerkenntnisses, hat nicht zur Folge, dass der Kunde fehlerhaft eingestellte Beträge nicht von der Bank zurückfordern könnte. Vielmehr steht ihm daher ein Anspruch aus ungerechtfertigter Bereicherung zu. Der Rechnungsabschluss führt insoweit nur zu einer Umkehrung der Darlegungs- und Beweislast zu Ungunsten des Kunden (vgl. Nr. 7 II S. 4 AGB der privaten Banken und Nr. 7 III S. 5 AGB der Sparkassen).

4. Korrekturen durch die Bank

Die Bank ist in einer günstigeren Position als der Kunde, weil sie fehlerhafte Gutschriften **selbst korrigieren** darf. Insoweit ist allerdings zu unterscheiden, ob die Korrektur vor oder nach dem Rechnungsabschluss stattfindet. **238**

Vor dem Rechnungsabschluss darf die Bank fehlerhafte Gutschriften ohne Einschränkung rückgängig machen (Nr. 8 I AGB der AGB der privaten Banken und Nr. 8 I AGB der Sparkassen). Die Rückgängigmachung erfolgt nicht etwa durch Streichung der Buchung, sondern durch eine entsprechende Belastungsbuchung in derselben Höhe. Der Kunde kann sich gegen diese Buchung nicht wehren, wenn der Bank tatsächlich ein Anspruch auf Rückzahlung zusteht; insbesondere kann er sich nicht darauf berufen, er habe den Betrag bereits ausgegeben (vgl. Nr. 8 I Hs. 2 AGB der privaten Banken). Ist die Korrektur seiner Ansicht nach unberechtigt, muss der Kunde die Bank verklagen. **239**

Nach dem Rechnungsabschluss kann die Bank ebenfalls eine Berichtigungsbuchung vornehmen (Nr. 8 II AGB der privaten Banken und Nr. 8 II AGB der Sparkassen). Der Kunde kann ihr aber widersprechen; in diesem Fall muss die Bank die Buchung sofort zurücknehmen. Hält sie die Korrektur dennoch für berechtigt, so muss sie ihre Ansprüche gerichtlich durchsetzen. **240**

In **jedem Fall** muss die Bank den Kunden von der Korrektur informieren; Zinsen werden ab dem Zeitpunkt der fehlerhaften Buchung (nicht: der Korrektur) berechnet (so Nr. 8 III AGB der privaten Banken; bei den Sparkassen ist nur die Kennzeichnung auf dem Kontoauszug vorgesehen, Nr. 8 III AGB der Sparkassen). **241**

5. Pfändung

Gepfändet werden kann immer **nur der Saldo**, nicht der einzelne überwiesene Betrag. Die Pfändung erfolgt wie bei sonstigen Forderungen durch Pfändungs- und Überweisungsbeschluss gemäß §§ 829, 835 ZPO. Nach der Pfändung entstehende Schuldposten können dem Gläubiger nicht in Rechnung gestellt werden, wie § 357 HGB ausdrücklich anordnet. **242**

Es ist für den Gläubiger grundsätzlich möglich, alle Konten des Schuldners zu pfänden. Der 2009 eingeführte § 850k ZPO macht davon eine Ausnahme. Jeder Schuldner kann danach bei Gericht beantragen, dass eines seiner Konten zum Pfändungsschutzkonto (sogenanntes **P-Konto**) erklärt wird. Auf diesem kann er jeden Monat über einen Freibetrag verfügen, den seine Gläubiger nicht pfänden können. Dieser beträgt für Arbeitseinkommen derzeit 1.340 Euro monatlich (Stand: 1.7.2022). Dadurch soll dem Schuldner ermöglicht werden, trotz Pfändung ein erträgliches Leben zu führen. **243**

D. Wie sicher ist das eingelegte Geld?

Für den Kunden ist von ausschlaggebender Bedeutung, wie sicher das von ihm bei der Bank hinterlegte Geld ist. Insoweit ist zwischen schuldrechtlichen Ansprüchen gegen die Bank und Einlagensicherungsmechanismen zu unterscheiden. **244**

I. Schuldrechtlicher Anspruch aus dem Guthaben

245 Zahlt der Kunde auf das Konto ein oder wird ihm Geld überwiesen, dann hat er gemäß **§§ 675 I, 667 BGB** einen Anspruch gegen die Bank darauf, dass diese ihm den entsprechenden Betrag gutschreibt. Besteht nach der Gutschrift ein Guthaben auf dem Konto, liegt rechtlich ein Fall der **unregelmäßigen Verwahrung gem. § 700 I BGB** vor. Der Kunde hat daher einen Anspruch gegen die Bank auf Rückgewähr von Sachen gleicher Art und Güte, das heißt von Geld in der Höhe des Guthabens. Dieser Anspruch bestimmt sich gemäß § 700 I S. 1 BGB nach den Vorschriften über die Rückgewähr eines Darlehens, d.h. nach § 488 I S. 2 BGB.

246 Wichtig ist, dass es sich bei dem Anspruch des Kunden lediglich um eine **schuldrechtliche Forderung** handelt. Das bedeutet, dass der Kunde diese im Falle der **Insolvenz** der Bank beim Insolvenzverwalter anmelden kann, der sie in eine Tabelle einträgt (§§ 174 f. Insolvenzordnung (InsO)). Reicht das Vermögen der Bank zur Deckung aller Ansprüche der Kunden und sonstiger Gläubiger nicht aus, erhält jeder von ihnen nur eine **Quote**.

II. Einlagensicherung und Anlegerentschädigung

247 Weil der Kunde im Insolvenzverfahren aller Voraussicht nach nur einen Teil seiner Einlage erhält, ist es für diesen besonders wichtig, dass sein Geld darüber hinaus gesichert ist. Insoweit ist zwischen **gesetzlichen** und **freiwilligen** Sicherungen der Banken zu unterscheiden.

1. Gesetzliche Sicherung

248 Die gesetzlichen Sicherungen für Geldeinlagen sind im **Einlagensicherungsgesetz (EinSiG)** vorgesehen, welches der Umsetzung der Einlagensicherungsrichtlinie[4] dient. Danach werden die CRR-Kreditinstitute zur Zugehörigkeit in ein Einlagensicherungssystem verpflichtet (§ 1 EinSiG). Die privaten Banken sind dem durch die Gründung der **Entschädigungseinrichtung deutscher Banken GmbH (EdB)** nachgekommen. Das ist ein Fonds, in den die Banken einzahlen und der bei der Insolvenz einer von ihnen die Einleger für ihre Verluste entschädigt. Die **Sparkassen** und die **Volks- und Raiffeisenbanken** haben einen anderen Weg gewählt und jeweils institutsbezogene Sicherungssysteme begründet. Im Rahmen dieser Systeme unterstützen sich die zugehörigen Institute im Fall der Insolvenz gegenseitig. Dieser Institutsschutz kommt mittelbar auch dem Einleger zugute. Die Institutssicherungssysteme der Sparkassen (Sicherungssystem der Sparkassen-Finanzgruppe) und der Genossenschaftsbanken (BVR Institutssicherung GmbH) sind von der BaFin gem. § 43 EinSiG anerkannt worden.

4 RL 2014/49/EU.

Welche Ansprüche bestehen im Fall der Insolvenz eines Kreditinstituts? Handelt es sich um eine zum EdB gehörende Bank, hat der Kunde einen gesetzlichen Anspruch auf Entschädigung gegen diese Einrichtungen. Dieser ist im Umfang für Einlagen auf **100.000 Euro** beschränkt (§ 8 I EinSiG). **249**

Teilweise übergeben Kunden der Bank Geld nicht als Einlagen, sondern zur Ausführung von Wertpapiergeschäften, z.B. zum Kauf von Aktien. Soweit diese noch nicht ausgeführt sind, d.h. die Wertpapiere (oder besser: Finanzinstrumente) noch nicht von der Bank für den Kunden erworben wurden, trägt letzterer das Insolvenzrisiko des Kreditinstituts. Für eventuelle Ausfälle gilt das **Anlegerentschädigungsgesetz (AnlEntG),** welches ebenfalls der Umsetzung einer EU-Richtlinie dient.[5] Dieses sieht lediglich eine Deckung von maximal 90 % des Anlagebetrags oder 20.000 Euro vor, je nachdem, welche Schwelle eher erreicht ist (§ 4 II AnlEntG). Die Beschränkung gilt nur für die Sicherung des Gelds, das man der Bank zum Erwerb von Wertpapieren überwiesen hat. Die Finanzinstrumente selbst bedürfen keiner Sicherung, da sie ohnehin im Eigentum des Kunden stehen. **250**

2. Freiwillige Sicherung

Um das Sicherheitsgefühl ihrer Einleger zu steigern, sind die meisten privaten Banken freiwillig einem **zusätzlichen** Einlagensicherungsfonds beigetreten. Dieser ersetzte bisher Beträge bis zu 30 % des haftenden Eigenkapitals insolventer Banken.[6] Allerdings wird dieser zusätzliche Schutz seit 2015 schrittweise gesenkt, bis er 8,75 % des haftenden Eigenkapitals erreicht, um ein einheitliches Wettbewerbsniveau herzustellen. **251**

Bei der institutsbezogenen Sicherung der Sparkassen und Volks- und Raiffeisenbanken werden Ausfälle der Kunden durch das Einspringen anderer Institute verhindert. Ob auf diese ein rechtlicher Anspruch besteht, ist allerdings unklar. Die Sparkassen haben zusätzlich freiwillige Sparkassenstützungsfonds gegründet. **252**

Derzeit wird auf europäischer Ebene der Vorschlag diskutiert, eine gemeinsame Einlagensicherung aller EU-Mitgliedstaaten (European Deposit Insurance System – EDIS) einzuführen.[7] Diese würde die dritte Säule der Bankenunion bilden.[8] In Deutschland stieß dieser Vorschlag auf erheblichen politischen Widerstand, da man eine Solidarhaftung für gescheiterte Banken anderer Mitgliedstaaten fürchtet. Jedenfalls wird eine Ausnahme für die institutsbezogenen Sicherungssysteme gefordert. **253**

5 RL 97/9/EG (Anlegerentschädigungsrichtlinie).
6 Zur Eigenmittelausstattung der Banken siehe oben Rn. 138–153.
7 Kommission, Vorschlag für eine Verordnung des Europäischen Parlaments und des Rates im Hinblick auf die Schaffung eines europäischen Einlagenversicherungssystems, COM(2015) 586 endg.
8 Dazu oben Rn. 166.

E. Gibt es in Deutschland ein Bankgeheimnis?

I. Kein generelles Bankgeheimnis

254 Art. 47 I des Schweizerischen Bundesgesetz über die Banken und Sparkassen schreibt vor:

Mit Freiheitsstrafe bis zu drei Jahren oder Geldstrafe wird bestraft, wer vorsätzlich:

a. ein Geheimnis offenbart, das ihm in seiner Eigenschaft als Organ, Angestellter, Beauftragter oder Liquidator einer Bank, als Organ oder Angestellter einer Prüfgesellschaft anvertraut worden ist oder das er in dieser Eigenschaft wahrgenommen hat;

b. zu einer solchen Verletzung des Berufsgeheimnisses zu verleiten sucht.

c. ein ihm nach Buchstabe a offenbartes Geheimnis weiteren Personen offenbart oder für sich oder einen anderen ausnützt.

255 Ein solches strafbewehrtes Bankgeheimnis gibt es in Deutschland **nicht**. Im Gegenteil: Das Verhältnis zwischen Bank und Kunde ist weitgehend ungeschützt. Dies zeigt sich zum Beispiel daran, dass dem Bankangestellten im Strafprozess **kein Zeugnisverweigerungsrecht** zusteht, wenn er über Beziehungen zu seinen Kunden befragt wird (anders im Zivilprozess, dazu unten Rn. 260). Auch die Steuerbehörden können Informationen über die Bankbeziehung ermitteln. Die **Abgabenordnung (AO)** sieht in § 30a I vor, dass die Finanzbehörden bei der Ermittlung von Sachverhalten auf das Vertrauensverhältnis zwischen Kreditinstituten und ihren Kunden „Rücksicht zu nehmen haben", nicht aber, dass sie es unangetastet lassen müssen. Der im Jahr 2005 eingeführte **§ 24c KWG** erlaubt den Finanzbehörden sowie den Gerichten sogar einen direkten und automatisierten Zugriff auf die Kundendaten der Banken.[9] Dieser erfasst allerdings nur allgemeine Informationen wie Kontonummer und Name des Kontoinhabers, nicht die Höhe des Kontostands.

II. Besondere Rechtsgrundlagen

256 Trotzdem gibt es spezielle Rechtsgrundlagen, die einen Schutz der Informationen des Kunden gewährleisten.

257 Praktisch wichtig ist vor allem **Nr. 2 I der AGB der privaten Banken**. Dort ist vorgesehen, dass die Bank zur Verschwiegenheit über alle kundenbezogenen Tatsachen und Wertungen verpflichtet ist, von denen sie Kenntnis erlangt. Sie darf diese nur weitergeben, wenn es gesetzlich vorgeschrieben ist oder der Kunde eingewilligt hat oder die Bank sonst zur Erteilung einer Bankauskunft befugt ist. Dabei handelt es sich um eine **vertragliche** Bestimmung. Ihre Verletzung hat einen Schadensersatzanspruch aus § 280 I BGB zur Folge.

258 Weitere Ansprüche können aus Deliktsrecht folgen. **§ 824 BGB** sieht einen Anspruch auf Schadensersatz gegen denjenigen vor, welcher der Wahrheit zuwider eine Tatsache behauptet oder verbreitet, die geeignet ist, den Kredit eines anderen zu gefährden.

---

9 Siehe § 24c III S. 1 Nr. 2 Fall 2 KWG („sowie im Übrigen für die Verfolgung und Ahndung von Straftaten zuständigen Behörden oder Gerichten").

Geschütztes Rechtsgut ist die Kreditwürdigkeit des Einzelnen. Ein solches Delikt kann auch ein Bankier begehen, der Informationen über seine Kunden verbreitet. Allerdings muss die Information **falsch** sein.

Außerdem kann sich nach Ansicht des Bundesgerichtshofs auch ein Anspruch aus **§ 823 I BGB** ergeben. Im Fall Breuer[10] hat das Gericht angenommen, die Verbreitung von Informationen über einen Bankkunden könne einen Eingriff in den eingerichteten und ausgeübten Gewerbebetrieb darstellen. Danach haftet der die Äußerung tätigende Bankmitarbeiter persönlich auf Schadensersatz. Das ist wegen der Vermischung von vertrags- und deliktsrechtlichen Standards dogmatisch nicht unbedenklich. **259**

Schließlich steht dem Bankier im **Zivilprozess** ein **Zeugnisverweigerungsrecht** zu, § 383 I Nr. 6 ZPO. Insoweit verhält es sich also anders als im Strafprozess. **260**

III. Die Bankauskunft

Nicht selten hat der Kunde selbst ein Interesse daran, dass die Bank Informationen über ihn an Dritte weitergibt, z.B. wenn er einem potentiellen Vertragspartner seine Solvenz beweisen will. Insoweit kann die Bank eine Auskunft geben. Voraussetzung dafür ist aber, dass der Kunde zustimmt, vgl. Nr. 2 I S. 2 AGB der privaten Banken und Nr. 3 II S. 2 AGB der Sparkassen. Bei juristischen Personen und eingetragenen Kaufleuten wird eine Zustimmung jedoch bis zur gegenteiligen Äußerung vermutet, § 2 III S. 1 und 2 AGB der privaten Banken und Nr. 3 II S. 1 AGB der Sparkassen. **261**

Die Banken erteilen Auskünfte nur ihren eigenen Kunden und anderen Kreditinstituten, Nr. 2 IV AGB der privaten Banken und Nr. 3 II S. 3 AGB der Sparkassen. Dabei muss ein berechtigtes Interesse an der gewünschten Auskunft glaubhaft dargelegt werden, Nr. 2 III S. 4 AGB der privaten Banken und Nr. 3 II S. 3 AGB der Sparkassen. **262**

Der Inhalt der Auskunft ist in Nr. 2 II AGB der privaten Banken und in Nr. 3 I AGB der Sparkassen geregelt. Im Falle unrichtiger Auskünfte kann die Bank sowohl dem Kunden als auch dem Dritten haften. Grundlage für die Haftung gegenüber dem Kunden ist der Bankvertrag. Mit dem Dritten kann konkludent ein Auskunftsvertrag geschlossen sein. Anspruchsgrundlage ist in beiden Fällen § 280 I BGB. **263**

10 BGHZ 166, 84.

§ 6

Der Zahlungsverkehr

A. Wie funktioniert eine Überweisung?

I. Begriffliches

264 Mit Hilfe der Überweisung transferiert der Kontoinhaber Geld auf ein anderes Konto, ohne Bargeld übergeben zu müssen. Rechtlich spricht man von einem „**Zahlungsvorgang**“.

II. Rechtsgrundlagen

265 Das gesamte Recht des Zahlungsverkehrs ist durch das Recht der EU geprägt. Die Grundlage ist die Richtlinie über Zahlungsdienste (2007/64/EG). Ihre überarbeitete Fassung (RL 2015/2366) wird auch Payment Service Directive II (PSD II) genannt. Das Ziel ist die Herstellung eines einheitlichen europäischen Zahlungsraums (Single European Payment Area – **SEPA**). SEPA bedeutet, dass etwa eine Überweisung von Deutschland nach Frankreich nicht umständlicher sein und nicht länger dauern darf als eine von Halle nach Hamburg. Ein Teil der Zahlungsdienste-Richtlinie wirkt sich unmittelbar auf das Zivilrecht aus. Dieser wurde in §§ 675c–676c BGB umgesetzt.

III. Werden Zahlungsdienstleister beaufsichtigt?

266 Zahlungsdienstleister unterstehen einer besonderen Aufsicht nach dem Zahlungsdiensteaufsichtsgesetz – ZAG. Dieses setzt den öffentlich-rechtlichen Teil der Zahlungsdiensterichtlinie in deutsches Recht um.

267 Die Aufsicht nach dem ZAG gilt auch für Institute, die schon nach dem KWG beaufsichtigt werden, wenn sie Zahlungsdienste erbringen (§ 1 I S. Nr. 3 ZAG). Allerdings müssen Zahlungsdienstleister nicht unbedingt Kredit- oder Finanzdienstleistungsinstitute sein. Es kommen alle Unternehmen in Betracht, die Zahlungsdienste gewerbsmäßig oder in einem Umfang, der einen in kaufmännischer Weise eingerichteten Geschäftsbetrieb erfordert, erbringen, vgl. § 1 I S. 1 Nr. 1 ZAG. Beispiele sind die paydirekt GmbH, die Sofort GmbH und die Zalando Payments GmbH. Die inhaltlichen Anforderungen sind nach dem ZAG im Vergleich zu denen des KWG geringer – eine Art Aufsicht „light“. Die Regierungsbegründung spricht auch von einem aufsichtsrechtlichen „downgrading“ gegenüber der Bankerlaubnis.[1]

1 Bundesregierung, Entwurf eines Gesetzes zur Umsetzung der aufsichtsrechtlichen Vorschriften der Zahlungsdiensterichtlinie (Zahlungsdiensteumsetzungsgesetz), BT-Drucks. 827/08, S. 103.

IV. Wie ist der Zahlungsvorgang rechtlich einzuordnen?

Die zivilrechtlichen Grundlagen des Zahlungsvorgangs sind in §§ 675c–676c BGB geregelt. Diese sind aufgrund der Zahlungsdienstleistungsrichtlinie in das deutsche Recht eingeführt worden. Danach stellt sich die Rechtslage wie folgt dar: **268**

Es wird eine neue Vertragskategorie eingeführt, der „Zahlungsdienstevertrag". Dieser wird gemäß § 675f I BGB zwischen dem „Zahlungsdienstleister", häufig eine Bank, und dem Kunden, den das Gesetz als „Zahlungsdienstnutzer" bezeichnet, geschlossen. Dabei handelt es sich um einen Geschäftsbesorgungsvertrag im Sinne des § 675 BGB, auf den einige Vorschriften des Auftragsrechts anzuwenden sind, siehe § 675c I BGB. Es gibt zwei Arten des Zahlungsdienstevertrags: den Zahlungsdiensterahmenvertrag und den Einzelzahlungsvertrag. **269**

Der **Zahlungsdiensterahmenvertrag**, § 675f II BGB, gibt die allgemein zu beachtenden Bedingungen jedes Zahlungsvorgangs an. Durch ihn wird der Zahlungsdienstleister verpflichtet, einzelne Überweisungen und aufeinander folgende Überweisungen (Daueruberweisungen) des Kunden auszuführen, § 675f II S. 1 BGB. Der Zahlungsdiensterahmenvertrag wird regelmäßig Bestandteil des (weitergehenden) Girovertrags, siehe zu dieser Möglichkeit § 675f II S. 2 BGB. Bei seinem Abschluss sind weitgehende Informationspflichten zu beachten.[2] **270**

Der **Einzelzahlungsvertrag** wird für die individuelle Überweisung geschlossen, siehe § 675f I BGB. Jede einzelne Überweisung bedarf also eines Angebots seitens des Kunden und einer Annahme seitens der Bank. Auf den Zugang der Annahmeerklärung hat der Kunde allerdings entsprechend § 151 BGB verzichtet. Durch den Einzelzahlungsvertrag wird die Bank verpflichtet, einen Zahlungsvorgang für den Zahlungsdienstnutzer auszuführen, § 675f I BGB. Sie hat außerdem den Zahler und den Zahlungsempfänger über die erfolgte Überweisung zu informieren.[3] Der Nutzer hat das vereinbarte Entgelt zu zahlen, § 675f IV BGB. **271**

V. Wie wird die Überweisung vollzogen?

Für den Ablauf der Überweisung ist zu unterscheiden: Hat der Begünstigte sein Konto bei derselben Bank wie der Überweisende, schreibt ihm diese den Betrag gut (**Hausüberweisung**); gleichzeitig belastet sie das Konto des Überweisenden. Hier bedarf es also keines Geldtransfers; es werden nur die Konten innerhalb desselben Instituts geändert. **272**

Hat er sein Konto bei einer anderen Bank, bedarf es einer **institutsübergreifenden Überweisung**. Diese kann sich auf zwei Arten vollziehen: Soweit die Bank des Zahlers und die des Empfängers einem Gironetz angehören (wie z.B. dem der privaten Banken oder der Sparkassen), erfolgt die Verrechnung innerhalb dieses Gironetzes (**Gironetzverrechnung**). Dazu wird eine sogenannte Clearing-Stelle eingeschaltet, die alle Ansprüche der Institute gegeneinander verrechnet. Es muss also nicht jeder Betrag ein- **273**

2 Siehe § 675d I S. 1 BGB i.V.m. Art. 248 §§ 3-11 EGBGB.
3 Siehe § 675d I S. 1 BGB i.V.m. Art. 248 §§ 14 f. EGBGB.

zeln überwiesen werden, sondern nur der überschießende Saldo. Schwieriger wird es, wenn das Empfängerinstitut einer anderen Institutsgruppe angehört (z.B. Überweisung von der Deutschen Bank zu einer Sparkasse). Dann ist eine sogenannte **Überleitungsverrechnung** notwendig.

Schaubild Überleitungsverrechnung

274 Diese Lösung hat den Vorteil, dass tatsächlich keine Münzen und Scheine zwischen den Kreditinstituten hin- und hertransportiert werden müssen. Stattdessen werden immer nur Ansprüche des einen gegen das andere begründet. Die „Eleganz" des Zahlungssystems besteht also in der Bargeldlosigkeit des Zahlungsverkehrs.

VI. Welche Ansprüche haben Bank und Kunde?

275 Mit dem Zugang bei der Bank des Zahlers oder spätestens am nächsten Geschäftstag wird der Zahlungsauftrag wirksam, § 675n I BGB. Danach kann der Zahler den Zahlungsauftrag grundsätzlich **nicht mehr widerrufen**, § 675p I BGB. Die Bank kann trotz Bestehens des Zahlungsdiensterahmenvertrags die Ausführung des Zahlungsauftrags **ablehnen**, § 675o I S. 1 BGB. Das darf sie allerdings nur, wenn die Überweisung den im Zahlungsdiensterahmenvertrag festgelegten Ausführungsbedingungen nicht entspricht oder gegen sonstige Rechtsvorschriften verstößt, § 675o II BGB.

276 Für den überwiesenen Betrag hat die Bank einen Aufwendungserstattungsanspruch gegenüber dem Zahler, **§ 675c I i.V.m. § 670 BGB**. Den Aufwendungserstattungsanspruch macht die Bank des Zahlers durch Verrechnung auf dessen Konto geltend. Etwaige Entgelte belastet sie ebenfalls dort. Die Bank darf dieses ohne besondere Vereinbarung nicht vom überwiesenen Betrag abziehen, sondern muss diesen dem Empfänger „ungekürzt", das heißt vollständig zur Verfügung stellen, § 675q I BGB. Ihre Ansprüche auf Gebühren kann sie nur gegenüber dem Überweisenden durchsetzen, indem sie dessen Konto belastet, nicht aber gegenüber dem Empfänger.

Die Bank ist verpflichtet sicherzustellen, dass die Gutschrift spätestens **am nächsten Geschäftstag** (= Arbeitstag) nach der Überweisung erfolgt, § 675s I S. 1 BGB. Die Vorschrift ist jedoch nur zwingend, wenn die Zahlung an einen Empfänger innerhalb des Europäischen Wirtschaftsraums (**EWR**) und in einer in diesem Raum geltenden Währung (z.B. Euro, Pfund, dänische Kronen) gerichtet ist, vgl. § 675e II Nr. 1 Var. 1 i.V.m. § 675d VI BGB. Zum EWR zählen außer den 27 Mitgliedstaaten der EU auch Island, Liechtenstein und Norwegen. Bei Zahlungen an Empfänger in Staaten des EWR, die nicht in Euro erfolgen, beträgt die gesetzliche Mindestfrist vier Geschäftstage, § 675s I S. 2 BGB. Reicht der Zahler die Überweisung in **Papierform** ein, **verlängert** sich die Frist um jeweils **einen Geschäftstag**, § 675s I S. 3 BGB. 277

Die Bank des Empfängers ist verpflichtet, diesem den gutgeschriebenen Betrag am Tag des Eingangs auf dem Konto zur Verfügung zu stellen, § 675t BGB. Man spricht insoweit von „**Wertstellung**“. Das Konto des Überweisenden darf durch dessen Zahlungsdienstleister nicht vor diesem Datum belastet werden, § 675t III BGB. Gleichzeitig mit der Gutschrift hat die Bank des Zahlungsempfängers diesen über den Zahlungsvorgang zu unterrichten.[4] 278

VII. Wer haftet im Fall einer gefälschten oder fehlerhaften Überweisung?

Bei einer Überweisung können zwei Arten von Fehlern auftreten: 279

1. Die Bank führt eine Überweisung aus, ohne dass der Kunde diese angewiesen hat. Man spricht von einer **nicht autorisierten Überweisung**. Diese kann entweder auf einem Versehen der Bank oder auf einer durch einen Dritten gefälschten, d.h. nicht vom Kunden stammenden Überweisung beruhen. Die Bank hat in dem Fall einer fehlenden Autorisierung keinen Erstattungsanspruch gegen den Kunden, § 675u S. 1 i.V.m. § 675j BGB. Sie kann daher sein Konto nicht belasten und muss dem Kunden den Zahlungsbetrag, soweit sie ihn schon abgezogen hat, unverzüglich zurückerstatten, § 675u S. 2 BGB. Hat der Kunde allerdings das betrügerische Handeln eines Dritten erleichtert, z.B. indem er diesem seine TANs zugänglich gemacht hat, so kann er seiner Bank wegen Verletzung einer vertraglichen Nebenpflicht aus § 280 I BGB auf Schadensersatz in Höhe des abgebuchten Betrags haften.

2. Der Kunde hat einen Überweisungsauftrag gestellt, allerdings hat die Bank ihn **nicht oder fehlerhaft ausgeführt**, z.B. indem sie das Geld an einen anderen als den bezeichneten Empfänger überwiesen hat. Auch in diesem Fall hat sie ihm das Geld unverzüglich zurückzuerstatten, § 675y I S 1 BGB. Dafür hat die Bank einen Bereicherungsanspruch gegen den Empfänger aus § 812 I S. 1 Alt. 1.[5] Lag die Fehlüberweisung allerdings an einer vom Kunden **falsch angegebenen Kontonummer**, haftet dieser, § 675y V S. 1 BGB. Die Bank muss sich in diesem Fall jedoch darum bemühen, den Betrag wiederzuerlangen, § 675y V S. 2 BGB. 280

4 § 675d I S. 1 BGB i.V.m. Art. 248 § 15 EGBGB.
5 BGHZ 205, 378.

281 Bei allen nicht autorisierten oder fehlerhaft ausgeführten Zahlungsvorgängen ist der Zahler verpflichtet, seine Bank **unverzüglich** (d.h. ohne schuldhaftes Zögern, § 121 I S. 1 BGB) **zu unterrichten**, § 676b I BGB. **Spätestens 13 Monate** nach dem Tag der Belastung seines Kontos sind alle Einwendungen ausgeschlossen, § 676b II BGB. Anders als bei dem Ablauf der Einwendungsfrist gegen einen Rechnungsabschluss kann der Kunde damit keinerlei Ansprüche mehr gegen die Bank geltend machen.

282 Die genannten Haftungsansprüche des Zahlungsdienstnutzers gegen seinen Zahlungsdienstleister aus §§ 675u und y BGB sind gemäß § 675z S. 1 BGB **abschließend**, d.h. es können keine weiteren Ansprüche durch den Kunden gegen die Bank geltend gemacht werden. Dieser Ausschluss betrifft nur solche Schäden, die von §§ 675u und y BGB grundsätzlich erfasst sind.[6] Weitergehende Schäden kann der Zahlungsdienstnutzer aus Ansprüchen aus dem allgemeinen Vertragsrecht sowie dem Deliktsrecht geltend machen. Ist dem Kunden beispielsweise durch eine fehlgegangene Überweisung ein wichtiger Auftrag entgangen, kann er dafür von der Bank nach § 280 I BGB Ersatz verlangen. Dieser Anspruch wird nicht durch § 675z S. 1 BGB ausgeschlossen.

283 Die Bank des Zahlers und alle weiteren eingeschalteten Institute sind berechtigt, die Überweisung **allein** auf der Grundlage der vom Zahlungsdienstnutzer angegebenen **Kundenkennung** durchzuführen, § 675r I BGB. Dabei handelt es sich entweder um die Kontonummer in klassischer deutscher Form mit Bankleitzahl oder um die IBAN- oder SWIFT-Nummer (Bank Identifier Code – BIC). Das bedeutet, dass die Banken nicht prüfen müssen, ob der auf der Überweisung angegebene Name mit dem des Empfängers übereinstimmt.

Zur Vertiefung: Verwendet die Bank ein veraltetes Schutzsystem, so muss sie sich gemäß § 254 BGB ein Mitverschulden anrechnen lassen. Das Kammergericht hat einem Kreditinstitut, das anders als seine Konkurrenten ein herkömmliches TAN-System statt des neueren iTAN-System nutzte, den Schadensersatzanspruch gegen den Kunden um 30 % gekürzt.[7] Seit einer Reform der PSD II im Jahr 2019 sind Überweisungen, in denen die Authentifizierung bloß über iTAN-Systeme erfolgt, unzulässig. Banken müssen mittlerweile bei Online-Überweisungen eine Zwei-Faktor-Authentifizierung vorsehen.

VIII. Welche Ansprüche haben die Banken untereinander?

284 Vom Verhältnis des Kunden zu seiner Bank zu unterscheiden sind die Rechtsbeziehungen der beteiligten Banken untereinander. Insoweit gelten die allgemeinen Regeln des Geschäftsbesorgungsvertrags. Das Institut des Begünstigten hat einen Anspruch auf Aufwendungsersatz gegen das überweisende Institut aus §§ 675, 670 BGB. Sind weitere Banken eingeschaltet (insbesondere bei der Überleitungsverrechnung und beim ausländischen Bankverkehr), wird mit ihnen ein weiterer Vertrag geschlossen. Verschuldet eine der zwischengeschalteten Banken einen fehlerhaften Zahlungsvorgang und muss deshalb die überweisende Bank ihrem Kunden nach § 675y BGB einstehen, kann sie sich bei der zwischengeschalteten Bank schadlos halten, § 676a BGB.

6 Vgl. Grüneberg/*Sprau*, 80. Aufl. 2021, § 675z, Rn. 3.
7 KG, WM 2011, 493.

B. Wie funktioniert eine ec-Karte?

I. Was ist eine ec-Karte?

Ec-Karten (oder „girocards") werden dem Kunden aufgrund einer Zusatzabrede zum Girovertrag zur Verfügung gestellt. Sie sind mit einer besonderen Funktion, der **ec-Funktion** und/oder der „**Maestro-Funktion**" ausgestattet. Deren Einzelheiten sind durch ein **Inter-Banken-Abkommen** näher geregelt. Ec steht für electronic cash oder früher eurocheque. Zunächst wurden tatsächlich Schecks (eurocheques) in Papierform ausgestellt. Heute haben diese Aufgabe die ec-Karten übernommen. Von der Kreditwirtschaft wurde der Ausdruck „ec-Karte" im Jahre 2007 durch den Begriff „girocard" ersetzt, doch hat sich erster im allgemeinen Sprachgebrauch erhalten und soll daher hier verwendet werden. **285**

Rechtlich werden ec-Karten als „**Zahlungsauthentifizierungsinstrumente**" bezeichnet. Diese sind ebenfalls im BGB geregelt. Mit ihnen autorisiert der Kunde seine Zahlung. Das ist wichtig, weil der Bank nur für durch den Kunden autorisierte Zahlungen ein Ersatzanspruch gegen diesen zusteht, siehe § 675u S. 1 BGB. Durch einen besonderen Vertragspassus über die ec-Karte wird zwischen Kunde und Bank vereinbart, dass dieser seine Zustimmung (Autorisierung) nur mittels der Karte erteilen kann, § 675j I S. 4 BGB. **286**

II. Wie vollziehen sich Auszahlungen?

Steckt ein Kunde seine ec-Karte in einen Geldautomaten, ist dies als Verlangen auf Auszahlung des Guthabens auf seinem Konto oder des ihm eingeräumten Überziehungskredits anzusehen. Gehört der Automat nicht dem kontoführenden, sondern einem anderen Institut, tritt dieses als Erfüllungsgehilfe (§ 278 BGB) bei der Befriedigung des Anspruchs auf. Es hat einen Aufwendungsersatzanspruch gegen das kontoführende Institut. Dieses belastet das Konto des Kunden in der entsprechenden Höhe. **287**

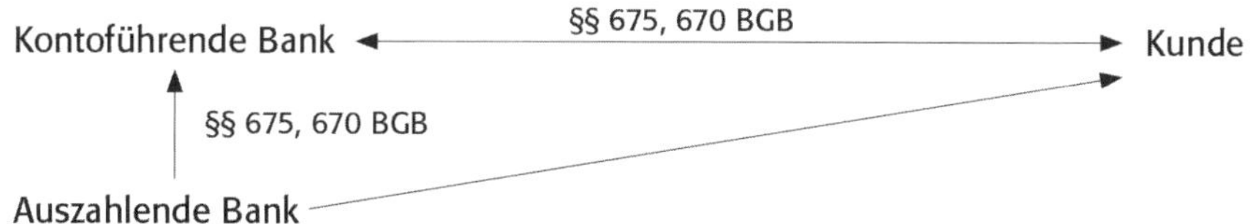

III. Wie wird mit der ec-Karte bezahlt?

Insoweit ist zwischen zwei Systemen zu unterscheiden: den **POS** (points of sale) und den **POZ** (points of sale ohne Zahlungsgarantie). **288**

Bei den **POS** tippt der Inhaber der Karte seine PIN ein. Die Bank, die die Karte ausgegeben hat, verpflichtet sich gegenüber dem teilnehmenden Händler/Restaurant etc., dessen Anspruch gegen den Kunden zu erfüllen. Diese Verpflichtung wird als **abstraktes** **289**

Schuldversprechen, § 780 BGB, angesehen.[8] Der Händler zahlt der Bank dafür eine Gebühr. Durch die Verwendung der Karte und das Eintippen der PIN autorisiert der Kunde die Zahlung unmittelbar gegenüber der Bank i.S.v. § 675j I BGB. Der Bank steht daher gegen ihn ein Erstattungsanspruch nach § 675x i.V.m. § 670 BGB zu.

290 Bei den **POZ** benutzt der Kunde ebenfalls die Karte, aber unterschreibt auf der Rechnung. Die Bank verpflichtet sich gegenüber dem Händler nicht zur Zahlung, sondern behält sich das Recht zur Ablehnung vor, falls das Konto des Kunden keine ausreichende Deckung aufweist. Dafür ist dieses System für den Händler billiger. Rechtlich finden auf die Zahlung die Vorschriften über die Lastschrift (siehe unten Rn. 293–296) Anwendung, da es sich um eine vom Kunden angestoßene Zahlung seitens der Bank handelt.[9]

IV. Wer haftet im Fall des Missbrauchs?

291 Grundsätzlich hat der Kunde der Bank nur die Zahlungen zu erstatten, die er selbst **autorisiert** hat, § 675u BGB. Eine von einem Fremdem vorgenommene Auszahlung z.B. an einem Automaten muss er danach nicht erstatten. Die ordnungsmäßige Authentifizierung muss **im Zweifelsfall die Bank beweisen**, wie **§ 675w S. 1 BGB** klar regelt.

292 Allerdings hat der Kunde die Pflicht, alle zumutbaren Vorkehrungen zu treffen, um die PIN vor unberechtigtem Zugriff zu schützen. Hierfür ist **§ 675l BGB** bedeutsam. Beruht eine nicht vom Kunden autorisierte Überweisung darauf, dass er die ec-Karte **verloren** hat, sie ihm **gestohlen** worden oder **sonst abhandengekommen** ist oder auf einer **sonstigen missbräuchlichen Verwendung** des Zahlungsinstruments, so wird er an den Kosten beteiligt, wenn er dies bemerken konnte. Die Bank kann in diesem Fall bis zu **50 Euro** des entstandenen Schadens von ihm verlangen, § 675v I und II BGB. Hat der Kunde den Missbrauch in **betrügerischer Absicht** ermöglicht, so haftet er auf den ganzen Schaden, § 675v III Nr. 1 BGB. Das gleiche gilt, wenn er seine Schutzvorkehrungspflicht nach § 675l BGB oder die Bedingungen für die Benutzung der Karte in **vorsätzlicher oder grob fahrlässiger Weise** verletzt, siehe § 675v III Nr. 2 BGB. Als grob fahrlässig wird man z.B. das Aufbewahren von ec-Karte und PIN am selben Ort ansehen müssen.[10]

C. Wie funktioniert eine Einzugsermächtigung?

I. Der Lastschriftverkehr

293 Einzugsermächtigungen sind Teil des sogenannten **Lastschriftverkehrs**. Dieser wird durch das Lastschriftabkommen geregelt, das alle Banken miteinander geschlossen haben. Dort findet sich auch die Grundlage für den Abbuchungsauftrag.

---

8 *van Look*, in: Claussen, Bank- und Börsenrecht, 5. Aufl. 2014, § 4, Rn. 69.
9 *Grundmann*, WM 2009, 1157, 1158.
10 BGHZ 145, 337 (341 f.).

II. Der Abbuchungsauftrag

Beim **Abbuchungsauftrag** weist der Schuldner **sein kontoführendes Institut** an, Beträge zugunsten eines bestimmten Gläubigers von seinem Konto abzubuchen. Der Gläubiger wendet sich dann über seine Bank an das Institut des Schuldners, um die Abbuchung vorzunehmen. 294

III. Die Einzugsermächtigung

Bei der wesentlich häufigeren **Einzugsermächtigung** erteilt der Schuldner **dem Gläubiger** eine schriftliche Einwilligung, Forderungen gegen ihn einzuziehen. Der Gläubiger reicht dann eine Lastschrift an seine Bank, die erste Inkassostelle. Diese erteilt dem Kreditinstitut des Schuldners, der Zahlstelle, die Weisung, das Konto des Zahlungspflichtigen zu belasten. Die Bank folgt dieser Weisung und überweist das eingezogene Geld an die Bank des Gläubigers. Es können weitere Inkassostellen zwischengeschaltet sein, die die Lastschrift und das eingezogene Geld weiterreichen. 295

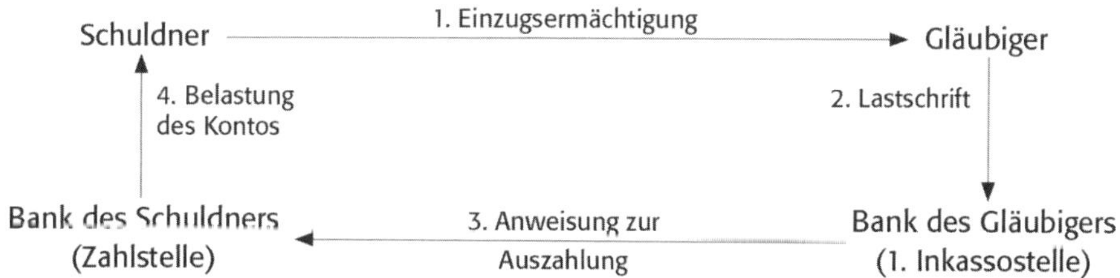

Sehr streitig ist, wie die in der Praxis entwickelte Einzugsermächtigung juristisch einzuordnen ist. **Eine Ansicht** in der Literatur nimmt an, der Schuldner habe durch die Übergabe der Einzugsermächtigung an den Gläubiger in die Belastung seines Kontos eingewilligt. Die **herrschende Meinung** geht hingegen davon aus, dass die Zahlstelle das Konto des Schuldners zunächst unberechtigt belastet. Erst wenn dieser die Buchung genehmigt – und zwar spätestens durch den Rechnungsabschluss[11] – erlange die kontoführende Bank einen Anspruch auf Aufwendungsersatz gegen den Kunden nach §§ 684 S. 2, 683 S. 1, 670 BGB (**Genehmigungstheorie**). Diese (nachträgliche) Genehmigung ist auch nach der Änderung des BGB durch das Zahlungsdienstrichtlinie-Umsetzungsgesetz weiterhin möglich, vgl. § 675j I S. 2 Alt. 2 BGB. Sie wird durch die AGB der Banken fingiert, wenn der Kunde sechs Wochen auf den Rechnungsabschluss schweigt.[12] 296

Zur Vertiefung: Der Bundesgerichtshof nimmt an, dass die Genehmigung auch schon eher durch konkludentes Verhalten erfolgen könne. Als solches sieht er die widerspruchslose Fortsetzung des Zahlungsverkehrs trotz Belastungsbuchung an, wenn es sich um regelmäßig wiederkehrende Lastschriften aus Dauerschuldverhältnissen, laufenden Geschäftsbeziehungen oder zum Einzug von

11 Siehe oben Rn. 233.
12 Siehe oben Rn. 235.

wiederkehrenden Steuervorauszahlungen handelt.[13] Bedeutung hat diese Rechtsprechung vor allem, wenn über das Vermögen des Kontoinhabers ein Insolvenzverfahren eröffnet wurde: Führt der Insolvenzverwalter das Konto zunächst fort, indem er etwa Überweisungen von diesem tätigt, so soll er nicht später pauschal allen Belastungen widersprechen können. Dogmatisch gesehen ist das nicht unbedenklich, denn konsequenterweise müsste man eine konkludente Genehmigung auch bei Nicht-Insolvenzverwaltern annehmen, die ihr Konto weiterführen, d.h. auch bei normalen Kunden. Das aber würde ihren Schutz beeinträchtigen.

IV. Der Widerspruch

297 In § 675x BGB sind die besonders schwierigen Fälle des **Widerspruchs** gegen Belastungen aufgrund von Lastschriften oder Einzugsermächtigungen geregelt. Grundsätzlich gilt dabei, dass ein Widerspruch **spätestens acht Wochen** nach der Buchung der Belastung ausgeschlossen ist, § 675x IV BGB. Hinsichtlich der weiteren Voraussetzungen ist zwischen solchen Zahlungen zu unterscheiden, die vom Empfänger ausgelöst werden und solchen, die der Kunde gegenüber seiner Bank angewiesen hat.

298 Hat der Empfänger die Zahlung ausgelöst und **war sie** vom Bankkunden **autorisiert**, so kann dieser sie dennoch widerrufen, wenn der **konkrete Betrag nicht festgelegt** war und die abgebuchte Summe den *üblicherweise* vom Kontoinhaber überwiesenen Betrag übersteigt, § 675x I S. 1 BGB. Das Risiko trägt insoweit die Bank. Ansonsten ist ein Widerruf ausgeschlossen.

299 Bei Lastschriften hat der Kunde nach der Neufassung des § 675x II BGB nunmehr ein über § 675x I BGB hinausgehendes, voraussetzungsfreies Erstattungsrecht. Damit hat der Gesetzgeber auf die Schwäche der Vorgängerregelung des § 675x II BGB alte Fassung reagiert, wonach Bank und Kunde ein solches Recht erst vereinbaren mussten. Von dieser Möglichkeit hat in der Praxis kaum eine Bank Gebrauch gemacht.

300 Schließlich können der Kunde und die Bank auch vereinbaren, dass der Kunde keinen Erstattungsanspruch haben soll, wenn er seine Zustimmung zur Abbuchung unmittelbar gegenüber der Bank erklärt hat und vier Wochen vorher über den Betrag unterrichtet wird, der von seinem Konto abgebucht werden soll, § 675x III BGB. Aus dieser Regelung folgt, dass der Kunde in allen anderen Fällen einen Erstattungsanspruch hat, d.h. wenn 1. eine solche Vereinbarung nicht getroffen wurde, oder 2. er seine Zustimmung nicht unmittelbar gegenüber der Bank erteilt hat, oder 3. er nicht vier Wochen vor der Abbuchung über den genauen Betrag unterrichtet wurde.

13 BGHZ 186, 269.

§ 7

Das Kreditgeschäft

A. Wo ist die Kreditvergabe geregelt?

Das Kreditgeschäft ist eines der klassischen Bankgeschäfte und in § 1 I S. 2 Nr. 2 KWG als solches genannt. Es ist so wichtig, dass Banken durch den Gesetzgeber als „Kreditinstitute" bezeichnet werden (§ 1 I S. 1 KWG). Die rechtlichen Grundlagen des Kreditgeschäfts sind über verschiedene Gesetze verstreut. Anforderungen an die Kreditvergabe aus aufsichtsrechtlicher Sicht finden sich in **§§ 13–22 KWG und in der CRR II.**[1] Die zivilrechtlichen Beziehungen der Bank zu ihren Kunden sind in **§§ 488–512 BGB** geregelt. Das KWG spricht üblicherweise von „Krediten", das Zivilrecht dagegen von „Darlehen". Gemeint ist dasselbe, nur ist der eine ein aufsichtsrechtlicher, der andere ein zivilrechtlicher Begriff. **301**

B. Welche aufsichtsrechtlichen Vorgaben sind bei der Kreditvergabe zu beachten?

Durch die Vergabe von Krediten schafft die Bank zusätzliches Buchgeld.[2] Dadurch wird die Inflationsgefahr erhöht. Daneben gefährdet die Bank aber auch die Einlagen ihrer Kunden, denn wird der Kredit nicht zurückgezahlt, sind diese möglicherweise verloren. Außerdem sind im Fall der Insolvenz der Bank die Einlagensicherungssysteme (oben Rn. 248 f.) eventuell überfordert. Daher enthält das KWG eine Reihe von Vorschriften zur Sicherung vor zu hoher Kreditvergabe. **302**

I. Großkredite

Zur Vermeidung sogenannter **Klumpenrisiken** sieht der europäische Gesetzgeber Beschränkungen von Großkrediten vor. *Sedes materiae* sind die Art. 387–403 CRR II.[3] Großkredite sind Risikopositionen gegenüber einem Kunden – wie z.B. ein Darlehen an diesen –, die 10 % des Kernkapitals des Instituts erreichen oder überschreiten (Art. 392 CRR II).[4] Hintergrund der für sie geltenden Beschränkungen ist, dass sich eine Bank nicht zu sehr an einen Kunden binden soll. Fällt dieser aus, könnte sie leicht in eine Schieflage geraten. **303**

1 VO (EU) 575/2013.
2 Vgl. oben Rn. 192–196.
3 VO (EU) 575/2013.
4 Zum Begriff der Eigenmittel siehe oben § 3 C I Rn. 138–139.

304 Folgende Beschränkungen sind vorgesehen:

1. Es bestehen zahlreiche Informationspflichten nach Art. 394 CRR II.
2. Die Obergrenze für Großkredite ist 25 % des Kernkapitals. Darüber liegende Kredite sind nach Art. 395 CRR II verboten. Die Grenze darf überschritten werden, soweit die Risikopositionen lediglich im Handelsbuch stehen.[5] Dann greifen aber zusätzliche Eigenmittelanforderungen.[6]

Zur Vertiefung: Das Handelsbuch ist ein Register, in dem die Bank Forderungen, Aktien oder sonstige Vermögenswerte einträgt, die sie nur kurzfristig hält und schnell weiterveräußern will. Mit den meisten dieser Gegenstände betreibt die Bank Eigenhandel, das heißt sie investiert (und spekuliert) für eigene Rechnung.

3. Für alle Arten von Großkrediten gilt, dass sie nur einstimmig durch **sämtliche Geschäftsleiter** beschlossen werden können. Diese Vorgabe ergibt sich nicht aus der CRR II, sondern aus § 13 II KWG. Sie soll vor einer leichtfertigen Vergabe schützen. Wird gegen diese Vorschrift verstoßen, bleibt der Kreditvertrag mit dem Kreditnehmer dennoch wirksam (vgl. § 13 II S. 1 KWG: „... unbeschadet der Wirksamkeit der Rechtsgeschäfte...“). Allerdings kann die Aufsicht Sanktionen verhängen.

305 Außerdem sind bei Großkrediten – wie bei anderen Krediten auch – die wirtschaftlichen Verhältnisse oder die Kreditwürdigkeit des Kreditnehmers besonders zu prüfen, dazu unten Rn. 310 f.

II. Millionenkredite

306 Sogenannte „Millionenkredite“ hat das Kreditinstitut jedes Quartal der Deutschen Bundesbank anzuzeigen, § 14 I S. 1 KWG. Das sind alle Kredite mit einem Volumen von 1 Mio. Euro oder mehr. Die Gesamtheit der von der Bank an einen Kreditnehmer gewährten Kredite (Verschuldung) ist zu ermitteln. Die Anzeige hat alle drei Monate zu erfolgen. Die Bundesbank hat für die Entgegennahme der Anzeigen eine eigene „Evidenzzentrale“ eingerichtet.

307 Die Regelung über Millionenkredite dient im Gegensatz zu der über Großkredite nicht der Ermittlung und Begrenzung von Klumpenrisiken für die Bank selbst. Im Mittelpunkt steht vielmehr der Schuldner: Wie hoch sind welche Personen in Deutschland verschuldet? Daraus erklärt sich, dass ein fixer Geldbetrag (1 Mio. Euro) unabhängig von den Eigenmitteln der Bank die Anzeigepflicht auslöst.

III. Organkredite

308 An enge Voraussetzungen gebunden sind schließlich sogenannte Organkredite, vgl. § 15 KWG. Das sind Kredite an Organe der Bank, wie etwa die Geschäftsleiter oder die Mitglieder des Aufsichtsrats, und die mit ihnen verbundenen Personen, zum Beispiel der Ehegatte. Hier besteht das Risiko einer ungerechtfertigten Bevorzugung. Daher sind Beschränkungen vorgesehen:

---

5 Art. 395 V UAbs. 1 CRR II.

6 Art. 395 V UAbs. 1 lit. b i.V.m. Art. 397 f. CRR II.

1. Organkredite bedürfen – ebenso wie Großkredite – eines **einstimmigen Beschlusses** aller Geschäftsleiter.
2. Außerdem müssen ihre Bedingungen **marktmäßig** (d.h. üblich und nicht besonders vorteilhaft) sein, vgl. § 15 I S. 1 KWG.

Die Sanktion für die Verletzung dieser Vorschriften fällt hart aus: Der Kredit ist sofort zurückzuzahlen, § 15 V KWG, es sei denn, er wird unverzüglich genehmigt. Außerdem haften alle Geschäftsleiter, die der Vergabe zugestimmt und hierdurch ihre Pflichten verletzt haben, persönlich für den entstehenden Schaden, § 17 I KWG. Die Härte dieser Sanktion ist daraus zu erklären, dass die Organe ein erhebliches Eigeninteresse an der Vergabe von Krediten an sich selbst haben. **309**

IV. Prüfung der wirtschaftlichen Verhältnisse oder der Kreditwürdigkeit

Will die Bank einen Kredit vergeben, der 750.000 Euro oder 10 % ihres Kernkapitals übersteigt, so muss sie die besonderen Pflichten nach § 18 KWG beachten. Sie hat sich die wirtschaftlichen Verhältnisse des Kreditnehmers offenlegen zu lassen. Ist dieser zur Aufstellung eines Jahresabschlusses verpflichtet (das sind alle Handelsgesellschaften wie oHG, KG, AG oder GmbH, §§ 242, 6 I HGB), dann hat das Institut sich diesen vorlegen zu lassen, § 18 S. 1 KWG. Von der Offenlegung kann unter den Umständen des § 18 S. 3 KWG sowie dann abgesehen werden, wenn genügend Sicherheiten oder liquide Mitverpflichtete (Gesamtschuldner) existieren, § 18 I S. 2 KWG. Bei einem Kredit an einen Verbraucher ist dessen Kreditwürdigkeit zu prüfen, § 18a I–IV KWG. **310**

Parallel dazu sieht § 505a BGB für Verbraucherdarlehensverträge eine zivilrechtliche Pflicht der Bank vor, die Kreditwürdigkeit des Kunden zu prüfen. Kommt die Bank dieser Pflicht nicht nach, ermäßigt sich der vereinbarte Darlehenszinssatz auf den marktüblichen Zins, § 505d I BGB. Außerdem kann die kreditgebende Bank aus einer Verletzung der Vertragspflichten durch den Schuldner keine Rechte herleiten, wenn diese gerade auf dessen mangelnder Kreditwürdigkeit beruhen, § 505d III BGB. Weitere Rechte, etwa auf Schadensersatz nach § 280 BGB, wird man damit als ausgeschlossen ansehen müssen. **311**

C. Wie wird ein Kredit vergeben?

Zunächst sind die allgemeinen Grundsätze darzustellen, danach Besonderheiten bei gewissen Kreditarten. **312**

I. Allgemein

Die herrschende Meinung nimmt an, dass sich die Kreditvergabe in zwei Stufen vollzieht: Zunächst schließt die Bank mit dem Kreditnehmer einen **Krediteröffnungsvertrag**. Dieser ist nicht nur Gelddarlehensvertrag i.S.d § 488 BGB, sondern zugleich Geschäftsbesorgungsvertrag nach § 675 BGB. Durch den Krediteröffnungsvertrag **313** räumt die Bank dem Kunden das Recht auf Kredit in bestimmter Höhe ein. Wenn der Kreditnehmer von diesem Recht Gebrauch macht, schließt er einen weiteren Vertrag, den eigentlichen **Gelddarlehensvertrag** nach § 488 BGB.

314 Der Zweck dieser Trennungstheorie ist es zu erklären, warum der Kunde nicht sofort, sondern erst ab Abruf des Geldes Zinsen zahlen muss. Sie hat allerdings zur Folge, dass ein Kunde, der sein Konto dreimal am Tag überzieht, drei Kreditverträge schließt. Das erscheint lebensfremd.

II. Besonderheiten

1. Verbraucherdarlehen

315 Für Darlehensverträge mit Verbrauchern (zum Begriff § 13 BGB) gelten besondere **Anforderungen** gemäß §§ 491 ff. BGB. Das Gesetz unterscheidet zwischen „Allgemein-Verbraucherdarlehensverträgen" (§ 491 II) und „Immobilien-Verbraucherdarlehensverträgen" (§ 491 III – im Folgenden: Wohnimmobiliendarlehen). Letztere sind Kreditverträge, mit denen Wohnimmobilien – d.h. ein Grundstück, eine Eigentumswohnung oder ein Haus – finanziert werden sollen. Die meisten Pflichten gelten für beide Typen gleichermaßen, auch wenn für Wohnimmobiliendarlehen einige Spezialregelungen vorgesehen sind.

316 Die besonderen Vorschriften über **Verbraucherdarlehensverträge** dienen der Umsetzung der **Verbraucherkreditrichtlinie**.[7] Verträge zwischen Unternehmen (in der Regel Banken) und Verbrauchern über Darlehen sind gemäß § 492 I S. 1 BGB schriftlich abzuschließen. Außerdem sind bestimmte Informationen anzugeben, darunter vor allem der **effektive Jahreszins**, § 492 II BGB i.V.m Art. 247 §§ 6 I Nr. 1, 3 I Nr. 3 EGBGB. Dieser drückt die Gesamtbelastung des Kreditnehmers durch Zinsen, Gebühren, Aufgeld etc. in Prozent aus. Schließlich hat der Verbraucher 14 Tage lang ein Widerrufsrecht, §§ 495 I, 355 I, II S. 1 BGB. Diese Vorschriften sind einseitig **zwingend**, § 512 BGB, d.h. von ihnen darf nur zugunsten des Verbrauchers abgewichen werden.

317 Weitere Vorschriften sollen den Schutz der Verbraucher erhöhen. So ist z.B. die Bank nach § 491a I BGB verpflichtet, dem Kunden vorvertragliche Informationen zu liefern. Außerdem kann der Kunde von der Bank einen Entwurf des Darlehensvertrags verlangen, § 491a II BGB, etwa um diesen ungestört prüfen zu lassen. Darüber hinaus ist der Darlehensgeber verpflichtet, dem Darlehensnehmer angemessene Erläuterungen zu geben, damit dieser selbst beurteilen kann, ob das Darlehen dem von ihm verfolgten Zweck und seinen Vermögensverhältnissen gerecht wird, § 491a III BGB. Diese Vorschriften dienen dem Schutz des Schuldners. Bei ihrer Verletzung haftet die Bank gemäß § 280 I BGB.

7 Richtlinie 2008/48/EG. Siehe dazu das Gesetz zur Umsetzung der Verbraucherkreditrichtlinie, des zivilrechtlichen Teils der Zahlungsdienstleistungsrichtlinie und sowie zur Neuordnung der Vorschriften über das Widerrufs- und Rückgaberecht v. 29.7.2009, BGBl. I, 2355.

Die besonderen Vorschriften über **Wohnimmobiliendarlehen** dienen der Umsetzung der Wohnimmobilienkreditrichtlinie[8] in deutsches Recht. Namentlich sieht das Gesetz in § 511 BGB umfangreiche Pflichten des Darlehensgebers im Zusammenhang mit der Empfehlung von Wohnimmobilienkrediten vor. Zu einer Beratung des Kunden ist er allerdings ohne besondere Vereinbarung nicht verpflichtet.[9] Letztlich gibt es damit zwei verschiedene Typen von Immobiliendarlehen: solche mit Beratungspflicht („Beratungsverträge") und solche ohne Beratungspflicht („execution only-Verträge").[10] Dem Verbraucher muss klar gemacht werden, um welchen Vertragstyp es sich handelt. Es bleibt ihm selbst überlassen, ob er sich für den einen oder anderen Typ entscheidet. Werden die Beratungspflichten verletzt, haftet die Bank dem Kunden auf Schadensersatz gemäß § 280 I BGB. Er beläuft sich auf das negative Interesse, d.h. der Bank sind die Mehrkosten der für den Verbraucher unpassenden Finanzierung aufzuerlegen.[11] **318**

2. Unternehmensdarlehen

Nach ganz anderen Grundsätzen funktioniert die Kreditvergabe an Unternehmen. Der Vertrag unterliegt keiner besonderen Schriftform; die Bank hat keine besonderen Informationspflichten. Häufig können Unternehmensdarlehen wegen der hohen Summen und Risiken nicht von einer Bank allein eingeräumt werden. Daher schließen sich mehrere Institute zu einem Konsortium zusammen; man nennt diese Kredite daher **Konsortialkredite**. Das Bankenkonsortium ist eine Gesellschaft bürgerlichen Rechts (GbR, § 705 BGB). Es verpflichtet sich, dem Kreditnehmer ein Darlehen in der gewünschten Höhe zur Verfügung zu stellen. Die Bedingungen werden durch ausführliche Klauselwerke, meist in englischer Sprache, festgelegt. **319**

D. Wie hoch sind die zu zahlenden Zinsen?

Der gesetzliche Zinssatz von 4 %, den § 246 BGB vorsieht, hat praktische Bedeutung. Die Höhe der Zinsen wird vielmehr regelmäßig von den Parteien frei vereinbart. Grenzen zieht insoweit allein § 138 BGB bei sittenwidrig hohen Zinssätzen oder Wucher. Die Rechtsprechung hat eine **Sittenwidrigkeit** angenommen, wenn der vereinbarte Zins den Marktzins um **relativ 100 % oder absolut 12 Prozentpunkte** übersteigt. In diesem Fall entfällt nach § 138 BGB jede Zinspflicht, und auch eine ungerechtfertigte Bereicherung des Kreditnehmers kann der Kreditgeber wegen der Sperre des § 817 S. 1 BGB nicht geltend machen.[12] **320**

8 Richtlinie 2014/17/EU.
9 *Harnos*, in: BeckOGK/Harnos, § 511 BGB, Rn. 3.
10 *Harnos*, in: BeckOGK/Harnos, § 511 BGB, Rn. 3.
11 *Harnos*, in: BeckOGK/Harnos, § 511 BGB, Rn. 8.
12 *Armbrüster*, in: MünchKomm-BGB, 9. Aufl. 2021, § 138 Rn. 266; Grüneberg/*Ellenberger*, 80. Aufl. 2021, § 138, Rn. 75.

321 Außer fixen können auch **variable Zinsen** vereinbart sein, z.B. solche, die an den EURIBOR[13] angebunden sind. Die Zinsen können periodisch (z.B. jährlich, § 488 II BGB) oder vorab als Abzug vom Darlehensauszahlungsbetrag (sogenanntes **Disagio**) gezahlt werden. Ebenfalls möglich, aber selten, ist die Zahlung aller Zinsen bei Vertragsablauf (sogenannte **bullet loans**).

E. Wie kann ein Kredit gekündigt werden?

322 Normalerweise läuft ein Darlehensvertrag bis zum Ende der vereinbarten Zeit. In bestimmten Fällen kann er jedoch vorher gekündigt werden. Regelungen über die Kündigung enthalten die Nr. 18 und 19 AGB der privaten Banken. Diese geben allerdings nur die Kündigungsrechte des BGB in übersichtlicher Form wieder. Im Folgenden werden die gesetzlichen Regeln zugrunde gelegt, da diese präziser sind und zum Teil entgegenstehenden Vereinbarungen vorgehen (vgl. § 512 BGB sowie Nr. 18 III AGB der privaten Banken).

323 Wichtig ist, wer kündigen kann: der Kreditnehmer oder der Kreditgeber. Außerdem ist zwischen der ordentlichen und der außerordentlichen Kündigung zu unterscheiden. „Ordentlich" bedeutet ohne besonderen Anlass, „außerordentlich" bei Vorliegen eines besonderen Anlasses. Bei der ordentlichen Kündigung ist zumeist eine Frist einzuhalten; bei der außerordentlichen dagegen nicht (Ausnahme z.B. § 490 II S. 1 BGB).

I. Kündigung durch den Kreditnehmer

1. Ordentliche Kündigung

324 Ist keine Laufzeit vereinbart, kann ein Kreditnehmer, der kein Verbraucher ist, den Kreditvertrag ohne besonderen Anlass mit einer Frist von drei Monaten kündigen, § 488 III BGB. Liegt ein Verbraucherdarlehensvertrag i.S.d § 491 S. I BGB vor, so hat der Kreditnehmer bei fehlender Laufzeitbestimmung gem. § 500 I S. 1 BGB grundsätzlich überhaupt keine Frist zu beachten. Ist dagegen – wie meist – eine bestimmte Laufzeit vereinbart, kann der Kreditnehmer den Kreditvertrag nur in den Fällen des § 489 BGB ordentlich kündigen. Das ist einmal der Fall, wenn eine **Sollzinsbindung** vorgesehen ist, die vor der vereinbarten Vertragslaufzeit endet und nicht vertraglich erneuert wurde, § 489 I Nr. 1 BGB. Hier muss der Zinssatz neu bestimmt werden. Daher räumt der Gesetzgeber dem Kreditnehmer ein Kündigungsrecht ein. Ferner können alle Kreditnehmer einen Kreditvertrag nach **Ablauf von zehn Jahren** kündigen, § 489 I Nr. 2 BGB. Verträge mit **variablen Zinssätzen** können ohnehin jederzeit gekündigt werden, § 489 II BGB. Bei diesen Kündigungen sind jeweils verschiedene Fristen einzuhalten, die sich dem Gesetz entnehmen lassen.

---

13 Siehe dazu unten Rn. 371.

2. Außerordentliche Kündigung

Durch Grundpfandrechte (z.B. eine Grundschuld) **gesicherte Kredite** mit gebundenem Sollzinssatz kann der Kreditnehmer mit einer Frist von drei Monaten kündigen, wenn seine berechtigten Interessen dies gebieten und seit dem vollständigen Empfang des Darlehens sechs Monate vergangen sind, § 490 II S. 1 BGB. Das ist insbesondere dann der Fall, wenn der Kreditnehmer das Grundstück unbelastet weiterveräußern will, vgl. § 490 II S. 2 BGB. **325**

Macht der Kreditnehmer von seinem außerordentlichen Kündigungsrecht Gebrauch, hat er allerdings der Bank den ihr entstandenen Schaden zu ersetzen. Man spricht von einer **Vorfälligkeitsentschädigung**, vgl. § 490 II S. 3 BGB. Der Vorteil des Kündigungsrechts für den Darlehensnehmer liegt darin, dass die gesetzlich angeordnete Vorfälligkeitsentschädigung nicht alle entgangenen Zinsen umfasst, sondern nur den der Bank tatsächlich entstandenen Schaden. **326**

II. Kündigung durch Kreditgeber

Der Kreditgeber ist in einer unerfreulicheren Lage als der Kreditnehmer, da er nur in seltenen Fällen kündigen kann. **327**

1. Ordentliche Kündigung

Eine Kündigung mit dreimonatiger Frist räumt ihm das Gesetz nur bei den wenigen Verträgen ein, die eine Laufzeit nicht vorsehen, § 488 III BGB. Ein solches Kündigungsrecht kann der Kreditgeber bei Vorliegen eines Verbraucherdarlehens mit einer bestimmten Vertragslaufzeit auch nicht mit dem Kreditnehmer vereinbaren, da § 499 I BGB einer solchen Abrede entgegensteht. Allenfalls kann er bei nicht laufzeitgebundenen Verbraucherverträgen eine Kündigung mit einer Frist von mindestens zwei Monaten vereinbaren. **328**

2. Außerordentliche Kündigung

Eine fristlose Kündigung ist dem Kreditgeber erlaubt, wenn sich die Vermögenslage des Kreditnehmers oder die Werthaltigkeit der für den Kredit gestellten Sicherheit **wesentlich verschlechtert** oder eine solche Lage einzutreten droht, § 490 I BGB. Hier muss die Bank ihre Interessen sichern und sich das Darlehen zurückzahlen lassen, solange der Schuldner noch solvent ist. Daneben kann der Kreditgeber gemäß § 314 II BGB den Vertrag kündigen, wenn der Kreditnehmer seine **Pflicht zur Tilgung und Zinszahlung nicht erfüllt**. Handelt es sich beim Kreditnehmer um einen **Verbraucher**, so schützt ihn § 498 S. 1 BGB: Der Darlehensgeber darf den Kredit nur kündigen, wenn der Darlehensnehmer **zwei Raten** hintereinander nicht zahlt, die zusammen bei einer Laufzeit bis zu drei Jahren **10 %** und bei Krediten mit einer Laufzeit von über drei Jahren **5 %** des Nennbetrags ausmachen. Zudem muss eine vom Darlehensgeber gesetzte **329**

Nachfrist von mindestens zwei Wochen erfolglos abgelaufen sein. Eine solche Nachfristsetzung hält die Rechtsprechung bei ernsthafter und endgültiger Verweigerung weiterer Leistung durch den Darlehensnehmer für sinnlos und daher für entbehrlich.[14]

F. Wie kann der Kreditgeber die Rückzahlung sichern?

330 Zur Sicherung seines Anspruchs auf Rückzahlung des Darlehens aus § 488 I S. 2 BGB steht dem Kreditgeber eine Reihe von Möglichkeiten zur Verfügung. Er kann **Realsicherheiten** verlangen, zum Beispiel eine Grundschuld, ein Pfandrecht oder eine Sicherungsübereignung. Er kann sich aber auch **Personalsicherheiten** einräumen lassen, zum Beispiel eine Bürgschaft. Ein Anspruch der Bank auf Sicherheitenbestellung ist in Nr. 13 AGB der privaten Banken vorgesehen. Die AGB der Sparkassen enthalten lediglich ein Recht zur Nachsicherung im Fall der nachträglichen Änderung von Umständen, z.B. der Verschlechterung der Vermögenslage des Kunden.[15]

331 Die Sicherheiten können sowohl vom Kreditnehmer als auch von einem Dritten bestellt werden. Bürgschaften **einkommensloser Familienangehöriger** sind allerdings nach der Rechtsprechung wegen Verstoßes gegen § 138 I BGB nichtig.

332 Zu beachten sind außerdem **Nr. 14 AGB der privaten Banken und Nr. 21 AGB der Sparkassen**. Sie sehen ein praktisch wichtiges Pfandrecht an allen Wertpapieren und Gegenständen des Kunden vor, die in den Besitz der Bank gelangen.

14 BGH NJW-RR 2007, 1202, 1203 f.

15 Nr. 22 AGB der Sparkassen.

§ 8

Die Wertpapiere

A. Was sind Wertpapiere?

Als Wertpapier bezeichnet die juristische Lehre jede „**Urkunde**, in der ein Recht dergestalt verbrieft ist, dass zu seiner Geltendmachung die **Innehabung** der Urkunde **erforderlich** ist“. Wertpapiere sind mit anderen Worten Urkunden, die der Gläubiger dem Schuldner vorlegen muss, um seine Berechtigung nachzuweisen. Dies ist bei Schecks, Wechseln, Inhaberschuldverschreibungen und Sparbüchern der Fall, um nur einige Wertpapiere zu nennen. Sie alle dienen dazu, Forderungen oder Waren leichter umlaufen zu lassen. **333**

B. Welche Funktion erfüllen Wertpapiere?

Die Funktion des Wertpapiers liegt einmal darin, den Inhaber eines Rechts mit Sicherheit ermitteln zu können. Wertpapiere haben also eine **Legitimationsfunktion**. Wer immer die Urkunde vorlegt, gilt als Berechtigter. **334**

Daneben wird der Schuldner, der an den Inhaber des Papiers leistet, von seiner Schuld frei. Das Wertpapier hat **Liberationsfunktion**. **335**

Das Wertpapier hat auch eine **Traditions- oder Transportfunktion**. Die Übergabe des Wertpapiers, verbunden mit der Einigung über dessen Übertragung, führt dazu, dass auch das darin verbriefte Recht auf den Empfänger übergeht. Das **Recht aus dem Papier folgt dem Recht am Papier**. Dadurch gestaltet sich der Umlauf von Rechten besonders einfach. Es genügt, schlicht die Urkunde zu übertragen, damit auch das Recht übergeht. Außerdem finden die Regeln über den **gutgläubigen Erwerb** des Eigentums an Sachen Anwendung. Dadurch wird die Bereitschaft anderer Verkehrsteilnehmer zur Entgegennahme von Wertpapieren gefördert, weil sie sich nicht darum zu kümmern brauchen, ob ihr Gegenüber tatsächlich Inhaber des übertragenen Rechts ist. **336**

C. Welche Arten von Wertpapieren gibt es?

Wertpapiere können nach ihrer wirtschaftlichen Funktion und nach ihrer rechtlichen Wirkung in verschieden Kategorien eingeteilt werden. **337**

I. Unterscheidung nach der wirtschaftlichen Funktion

Wirtschaftlich gesehen ist zwischen den Papieren des Zahlungsverkehrs, des Kreditwesens, des Güterumlaufs und des Kapitalverkehrs zu differenzieren. **338**

1. Zahlungspapiere

339 Als Zahlungspapier ist der **Scheck** zu nennen. Er ist im ScheckG geregelt. Das Scheckrecht ist seit dem Genfer Übereinkommen aus dem Jahre 1931 **international vereinheitlicht**; es gilt mithin weltweit ein (fast) identisches Scheckrecht, mit der praktisch wichtigen Ausnahme des Vereinigten Königreichs und der USA. Der Scheck hat in den letzten Jahrzehnten an Bedeutung verloren: Er wurde durch ec- und Kreditkarte weitgehend verdrängt. Der Scheck ersetzt eine Zahlung des Schuldners. Er ist „so gut wie Geld". Seine Annahme durch den Gläubiger gilt als Leistung erfüllungshalber, § 364 II BGB.

2. Kreditpapiere

340 Paradigmatisch für das Kreditpapier ist der **Wechsel**. Seine Ausstellung durch den Schuldner verschafft dem Gläubiger keine Befriedigung, sondern nur eine neue Verbindlichkeit, die sich aber prozessual leichter durchsetzen lässt, nämlich im Wechsel- oder Scheckprozess, §§ 602–605a ZPO. Dieser Prozess ist besonders schnell, da er allein mit der Vorlage von Urkunden oder Parteivernehmung geführt werden kann (dazu unten Rn. 357). Der Wechsel ist im Wechselgesetz (WG) geregelt. Das Wechselrecht ist seit 1930 ebenfalls **international vereinheitlicht**.

3. Güterumlaufpapiere

341 Diese sind der **Lagerschein** (§§ 475c–g HGB), der **Ladeschein** (§§ 443–449 HGB) und das **Konnossement** (§§ 513–526 HGB). Ihre Besonderheit liegt darin, dass sie ein gelagertes oder befördertes Gut vertreten: Der Empfänger erwirbt das Eigentum an dem Gut, wenn er sich mit dem Eigentümer über den Übergang einig ist und ihm das Umlaufpapier übergeben wird. Er braucht das Gut also nicht physisch in Besitz zu nehmen, um Eigentum daran zu erlangen. Dadurch wird der Güterverkehr erleichtert.

4. Kapitalanlagepapiere

342 Dazu zählen die **Inhaberschuldverschreibung** (§ 793 BGB), die **Aktie** und der **Investmentanteilschein**. Diese werden heute allerdings kaum noch in Urkunden verbrieft, sodass sie hier unter dem Begriff „Finanzinstrumente" (unten Rn. 427 ff.) erörtert werden.

II. Unterscheidung nach der rechtlichen Wirkung

343 Rechtlich teilt man die Wertpapiere in Inhaber-, Order- und Rektapapiere ein.

Zur Vertiefung: Keine Wertpapiere sind Schuldscheine. Ein Schuldschein ist eine vom Schuldner über seine Verpflichtung ausgestellte Urkunde. Der Schein kann zum einen als bloßes Instrument der Beweissicherung für eine bereits bestehende Schuld ausgestellt werden. Zum anderen kann der Schuldschein eine neue Schuld erst begründen. Anders als bei Wertpapieren bestimmt § 952 I BGB, dass das Eigentum am Schuldschein dem Gläubiger der Forderung zusteht. Die Übertragung des Schuldscheins richtet sich demnach nicht nach den sachenrechtlichen Vorschriften der §§ 929 ff. BGB. Vielmehr geht das Eigentum bei einer Abtretung der zu Grunde liegenden Forderung nach § 398 BGB gesetzlich gemäß § 952 I BGB über: Das **Recht am Papier (Eigentum) folgt dem Recht aus dem Papier (Forderung)**.

1. Inhaberpapiere

Inhaberpapiere sind solche, bei denen jeder Inhaber die Leistung geltend machen und der Schuldner an jeden Inhaber mit befreiender Wirkung leisten kann. Ein Beispiel ist die **Inhaberschuldverschreibung** (§ 793 I S. 1 BGB). Wer das Papier in den Händen hält, kann vom Schuldner Leistung verlangen; an ihn kann befreiend geleistet werden. Ein sogenanntes hinkendes Inhaberpapier ist das **Sparbuch**: Zwar kann die Bank an den Inhaber mit befreiender Leistung erfüllen, doch kann dieser nicht ohne Weiteres Leistung verlangen (vgl. § 808 I BGB). Die Bank ist vielmehr berechtigt, die Leistung an ihn zu verweigern, wenn sie Zweifel an seinem Recht hat; er könnte das Sparbuch z.B. gestohlen haben. Dies muss ihm die Bank nicht nachweisen, sondern kann einfach die Auszahlung verweigern. Insofern ist die Legitimationsfunktion des Sparbuchs eingeschränkt. **344**

2. Orderpapiere

Orderpapiere sind Papiere, bei denen nur an die in der Urkunde bezeichnete Person oder die durch ihre Order bestimmte Person zu leisten ist. Ein Orderpapier ist zum Beispiel der **Wechsel**, vgl. Art. 1 Nr. 6 WG. Sie werden durch eine bestimmte Klausel auf der Urkunde, das **Indossament**, übertragen (dazu unten Rn. 352). **345**

3. Rektapapiere

Keine Wertpapiere im eigentlichen Sinn sind Rektapapiere. In ihnen wird der Gläubiger namentlich genannt. Rektapapiere können auch nicht übertragen werden. Damit fehlt ihnen die Traditionsfunktion. Dennoch zählt sie die herrschende Meinung zu den Wertpapieren. Ein Rektapapier ist beispielsweise die **Namensschuldverschreibung**. **346**

D. Wie funktioniert der Scheck- und Wechselverkehr?

Die folgenden Ausführungen konzentrieren sich auf den Scheck- und Wechselverkehr, weil dieser für Banken die größte Bedeutung hat. **347**

I. Die Ausstellung

An der Ausstellung eines Schecks oder Wechsels sind in der Regel drei Personen beteiligt: Der Aussteller, der Bezogene und der Remittent (auch Scheck- oder Wechselnehmer genannt). Ersterer erstellt die Urkunde. In dieser weist er den Bezogenen (meist eine Bank) an, an den Remittenten einen bestimmten Geldbetrag zu zahlen. Idealerweise zahlt der Bezogene auch. **348**

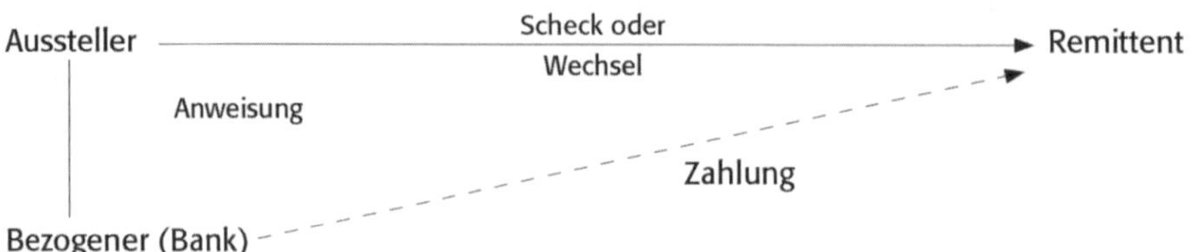

349 Die Bank ist natürlich nicht schon aufgrund dieser Anweisung zur Zahlung verpflichtet; das ist sie nur, wenn sie den Wechsel **akzeptiert**. Für die Einlösung des Versprechens haftet ansonsten nur der **Aussteller** (Art. 9 I WG). Beim Scheck ist ein Akzept wegen seiner Natur als Zahlungspapier nicht möglich, Art. 4 ScheckG. Hier haftet daher stets nur der Aussteller für die Nichteinlösung (Art. 12 S. 1 ScheckG).

350 Die Bank wird das Akzept nur erteilen, wenn der Aussteller bei ihr ein Konto unterhält oder entsprechenden Kredit genießt. Solange das Akzept der Bank noch nicht vorliegt, muss der Remittent darauf vertrauen, dass die Bank der Anweisung Folge leisten wird oder er im Falle der Nichteinlösung auf den Aussteller zurückgreifen kann. Das ganze Verfahren dient dazu, dass der Aussteller den **Kredit, den er bei der Bank genießt, im Verkehr verwenden kann**.

351 Meist benutzt der Aussteller für den Wechsel oder Scheck ein vorgedrucktes Formular. Notwendig ist das jedoch nicht. Auch vollständig handgeschriebene Dokumente sind gültig. Die Urkunde muss aber bestimmten Formanforderungen genügen (vgl. Art. 1–10 ScheckG, Art. 1–7 WG). Es gilt der Grundsatz der **Scheck- oder Wechselstrenge**. Dieser soll den Aussteller und den Bezogenen davor schützen, leichtfertig wertpapierrechtliche Pflichten einzugehen, die mitunter sehr weit reichen. So kann der Aussteller, der einen Blankoscheck oder -wechsel erteilt, in voller Höhe in Anspruch genommen werden, wenn ihn der Bezogene vereinbarungswidrig ausgefüllt und ein gutgläubiger Dritter ihn erworben hat, Art. 13 ScheckG, Art. 10 WG.

II. Die Übertragung

352 Scheck und Wechsel sind Orderpapiere, das heißt, der Berechtigte ist namentlich genannt, aber kann die Berechtigung durch eine Order auf einen anderen übertragen. Diese Order nennt man das **Indossament** (Art. 14 I ScheckG, Art. 11 I WG). Es muss auf die Urkunde gesetzt werden (Art. 16 I ScheckG, Art. 13 I WG). Typischerweise wird es quer auf die Rückseite geschrieben. Das Indossament hat zur Folge, dass die Rechte aus der Urkunde auf den Erwerber (man nennt ihn **Indossatar**) übergehen (Art. 17 I ScheckG, Art. 14 WG). Vom Inhaber des Papiers wird vermutet, dass er dessen rechtmäßiger Inhaber ist, wenn er durch eine ununterbrochene Reihe von Indossamenten legitimiert ist, die auf ihn zeigt (Art. 19 ScheckG, Art. 16 I WG). Ist nachgewiesen, dass der Scheck oder Wechsel einem früheren Inhaber abhandengekommen war, wird der im letzten Indossament bezeichnete Erwerber dennoch Inhaber, es sei denn, er wusste von dem Abhandenkommen oder hat dieses grob fahrlässig ignoriert (Art. 21

ScheckG, Art. 16 II WG). Das ist eine krasse Abweichung von § 935 BGB, die aber der besonderen Umlauffähigkeit von Wechsel und Scheck dient, denn der Erwerber muss sich um die Vergangenheit der Urkunde nicht kümmern. Schließlich haftet derjenige, der das Indossament geschrieben hat (der **Indossant**), neben dem Aussteller für die Zahlung (Art. 18 ScheckG, Art. 15 WG).

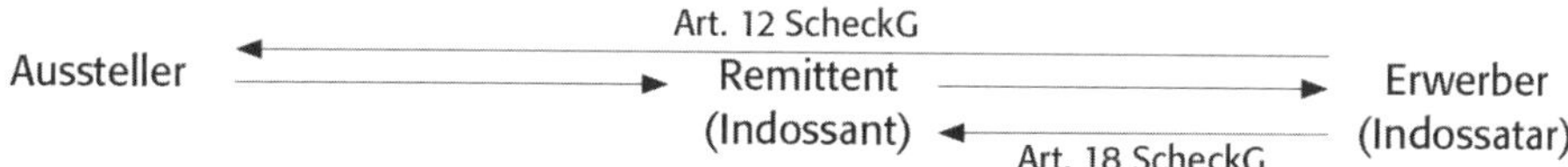

III. Die Geltendmachung

Die Geltendmachung des Rechts aus dem Scheck oder Wechsel erfolgt dadurch, dass der Remittent oder Indossatar die Urkunde dem Bezogenen, also der Bank, zur Annahme **vorlegt** (Art. 28 ScheckG, Art. 21 WG). Dazu sind bestimmte **Fristen** zu beachten. Sie betragen bei inländischen Schecks acht Tage nach der Ausstellung (Art. 29 I ScheckG), doch nehmen Banken aus Kulanz Schecks meist auch später an. Bei einem Wechsel beträgt die Frist ein Jahr nach Ausstellung, kann aber abweichend vereinbart werden, Art. 23 WG. **353**

Der Bezogene, der den Scheck oder Wechsel nicht akzeptiert hat, ist wie oben ausgeführt zur Zahlung nicht verpflichtet. Verweigert er die Annahme, so kommt es zum **Scheck- oder Wechselprotest**. Regelmäßig ist dieses Verfahren mit einer großen Schmach für den Aussteller verbunden, so dass er es schon aus diesem Grund meist unterlassen wird, einen Wechsel oder Scheck auszustellen, der später „platzt". **354**

Der Ablauf des Verfahrens ist folgender: Zunächst verweigert die Bank die Einlösung. Dies muss der Inhaber durch eine **öffentliche Urkunde** feststellen lassen (Art. 40 Nr. 1 ScheckG, Art. 44 I WG). Diese oder eine gleichbedeutende Erklärung dient als Grundlage für den **Rückgriff** gegen den Aussteller und alle Indossanten. **355**

Der Rückgriff vollzieht sich in folgender Weise: Alle Scheck- und Wechselverpflichtungen haften dem Inhaber als **Gesamtschuldner**, d.h. er kann sich aussuchen, gegen wen er vorgehen will (Art. 44 ScheckG, Art. 47 WG). Sie können aber ihrerseits bei ihren Vormännern Rückgriff nehmen. Damit diese über die auf sie zukommenden Verpflichtungen Bescheid wissen, sind sie umgehend nach dem Protest zu benachrichtigen (zum Ablauf Art. 42 ScheckG, Art. 45 WG). **356**

Nicht zu vergessen ist, dass die Inanspruchnahme aus dem Scheck oder Wechsel zivilprozessual erleichtert ist (vgl. schon oben Rn. 340). Im **Wechsel- und Scheckprozess** kann Beweis nur durch Vorlage von Urkunden oder Parteivernehmung über ihre Echtheit geführt werden, alle anderen Beweismittel sind ausgeschlossen (§ 595 II ZPO). Daher wird das Verfahren in der Regel schnell abgeschlossen. **357**

E. Wie funktioniert eine Kreditkarte?

358 Kein Wertpapier ist die Kreditkarte. Sie hat aber in der Praxis viele der Funktionen von Scheck und Wechsel übernommen, so dass sie an dieser Stelle erörtert werden soll. Bei einer Kreditkarte sind verschiedene Rechtsverhältnisse zu unterscheiden.

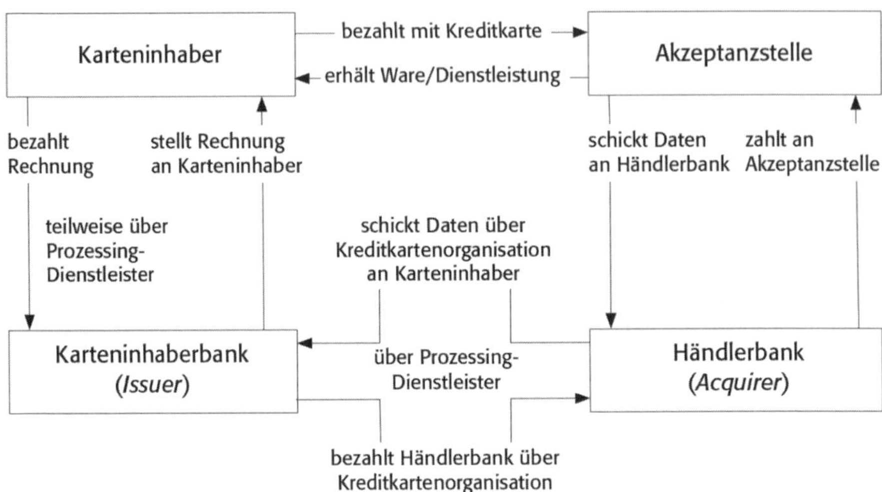

I. Deckungsverhältnis

359 Die Karteninhaberbank (z.B. die Commerzbank) ist von einer Kreditkartenorganisation (z.B. Visa oder Mastercard) zur Ausgabe von Kreditkarten mit ihrem Logo lizensiert. Teilweise arbeitet die Karteninhaberbank mit einem anderen Unternehmen zusammen, für das sie die Karte ausgibt (z.B. mit Lufthansa und „Miles&More“ für Karten mit Visa-Zahlungsfunktion). Dieses Unternehmen spielt jedoch für die Abwicklung von Zahlungen keine Rolle. Ebenso hält sich die Kreditkartenorganisation im Hintergrund. Für die rechtlichen Beziehungen zum Kunden (Karteninhaber) ist nur die Karteninhaberbank entscheidend. Sie schließt mit dem Karteninhaber einen sogenannten **Emissionsvertrag**. Dieser regelt die Konditionen der Verwendung und die jährlich zu zahlenden Prämien. Rechtlich handelt es sich um einen Zahlungsdiensterahmenvertrag (§ 675f II BGB, dazu oben Rn. 270). Für Zahlungen über die Karte hat die Karteninhaberbank einen Aufwendungsersatzanspruch gegen den Kunden aus §§ 675c I, 670 BGB. Die meisten Regelungen folgen allerdings nicht aus dem Gesetz, sondern aus den Allgemeinen Geschäftsbedingungen der Bank.

II. Vollzugsverhältnis

Die Kreditkartenorganisation hat zugleich Händlerbanken (sog. Acquirer) lizensiert. Ihre Aufgabe besteht darin, die Einsatzmöglichkeiten der Kreditkarte zu verbessern. Dazu schließen die Händlerbanken eine Vielzahl von Verträgen mit Geschäften, Restaurants, Hotels und anderen sogenannten **Akzeptanzstellen**, in denen diese sich zur Annahme der Kreditkarte verpflichten. Bei diesem sogenannten **Akquisitionsvertrag** handelt es sich um einen Vertrag zugunsten Dritter (§ 328 BGB), nämlich der Kunden, die ihre Kreditkarten bei den Akzeptanzstellen einsetzen können. Die Händlerbanken wickeln meist auch die Zahlungen ab. Dazu treten sie in Vertragsbeziehungen mit den Karteninhaberbanken. In den Verträgen wird auch die Zahlungspflicht der Karteninhaberbank gegenüber der Händlerbank für jede Verwendung der Karte durch den Kunden geregelt. Die Händlerbank ist ihrerseits gegenüber der Akzeptanzstelle durch ein **abstraktes Schuldversprechen** (§ 780 BGB) zur Zahlung verpflichtet, sobald ein Kunde die Kreditkarte einsetzt. Erhält die Händlerbank die Zahlung von der Karteninhaberbank, leitet sie diese an die Akzeptanzstelle weiter. Die Händlerbank allerdings für ihre Dienste einen Abschlag, das sogenannte Disagio, ein. Dieses beträgt im Durchschnitt 1–3 % des Rechnungsbetrags. **360**

III. Valutaverhältnis

Dieses ist das Verhältnis zwischen dem Kunden und der Akzeptanzstelle, also der Vertrag, aufgrund dessen überhaupt eine Zahlung für einen Einkauf, eine Reparatur oder Ähnliches geschuldet wird. Die Hingabe der Kreditkarte erfüllt die Forderung der Akzeptanzstelle gegen den Kunden noch nicht, sondern erfolgt nur erfüllungshalber (§ 364 II BGB). Erst durch die Zahlung seitens der Händlerbank tritt Erfüllung ein (§§ 362 I, 267 I BGB). Ist der dem Valutaverhältnis zu Grunde liegende Vertrag ungültig, kann sich die Karteninhaberbank das gezahlte Geld von der Akzeptanzstelle mittels einer Leistungskondiktion nach § 812 I 1 Alt. 1 BGB zurückholen. **361**

2. Teil

Kapitalmarktrecht

§ 9

Einleitung: Was ist der Kapitalmarkt?

A. Begriff

362 Der Begriff „Kapitalmarkt" ist gesetzlich nicht definiert. Es ist jedoch nützlich, eine Vorstellung davon zu haben, was der „Kapitalmarkt" eigentlich ist, wenn man sich mit dem „Kapitalmarktrecht" beschäftigt. In den Wirtschaftswissenschaften wird der Kapitalmarkt als der Ort beschrieben, an dem **Angebot und Nachfrage nach Kapital zusammentreffen.**[1] Kapital ist Geld, das dauerhaft oder für eine gewisse Zeit überlassen wird. Es dient vorwiegend wirtschaftlichen Zwecken. Unternehmen benötigen Kapital für die Deckung ihrer Finanzbedürfnisse, z.B. für den Bau einer neuen Fabrik oder für die Entwicklung neuer Produkte. Sie sind die Nachfrager des Kapitals. Aber auch der Staat nimmt den Kapitalmarkt zur Finanzierung durch Staatsanleihen in Anspruch. Die Anbieter des Kapitals sind Anleger, denen Geld zur Verfügung steht, das sie profitabel investieren möchten. Dabei kann es sich um einfache Anleger (Sparer) oder um sogenannte institutionelle Investoren handeln. Zu letzteren zählen z.B. große Investmentfonds, Versicherungen sowie Pensionsfonds im internationalen Sinne, die für die Altersversorgung ihrer Mitglieder angespartes Geld anlegen.

363 Als Gegenleistung für ihr Kapital erhalten die Anleger sogenannte **Finanzinstrumente**. Dabei kann es sich z.B. um Aktien, Anleihen oder Derivate handeln. Die Einzelheiten werden später erörtert (unten Rn. 427 ff.).

364 Der Vorteil des Kapitalmarkts liegt darin, dass er Anbieter und Nachfrager von Kapital unmittelbar zusammenbringt. Er erspart die Zwischenschaltung eines Mittelsmanns (Intermediär), zum Beispiel einer Bank. Freilich kommt auch der Kapitalmarkt ohne solche Intermediäre nicht aus. So lassen sich Unternehmen bei einem Börsengang regelmäßig durch Banken (sogenannte Investmentbanken) unterstützen.

Allgemein kann daher gesagt werden, dass sich das Kapitalmarktrecht mit der Gesamtheit an Institutionen und Transaktionen auf dem Kapitalmarkt befasst.[2]

---

1 *Spremann/Gantenbein*, Kapitalmärkte, 2005, S. 15.
2 Vgl. *Kalss/Oppitz/Zollner*, Kapitalmarktrecht, 2015, § 1 Rn. 1-3.

B. Ort

Der Kapitalmarkt kann ein physischer Ort sein, z.B. eine **Börse**. Er kann aber auch einen lediglich „gedachten" Ort bezeichnen, an dem Angebot und Nachfrage zusammentreffen. So verhält es sich beim **over the counter (OTC)**-Markt. Verkauft und gekauft wird hier außerhalb des Börsengeschäfts von Einzelperson zu Einzelperson. Zum OTC-Markt gehört beispielsweise das Angebot von Finanzinstrumenten durch Banken oder durch Wertpapierdienstleister. Der Verkauf findet in ihren Büros (daher *counter*, d.h. Schalter) oder direkt über das Internet statt. **365**

C. Segmente

Der Kapitalmarkt ist in verschiedene Segmente unterteilt. **366**

I. Aktienmarkt

Auf dem Aktienmarkt werden Unternehmensbeteiligungen gehandelt. Mit ihrer Hilfe nehmen Unternehmen **Eigenkapital** auf. Grundsätzlich wird dieses Kapital nicht an die Anleger zurückgezahlt. Sie können ihre Aktien aber auf dem sogenannten Sekundärmarkt veräußern (dazu unten Rn. 376 ff.). Die Anleger werden durch den Aktienerwerb Gesellschafter der Unternehmen. Sie können an deren Hauptversammlungen teilnehmen und abstimmen. Als Ertrag erhalten sie eine Dividende, deren Höhe vom Gewinn des Unternehmens abhängig ist. **367**

II. Anleihenmarkt

Auf dem Anleihenmarkt werden Anleihen gehandelt. Durch Anleihen nehmen Unternehmen wirtschaftlich gesehen **Fremdkapital** auf. Rechtlich handelt es sich dabei um eine besondere Form des Wertpapiers, die Schuldverschreibung (§§ 793 ff. BGB), auch wenn heute keine Urkunden mehr ausgestellt werden (dazu unten Rn. 444 f.). Emittenten von Anleihen sind außer Unternehmen auch Staaten oder andere öffentliche Körperschaften (z.B. die Bundesländer) oder Anstalten. Anleihen haben eine bestimmte Laufzeit (z.B. 10 Jahre), an deren Ende das Kapital zurückgezahlt wird. Der Anleger als Inhaber der Anleihe erwirbt keine Stimmrechte beim Emittenten und auch kein Recht auf eine Dividende. Sein Ertrag besteht in Zinsen, die ihm in Form eines Coupons jährlich zur Verfügung gestellt werden. Die Zinshöhe ist fest vereinbart und normalerweise unabhängig vom Unternehmensgewinn. **368**

III. Geldmarkt

Auf dem Geldmarkt werden sehr kurzfristige Darlehen gehandelt. Im Gegensatz zu herkömmlichen Darlehen sind diese als Wertpapier „verbrieft" und können daher üblicherweise am Kapitalmarkt gehandelt werden. Zu den Geldmarktinstrumenten zählen z.B. Schatzanweisungen, Einlagenzertifikate und „commercial papers". In der Regel beträgt **369** ihre Laufzeit weniger als ein Jahr. Am Geldmarkt sind nur Banken beteiligt, d.h. er ist ein sogenannter **Interbankenmarkt**. In manchen Ländern, z.B. den USA, agieren daneben auch Geldmarktfonds (money market funds).

370 Der Geldmarkt dient den Geschäftsbanken zur Überwindung kurzfristiger Liquiditätsengpässe. Er ist kein physischer, sondern ein **nur gedachter Markt**. Er ist nicht zentral organisiert und verfügt über keine Institutionen. Die Gebote werden individuell von Akteur zu Akteur weitergegeben.

Beispiel: Die Deutsche Bank stellt fest, dass in den letzten Wochen ihre Kunden mehr Geld abgehoben als eingezahlt haben. Ein Vertreter der Deutschen Bank ruft daraufhin einen Kollegen der Commerzbank an und bittet um 1 Mrd. Euro für 3 Wochen. Die Zinsen dafür werden individuell ausgehandelt. Als Alternative stünde der Deutschen Bank die Möglichkeit offen, sich an die Europäische Zentralbank als „lender of last resort" zu wenden und dort Geld für dieselbe Zeit zu leihen.

371 Ein amtlicher Zinssatz wird für den Geldmarkt nicht festgestellt. Allerdings werden Referenzwerte erhoben, um zu ermitteln, wie hoch die Zinsen auf dem Interbankenmarkt aktuell sind. Diese heißen z.B. **EURIBOR** (European Interbank Offered Rate – für Euro), **SOFR** (Secured Overnight Financing Rate – für US $) oder **SONIA** (Sterling Overnight Index Average – für britische Pfund). Sie spiegeln nicht den Zinssatz wirklich getätigter Geschäfte wider. Stattdessen werden die am jeweiligen Geldmarkt beteiligten Banken gefragt, zu welchem Zinssatz sie bereit sein würden, heute einander Geld zu leihen. Dieser Referenzwert ist Grundlage zur Berechnung variabler Zinssätze und Leistungen, die sich an aktuellen Marktzinsen ausrichten. So wird z.B. bei manchen privaten Darlehensverträgen der Zinssatz, den der Schuldner bezahlen muss, mit Hilfe des EURIBOR berechnet (Beispiel: EURIBOR + 2 %). Der Referenzwert kann auch für die Berechnung der unter einem Derivat zu leistenden Zahlungen herangezogen werden.

IV. Derivatemarkt

372 Am Derivatemarkt handelt man komplexe Finanzinstrumente, z.B. Optionen, Zertifikate oder Futures (dazu unten Rn. 436 f.). Das Besondere an Derivaten ist, dass sie zu Verpflichtungen einer Seite in der Zukunft führen können. Daher nennt man diesen Markt auch **Terminmarkt**. Er unterscheidet sich von allen anderen bisher erörterten Märkten, die man auch als Kassamärkte bezeichnet, und an denen die jeweiligen Verpflichtungen sofort oder innerhalb einer kurzen Frist (z.B. drei Tage nach Abschluss des Geschäfts) erfüllt werden müssen. Weil nicht sicher ist, ob der Schuldner am Derivatemarkt seine Verpflichtungen in der Zukunft auch erfüllen kann, müssen die Akteure an diesem Markt regelmäßig Sicherheiten, sogenannte **margins**, stellen. Manche Börsen haben sich auf den Handel mit Derivaten spezialisiert, z.B. die Stuttgarter Börse mit dem Euwax-Segment. Besonders bemerkenswert ist daneben Eurex, ein Zusammenschluss der Frankfurter und der Züricher Terminbörse.

V. Sonderfall: Devisenmarkt

Am Devisenmarkt werden ausländische Währungen veräußert, z.B. Dollar oder Yen gegen Euro. Wegen des englischen Namens foreign exchange spricht man auch von **Forex- oder fx-Geschäften**. Am Devisenmarkt wird nicht Kapital angeboten, sondern fremde Währungen im Tausch für die eigene. Genau genommen gehört der Devisenmarkt daher nicht zum Kapitalmarkt, sondern zum weiteren Begriff des „Finanzmarkts". Nicht jede Börse verfügt über ein Devisensegment. Ein Beispiel einer Börse mit Devisenmarkt ist die Frankfurter Wertpapierbörse. **373**

D. Primär- und Sekundärmarkt

Funktionell lässt sich das Marktgeschehen in die erstmalige Ausgabe von Finanzinstrumenten (Primärmarkt) und in die nachfolgende Übertragung und Zirkulation (Sekundärmarkt) dieser Vermögenswerte unterteilen. Es handelt sich hierbei nicht um vollständige getrennte Märkte; Primär- und Sekundärmarkt stehen vielmehr in einem unmittelbaren Zusammenhang, denn ausgegebene Instrumente werden danach typischerweise auch gehandelt. **374**

I. Primärmarkt

Finanzinstrumente werden zunächst auf dem sogenannten Primärmarkt begeben, d.h. für den Handel ausgestellt. Dieser Vorgang wird als Initial Public Offering (IPO) bezeichnet. Es handelt sich beim Primärmarkt um einen gedachten Markt. Der Anbieter des Instruments, der **Emittent**, kann ein Unternehmen, im Fall von Anleihen auch eine öffentlich-rechtliche Körperschaft oder Anstalt sein. Bei Aktien und Anleihen nennt man die ersten Erwerber die **Zeichner**, weil sie sich verpflichten, den im Instrument genannten Betrag zu leisten. Die Zeichnung findet individuell OTC statt. Der Verkauf erfolgt jedoch zu einem einheitlichen Preis, dem sogenannten Emissions- oder Ausgabepreis. Dieser wird für jedes Instrument nur einmal festgelegt. **375**

II. Sekundärmarkt

Nach dem Erwerb auf dem Primärmarkt können die Zeichner die Instrumente an andere Anleger veräußern. Dazu dient ihnen der Sekundärmarkt. Häufig befindet sich dieser an einer **Börse**. Die Anleger können hier ihre Aktien und Anleihen handeln. Allerdings dürfen sie nicht selbst am Börsenhandel teilnehmen, sondern nur über sogenannte **Intermediäre**. Zum einen handelt es sich dabei um Banken oder Wertpapierfirmen. Diese veräußern die Papiere für die hinter ihnen stehenden Anleger, ohne dass sich letztere kennen müssen. Für den Handel an der Börse selbst müssen Banken und Wertpapierfirmen ihrerseits Börsenhändler beauftragen. **376**

Beispiel: A möchte seine Daimler-Aktien verkaufen. Er beauftragt dazu seine Bank B, die die Wertpapiere für ihn verwaltet. B wendet sich an den Börsenhändler C, mit dem sie in ständigem Kontakt steht. Er veräußert As Aktien über Börsenhändler D an die Bank E, die sie für ihren Kunden F erwirbt. Der Verkauf erfolgt also über eine ganze Kette von Intermediären. Im Einzelfall kann sie noch länger sein, z.B. wenn A Kunde einer kleinen Sparkasse ist, die nicht in direktem Kontakt zu einem Börsenhändler steht, sondern sich für den Verkauf zunächst an ein größeres Institut wenden muss.

377 Der Sekundärmarkt steht im Mittelpunkt des täglichen Börsengeschehens. Die im Fernsehen oder im Internet gemeldeten schwankenden **Kurse** geben den Preis am Sekundärmarkt wieder, der täglich neu ermittelt wird. Zu beachten ist, dass der Emittent an den Geschäften auf dem Sekundärmarkt nicht verdient oder verliert, da er nicht beteiligt ist. So berührt es im Beispiel die Daimler AG als Emittenten nicht unmittelbar, wenn der Kurs ihrer Aktie fällt, da sie dadurch zunächst kein Geld verliert. Wichtig wird dies jedoch, wenn sie sich durch Ausgabe neuer Instrumente am Kapitalmarkt refinanzieren will. Ein niedriger Kurs am Sekundärmarkt bedeutet, dass auch der Emissionspreis für die neuen Instrumente niedriger angesetzt werden muss, denn niemand würde am Primärmarkt z.B. Daimler-Aktien kaufen, wenn er sie auf dem Sekundärmarkt billiger erhalten kann. Die Daimler AG kann sich also nur ungünstiger refinanzieren.

E. Rechtliche Regelung

I. Europäisches Recht

378 Die meisten Regelungen des Kapitalmarktrechts finden sich in Richtlinien, die in deutsches Recht umgesetzt wurden. Wichtigstes Beispiel ist die **MiFID I** (Markets in Financial Instruments Directive I, RL 2004/39/EG).[3] Sie enthält Regelungen über Wertpapierfirmen,[4] insbesondere über Beratungspflichten beim Verkauf von Finanzprodukten (= Finanzinstrumenten). Außerdem vereinheitlicht sie große Teile des Börsenrechts. Sie ist in einer Neufassung, der sogenannten MiFID II[5], erlassen, die Anfang 2018 in deutsches Recht umgesetzt wurde.

379 Zunehmend reguliert der europäische Gesetzgeber jedoch durch **Verordnungen**. So existiert neben der MiFID II seit 2014 auch die „**MiFIR**" (Markets in Financial Instruments Regulation). Ein weiteres wichtiges Beispiel einer EU-Verordnung zum Kapitalmarktrecht ist etwa die Market Abuse Regulation (**MAR**).[6] Sie verbietet Insiderhandel und Marktmanipulation. Ebenfalls von Relevanz ist die Markets in Crypto-Assets

3 Vorgänger der MiFID I war die ISD (Investment Services Directive, RL 91/11/EWG).

4 Der Ausdruck Wertpapierfirma ist eine unglückliche Übersetzung des englischen Begriffs *investment firm*. Nach nationalen Begriffsverständnis handelt es sich bei der „Firma" um den Namen, unter dem ein Kaufmann seine Geschäfte betreibt und die Unterschrift abgibt (§ 17 I HGB). Daher bevorzugt der deutsche Gesetzgeber den Begriff „Wertpapierdienstleistungsunternehmen", siehe dazu unten Rn. 520–521.

5 RL 2014/65/EU.

6 VO (EU) 596/2014.

Regulation (**MiCAR**).[7] Mit dieser sollen Kryptowerte regulatorisch erfasst werden. Die Verordnungen sind – wie alle europäischen Verordnungen – von den mitgliedstaatlichen Behörden und Gerichten unmittelbar anzuwenden und gehen dem nationalen Recht vor. Die Folge ist, dass die Bedeutung des originär deutschen Kapitalmarktrechts immer mehr sinkt.

Daneben greifen Durchführungsakte, delegierte Rechtsakte der EU-Kommission sowie technische Standards, Leitlinien und Empfehlungen der europäischen Marktaufsichtsbehörde ESMA (European Securities and Markets Authority).[8] **380**

II. Deutsches Recht

Wichtige Regeln des Kapitalmarktrechts finden sich nach wie vor im deutschen Recht, **381** auch wenn dieses immer mehr von unmittelbar anwendbaren Verordnungen verdrängt wird und im Übrigen zumeist europäische Vorgaben durch Richtlinien umsetzt. Das Wertpapierhandelsgesetz (**WpHG**) ist dabei die wichtigste Quelle. Es wird auch als das „Grundgesetz des Kapitalmarktrechts" bezeichnet.[9] Weitere Regelungen finden sich in anderen Gesetzen. Hervorzuheben sind: das Börsengesetz (BörsG), das Kapitalanlagegesetzbuch (KAGB), das Wertpapierprospektgesetz (WpPG), Wertpapiererwerbs- und Übernahmegesetz (WpÜG) und das Wertpapierinstitutsgesetz (WpIG). Letzteres enthält die Eigenkapitalanforderungen an Wertpapierinstitute und wurde oben im Zusammenhang mit den Eigenkapitalanforderungen an Banken besprochen (Rn. 157–163).

Auch Rechtsverordnungen spielen eine Rolle, die in der Regel vom Bundesfinanzmi- **382** nisterium erlassen werden. Ein Beispiel ist die Wertpapierhandelsanzeige- und Insiderverzeichnisverordnung (WpAIV).

Schließlich sind noch Rundschreiben und Merkblätter der Bundesanstalt für Finanz- **383** dienstleistungsaufsicht (BaFin) zu beachten. Diese ist die Aufsichtsbehörde; ihre rechtlichen Grundlagen finden sich im Finanzdienstleistungsaufsichtsgesetz (FinDAG). Zu ihrer rechtlichen Wirkung siehe oben Rn. 39. Besonders wichtig unter diesen Rundschreiben und Merkblättern ist der Emittentenleitfaden, der eine Zusammenfassung der von den Kapitalmarktteilnehmern zu beachtenden Vorschriften enthält.

III. Durchsetzung

Die Anwendung des Aufsichtsrechts über den Kapitalmarkt ist der **BaFin** übertragen.[10] **384** Diese wird allein tätig. Anders als im Bankrecht bedarf sie insbesondere nicht der Mitwirkung der Bundesbank.

Soweit EU-Recht oder dieses umsetzendes deutsches Recht anzuwenden ist, untersteht **385** die BaFin jedoch den Standards und Leitlinien der europäischen Finanzmarktaufsichtsbehörde **ESMA**.

7 Vorschlag für eine Verordnung des Europäischen Parlaments und des Rates über Markte für Kryptowerte und zur Änderung der RL (EU) 2019/1937, COM(2020) 593 final (im Folgenden MiCAR-Entwurf).
8 Dazu oben Rn. 26–32.
9 *Hopt,* ZHR 159 (1995), 135.
10 § 4 I FinDAG.

§ 10
# Die Börse

A. Was ist eine Börse?

I. Begriff

1. Wirtschaftliche Betrachtungsweise

386 Eine Börse ist ein **zentralisierter Handelsplatz, auf dem Angebot und Nachfrage zusammenkommen**. Das Zusammentreffen an einem Ort hat den Vorteil, dass alle Interessen weitgehend befriedigt werden. Zugleich wird der Preis offensichtlich, an dem sich Angebot und Nachfrage treffen. An der Börse herrscht **Preistransparenz**. Diese nützt auch Dritten, denn sie können sich eine Vorstellung davon machen, zu welchem Preis sie einkaufen oder verkaufen können.

387 Die Börse muss unterschieden werden von den **dezentralisierten Märkten**, insbesondere dem oben Rn. 365 erwähnten OTC-Markt. Hier vollzieht sich der Handel von Einzelperson zu Einzelperson. Die Käufer und Verkäufer sind nicht verpflichtet, die Börse zu benutzen. Sie können auch den OTC-Markt wählen. Es gibt mit anderen Worten keinen Börsenzwang.

2. Rechtliche Betrachtungsweise

388 Juristisch gesehen sind Börsen **„teilrechtsfähige Anstalten des öffentlichen Rechts“**, die multilaterale Systeme regeln und überwachen (vgl. § 2 I Börsengesetz – BörsG). Mit multilateralen Systemen sind dabei Einrichtungen gemeint, in denen sich eine Vielzahl von Anbietern und Nachfragern treffen. Die Errichtung einer Börse bedarf einer **Erlaubnis** der Börsenaufsichtsbehörde (§ 4 BörsG), das heißt der Landesregierung als oberster Landesbehörde (§ 3 I S. 1 BörsG).

389 Die Börse selbst ist daher immer eine teilrechtsfähige öffentlich-rechtliche Anstalt, zum Beispiel die Frankfurter Wertpapierbörse. **Träger der Börse** kann jedoch eine private Gesellschaft sein, wie die Deutsche Börse AG, die Trägerin der Frankfurter Wertpapierbörse ist. Praktische Konsequenz dieser Trennung ist, dass der Deutschen Börse AG die Erlaubnis zum Betrieb der Frankfurter Wertpapierbörse entzogen und einem anderen Träger erteilt werden könnte. Außerdem hat der Börsenträger eine Pflicht zur Durchführung des Börsenbetriebs und zu seiner angemessenen Fortentwicklung (§ 5 I S. 2 BörsG).

390 In anderen Ländern der Welt gibt es keine Trennung zwischen der Börse und ihrem Träger. Börsen sind dort rein privatrechtlich organisiert.

II. Arten

1. Wertpapier- und Warenbörsen

An Börsen können Wertpapiere (besser: Finanzinstrumente) oder Devisen, aber auch Gegenstände wie Erdöl, Mais oder Schweinebäuche gehandelt werden. Im ersten Fall spricht man von **Wertpapierbörsen**, im zweiten Fall von **Warenbörsen**. Die Unterscheidung findet sich in § 2 II und III BörsG wieder. Interessanterweise können auch Edelmetalle (vor allem Gold) an Wertpapierbörsen gehandelt werden, siehe § 2 II S. 2 BörsG. Der Grund dafür ist, dass diese im Verkehr weniger als Waren denn als Wertgegenstände angesehen werden. **391**

Neben den Warenbörsen gibt es auch noch Börsen zum Handel ganz andersartiger Güter, zum Beispiel von **Strom** oder **Berechtigungen zur Emission von CO_2** (wie z.B. die European Energy Exchange in Leipzig). Für das **Kapitalmarktrecht** sind nur die Wertpapierbörsen von Interesse. Nur um diese geht es daher im Folgenden. **392**

2. Kassa- und Terminbörsen

Die meisten Börsen sind **Kassabörsen**. An ihnen geschlossene Geschäfte sind unmittelbar zu erfüllen, ähnlich wie an einer Kasse im Supermarkt. Da die Übertragung von Finanzinstrumenten nicht so einfach ist, wird jedoch eine gewisse Zeit für die Erfüllung eingeräumt, z.B. drei Tage nach Abschluss. Erst zu diesem Zeitpunkt muss auch das Geld überwiesen werden. **393**

Eine Besonderheit sind die **Terminbörsen**. Bei ihnen sind die Güter nicht sofort zu liefern, sondern erst zu einem zeitlich hinausgeschobenen Termin. Die meisten Terminbörsen sind Warenbörsen (siehe auch § 2 III BörsG, der Termingeschäfte an Warenbörsen erwähnt). Es gibt aber auch Börsen, an denen Finanzinstrumente auf Termin gehandelt werden, z.B. die Chicago Board Options Exchange (CBOE) oder die Euwax in Stuttgart. Man spricht insoweit meist von „Derivaten" (zum Begriff Näheres unten Rn. 436 f.). **394**

III. Elektronische Börsen und Systematische Internalisierer

Die klassischen Parkettbörsen geraten immer mehr in Konkurrenz zu sogenannten **multilateral trading facilities (MTF)**.[1] Dabei handelt es sich um elektronische Handelsplattformen, die ähnlich wie Börsen funktionieren, aber keiner staatlichen Erlaubnis bedürfen. Beispiele sind sogenannte „dark pools", wie etwa Chi-X oder Turquoise. Sie sind „dark" im Sinne von undurchsichtig, weil bei ihnen die Gebote nicht im Vorhinein offengelegt werden. Die meisten von ihnen wurden als Joint Venture von Banken gegründet. Teilweise ist der elektronische Handel auch als besonderes Segment einer klassischen Börse angegliedert, wie z.B. der Xetra-Handel der Frankfurter Wertpapierbörse. Die Handelssysteme werden als „nicht-diskretionär" bezeichnet, weil der Betrei- **395**

1 Siehe § 1 Ia Nr. 1b KWG.

ber bei der Zusammenführung der Orders über keinen Spielraum verfügt. Zu den MTF zählen insbesondere sog. Broker Crossing Networks, in denen große Aktienpakete gänzliche ohne Bekanntgabe gegenüber dem Markt verschoben werden.[2]

396 Eng mit den MTF verwandt ist eine weitere Art von Handelsplätzen, die sog. **organised trading facilities (OTF)**. Die OTF-Kategorie erfasst solche elektronischen und telefonbasierten Handelssysteme, die nicht als MTF einzuordnen sind, weil der Betreiber über einen gewissen Spielraum beim Zusammenführen der Orders verfügt. Der Handel ist also „diskretionär". Auf einem OTF können allerdings keine Aktien gehandelt werden, sondern nur Schuldverschreibungen, strukturierte Finanzprodukte, Emissionszertifikate und Derivate.[3]

397 Bedeutung haben MTFs vor allem durch die Richtlinie 2004/39/EG über Märkte für Finanzinstrumente (Markets in Financial Instruments Directive – **MiFID I**) erlangt. OTFs wurden hingegen erst Anfang 2018 mit der Umsetzung der Richtlinie 2014/65/EU über Märkte für Finanzinstrumente II (Marktes in Financial Instruments Directive – **MiFID II**) in das deutsche Recht eingeführt.[4] In beiden Fällen benötigt der Betreiber keine besondere Erlaubnis, wenn er neben dem Betrieb des MTF oder OTF keine weiteren Finanzdienstleistungen erbringt (siehe Art. 5 II MiFID II, umgesetzt in § 2 VI Nr. 16 KWG). Diese Privilegierung der MTFs und OTFs soll aus europäischer Sicht die Abschottung der nationalen Finanzmärkte aufbrechen, für die man u.a. die Börsen für verantwortlich hält. Zugleich stellt die Richtlinie aber Organisations- und Verhaltenspflichten für beide Handelsplätze auf. Diese sind im deutschen Recht in Abschnitt 11 des WpHG (siehe insbesondere § 72 WpHG) umgesetzt.

398 Weitere Konkurrenz droht den Börsen durch die „**systematischen Internalisierer**". Das sind Wertpapierdienstleistungsinstitute, meist Banken, die Aufträge ihrer Kunden selbst ausführen, indem sie diese Transaktionen innerhalb des eigenen Hauses verrechnen. So schaffen sie eine marktähnliche Infrastruktur für den bilateralen Handel. Das lohnt sich, wenn innerhalb des Hauses sehr viele Aufträge zum Kauf oder Verkauf von Finanzinstrumenten gegeben werden, z.B. bei der Deutschen Bank. Noch fehlende Positionen können über Börsen oder MTF eingedeckt werden. Auch für die systematischen Internalisierer sind in der MiFID II Anforderungen enthalten.[5] Diese sind in Abschnitt 11 des WpHG in das deutsche Recht umgesetzt. Besondere Verhaltenspflichten für systematische Internalisierer finden sich in den Art. 14–18 MiFIR.

IV. Kryptobörsen

399 Eine besondere Variante des elektronischen Handels ist der mit **Kryptowerten**. Hierbei handelt es sich nach der Begriffsdefinition des MiCAR-Entwurfs um eine digitale Darstellung von Werten oder Rechten, die unter Verwendung der Distributed-Ledger-Tech-

---

2 Vgl. dazu Erwägungsgründe Nr. 6, 8 MiFIR (VO (EU) 600/2014).
3 Vgl. dazu § 1 Ia Nr. 1d KWG.
4 Siehe Art. 18, 20 RL 2014/65/EU (MiFID II); umgesetzt in § 1 Ia Nr. 1d KWG.
5 Vgl. dazu Art. 23-28 MiFID II.

nologie oder einer ähnlichen Technologie elektronisch übertragen und gespeichert werden können.[6] Sie werden typischerweise an sog. Kryptobörsen gehandelt. An Kryptobörsen können Kryptowerte gegen offizielle Währungen oder andere Kryptowerte getauscht werden. Sie unterliegen bislang keiner spezifischen Regulierung. Dies soll sich durch die MiCAR ändern, welche aufsichtsrechtliche Regeln entsprechend dem Modell der MiFID II/MiFIR und anderer EU-Texte enthält. Soweit die elektronisch gehandelten Kryptowerte allerdings als Finanzinstrumente zu qualifizieren sind, greifen diese Texte unmittelbar.[7]

Jüngst sind zudem Decentralized Finance (DeFi)-Plattformen aufgekommen, bei denen **400**
auch der Handel dezentralisiert ist. Dazu gehören unter anderem die sogenannten Decentralized Exchanges (DEX). Diese sind keine Rechtspersonen, sondern Computerprogramme, die den Austausch von Kryptowerten direkt zwischen den Marktteilnehmern ohne Einschaltung eines Intermediärs ermöglichen. Daraus erwachsen besondere Herausforderungen für die Aufsicht, weil es scheinbar an einem Adressaten für aufsichtsrechtliche Verfügungen mangelt. Aktuell ist weitgehend unklar, wie mit diesen Phänomenen umzugehen ist. Auch die MiCAR enthält darauf keine Antwort.

B. Wie funktioniert eine Börse?

I. Der Börsenhandel

1. Der klassische Parketthandel

Nicht jedermann kann sich einfach auf das Börsenparkett begeben und dort kaufen oder **401**
verkaufen. Das ist nur den Teilnehmern der Börse, den sogenannten Börsenhändlern = **Maklern**, erlaubt. Sie agieren für **Unternehmen**. Beide sind die wichtigsten Teilnehmer am Börsenhandel und bedürfen der Zulassung durch die Geschäftsführung der Börse (§ 19 I BörsG). Mit der Börsenzulassung entsteht zwischen dem zugelassenen Teilnehmer und der Börse ein öffentlich-rechtliches Benutzungsverhältnis. Hierdurch erwirbt der Börsenteilnehmer ein subjektiv-öffentliches Recht auf Nutzung der Börseneinrichtungen. Die allgemeinen Voraussetzungen für die Börsenzulassung ersehen Sie aus § 19 II BörsG. Daneben gibt es zusätzliche Voraussetzungen für die Zulassung des Unternehmens (§ 19 IV BörsG) und für die Zulassung des Händlers (§ 19 V–VII BörsG).

Der deutsche Gesetzgeber hat sich mit dem Zulassungserfordernis gegen einen freien **402**
Börsenzugang entschieden. Dies bedeutet, dass der einzelne Anleger nur durch Makler am Handel teilnehmen darf. Das lässt sich dadurch rechtfertigen, dass nur so das Funktionieren der Börse und ein **reibungsloser Börsenhandel** gewährleistet werden kann. Außerdem müssen sich die anderen Handelsteilnehmer der Börse darauf verlassen können, dass jeder andere Marktteilnehmer seinen Verpflichtungen ordnungsgemäß nach-

6 Art. 3 I Nr. 2 MiCAR-Entwurf.

7 Siehe dazu *Lehmann*, Internationales Finanzmarktrecht, in: MünchKomm-BGB, 9. Aufl. (im Erscheinen).

kommt. Nur sachkundige und kapitalstarke Unternehmen können den Anforderungen des Börsenhandels gerecht werden. Es ist daher notwendig, den Börsenzugang auf professionelle Teilnehmer zu beschränken.[8]

403 Die Teilnehmer an der Börse können sich beim (zivilrechtlichen) Börsenhandel ihre Vertragspartner nicht frei aussuchen. Vielmehr besteht zwischen Börsenteilnehmern ein **Kontrahierungszwang**. Möchte ein Teilnehmer ein Geschäft an der Börse durchführen, ist er gezwungen, jeden anderen Börsenteilnehmer als Vertragspartner zu akzeptieren. Das ist nur möglich, wenn sichergestellt ist, dass alle Handelsteilnehmer ihren Verpflichtungen zuverlässig nachkommen. Auch aus diesem Grund bedarf es des Erfordernisses der Zulassung.[9]

404 Die Rolle der Börsenhändler (Makler) ist nicht überall auf der Welt gleich. Es lassen sich zwei Modelle unterscheiden. Nach dem ersten Modell, welches insbesondere an Börsen in den USA zu finden ist, kaufen oder verkaufen die Makler Finanzinstrumente zu Preisen, die sie für richtig halten. Das zweite Modell findet sich an den meisten europäischen Börsen. Dort besteht die Aufgabe der Makler in erster Linie darin, die jeweils passenden Kauf- und Verkaufsorder zusammenzuführen (zu „matchen"). Bei ihnen ist weiter zu unterscheiden, ob der Makler eine rein passive Stellung einnimmt oder ob er auch mit eigenem Geld oder Finanzinstrumenten einspringen kann, wenn eine Order mangels passender Gegenorder sonst nicht ausgeführt werden könnte. Soweit der Händler ähnlich wie in den USA selbst Preise stellen darf, nennt man ihn auch **Market Maker** (siehe § 36 V Nr. 1 WpHG).

2. Der elektronische Handel

405 An die Stelle des „physischen Handels" mittels Börsenhändler tritt auch an den klassischen Börsen mehr und mehr der elektronische Handel. Ein Beispiel ist das System **Xetra** der Frankfurter Wertpapierbörse. Im elektronischen Handel werden Aufträge zum Kauf und Verkauf durch einen Computer „gematcht". Der Börsenhändler bedarf es nicht mehr. Dennoch beschäftigt die Frankfurter Wertpapierbörse seit dem Jahr 2011 sogenannte Xetra-Spezialisten. Das sind diejenigen Personen, die man heute noch im Fernsehen auf dem Börsenparkett sehen kann. Ihre Aufgabe ist es, den Kunden den wahrscheinlichen Ausführungspreis (sog. quote) anzugeben. Ausführen können sie den Auftrag allerdings nicht mehr selbst – dies übernimmt der Computer, der den endgültigen Ausführungspreis festlegt.

II. Der Vertragsschluss

1. Ablauf eines typischen Geschäfts mit Finanzinstrumenten

406 Ein typisches Geschäft läuft folgendermaßen ab: Kunde A beauftragt seine Bank mit der Veräußerung von Finanzinstrumenten. Diese wendet sich an einen ihr bekannten

8 Dazu *Kumpan*, in: Schwark/Zimmer, KMRK, 5. Aufl. 2020, Rn. 5.
9 Dazu *Kumpan*, in: Schwark/Zimmer, KMRK, 5. Aufl. 2020, Rn. 6.

Börsenmakler oder gibt den Auftrag in das elektronische Handelssystem der Börse ein. Dort wird der Auftrag ausgeführt, indem die Verkaufsorder mit der Kauforder eines anderen Instituts „gematcht" wird, das ebenfalls für einen privaten Kunden handelt.

2. Rechtliche Bewertung

Zivilrechtlich sind diese Vorgänge nicht einfach einzuordnen. Einigkeit besteht darüber, dass es sich nicht um einen einheitlichen Vertrag, sondern um eine Kette von Vertragsbeziehungen handelt. Die Bank tritt dabei als Kommissionärin für ihre Kunden auf.[10] Auf das Verhältnis zwischen ihnen finden die §§ 383 ff. HGB Anwendung, soweit sie nicht durch die „Sonderbedingungen für Wertpapiergeschäfte" als AGB der Banken abgewandelt sind. Das an der Börse geschlossene Geschäft ist ein **Rechtskauf** im Sinne der §§ 433, 453 I BGB. Soweit Makler beteiligt sind, schließen diese den Kaufvertrag nicht für sich selbst, sondern für Kunden, die ihnen Kauf- oder Vertragsorder erteilen. Nach herrschender Auffassung handeln sie dabei als Bote.[11] Die Makler entfallen in elektronischen Handelssystemen: Hier kann der Kaufvertrag nur unmittelbar zwischen den Kunden zustande kommen. Das Handelssystem dient lediglich als Kommunikationsplattform. **407**

3. Der Zentrale Kontrahent

Die Besonderheit der an der Börse geschlossenen Kaufverträge ist, dass sich die Vertragspartner nicht kennen. Sollte einer von ihnen nicht rechtzeitig erfüllen oder insolvent werden, hat der andere die Konsequenzen zu tragen. Das ist bedenklich. In neuerer Zeit wird daher an der Börse zwischen Käufer und Verkäufer ein Intermediär geschoben. Es handelt sich um den sogenannten Zentralen Kontrahenten (**Central Counterparty – CCP**), manchmal auch als „Zentrale Gegenpartei" bezeichnet. Der Zentrale Kontrahent wird Vertragspartner aller Käufe und Verkäufe, die an der Börse geschlossen werden. Ordert z.B. das Institut X eine bestimmte Menge Aktien, so veräußert sie ihm der Zentrale Kontrahent. Gleichzeitig schließt er einen Kaufvertrag über dieselben Aktien mit dem Institut Y, welches diese an der Börse verkaufen möchte. Das Matching wird dabei nach wie vor durch das Handelssystem ausgeführt. Die Funktion des Zentralen Kontrahenten ist eine rechtliche: Er soll für die Kunden das Ausfallrisiko ihrer Vertragspartner reduzieren. Wegen seiner bedeutsamen Funktion wird der Zentrale Kontrahent auch beaufsichtigt: Gemäß § 1 I S. 2 Nr. 12 KWG ist seine Tätigkeit als Bankgeschäft anzusehen und daher gemäß § 32 KWG erlaubnispflichtig. **408**

Trotz ihrer vielen positiven Effekte bergen Zentrale Kontrahenten auch Gefahren für die Finanzmarktstabilität. Durch die obligatorische Zwischenschaltung eines Intermediärs wird das Risiko auf wenige Unternehmen konzentriert. So reduzieren CCPs zwar das Risiko an einer Front, erhöhen dieses aber paradoxerweise auf einer anderen. Der Zusammenbruch eines Zentralen Kontrahenten hätte für die Finanzmärkte katastrophale Folgen. Theoretisch können diese Risiken durch angemessene Aufsicht minimiert wer- **409**

---

10 *Einsele*, Bank- und Kapitalmarktrecht, 5. Aufl. 2022, § 8 Rn. 6.
11 *Kumpan*, in: Schwark/Zimmer, KMRK, 5. Aufl. 2020, § 27 Rn. 19 BörsG.

den. Problematisch ist indessen, dass Aufsichtsbehörden grundsätzlich nur innerhalb des eigenen Staates tätig werden dürfen. Während die Risiken also global sind, findet eine Überwachung regelmäßig nur auf lokaler Ebene statt. Das Gros der für den deutschen Markt bedeutsamen Zentralen Kontrahenten hat seinen Sitz außerhalb des Bundesgebiets – vorrangig in London. Der **Brexit** hat diese Spannungen verstärkt. Der Europäische Gesetzgeber hat darauf mit der Anordnung der extraterritorialen Überwachung systemisch wichtiger CCP reagiert.[12]

III. Die Erfüllung

410 Die an der Börse geschlossenen Kaufverträge müssen erfüllt werden. Dazu dienen sogenannte **Clearing- und Settlementsysteme**, die vollelektronisch funktionieren. Sie sind entweder von der Börse unabhängig oder stehen in deren Eigentum (so wie die Clearstream AG, die der Deutschen Börse AG gehört).

411 Beim **Clearing** bestimmt man zunächst sämtliche Forderungen der Clearingmitglieder untereinander hinsichtlich der zu übertragenden Finanzinstrumente und des dafür zu zahlenden Preises. Danach werden die Transaktionen nicht einzeln abgewickelt, sondern alle aus ihnen folgenden Ansprüche miteinander saldiert; soweit sie sich decken, gelten sie als erloschen. Man nennt diesen Vorgang auch **Netting**; er ist Teil des Clearings. Rechtlich gesehen handelt es sich beim Netting um eine Aufrechnung (§§ 387 ff. BGB).

412 Beim **Settlement** erfüllt man die nach dem Clearing verbleibenden überschießenden Forderungen eines Clearingmitglieds gegen ein anderes. Dies geschieht im Wege des sogenannten Spitzenausgleichs. Dazu werden Finanzinstrumente oder Geld durch die Belastung und Zuschreibung auf Konten der beteiligten Institute übertragen. Rechtlich gesehen ist dies die dingliche Übertragung von Finanzinstrumenten. Sie vollzieht sich nach den Regeln des Sachenrechts durch Übertragung eines Miteigentumsanteils an der Globalurkunde (siehe dazu unten Rn. 444). Da sich diese im Besitz einer Wertpapiersammelbank befindet (unten Rn. 444), tritt an die Stelle der Übergabe die Abtretung des Herausgabeanspruchs gegen diesen (§ 931 BGB). Die Tragfähigkeit dieser rechtlichen Konstruktion ist aber im Schrifttum umstritten.[13]

Beispiel: Aktionär A erwirbt an der Frankfurter Wertpapierbörse über seine Hausbank H 10.000 Aktien der X-AG zum Stückpreis von 10,10 Euro von B und 5.000 Aktien desselben Emittenten zum Preis von 10 Euro von C. A hat C zuvor über H 1.000 Aktien der Z-AG zum Stückpreis von 20 Euro verkauft. Innerhalb des Clearings wird nun festgestellt, dass A an B 101.000 Euro zahlen muss. Dagegen muss A an C nicht 50.000 Euro, sondern 30.000 Euro zahlen, weil vom Zahlungsanspruch des C die Forderung des A in Höhe von 20.000 Euro abgezogen wird. Beim anschließenden Settlement zahlt A die festgestellten Summen an B und C und erhält im Gegenzug den Miteigentumsanteil an den Globalurkunden der betroffenen Aktien der X-AG. Zudem muss A den Miteigentumsanteil an der Globalurkunde der Z-AG an C übertragen.

---

12 Vgl. dazu *Lehmann*, CMJL 2023, 5.

13 Siehe dazu *Lehmann*, Finanzinstrumente, 2009, S. 388-390.

C. Wie werden Börsen geleitet?

I. Selbstverwaltung

Die Börse wird in erster Linie durch ihre Teilnehmer geleitet. Es gilt der Grundsatz der **Selbstverwaltung**. Dazu dienen verschiedene Organe. Besonders wichtig ist der **Börsenrat**, § 12 I BörsG. Ihm gehören nicht nur die zum Handel zugelassenen Teilnehmer und Skontroführer (zum Begriff unten Rn. 423) an, sondern auch Emittenten von Finanzinstrumenten, die an der Börse gehandelt werden, sowie Anleger, § 12 I S. 2 BörsG. Er erlässt eine **Börsenordnung**, § 12 II Nr. 1 BörsG. Sie enthält alle Regelungen, die für das Funktionieren der Börse wichtig sind, vgl. § 16 BörsG. Dem Börsenrat obliegt im Einvernehmen mit der Börsenaufsichtsbehörde auch die Bestellung der Geschäftsführer, § 12 II S. 1 Nr. 2 BörsG. Diese müssen zuverlässig sein und die für die Leitung der Börse notwendige fachliche Eignung besitzen, § 15 I S. 3 BörsG. Sie leiten die Börse in eigener Verantwortung, § 15 I S. 1 BörsG. Außerdem gibt es eine **Handelsüberwachungsstelle**, die den Handel und die Geschäftsabwicklung überwacht, § 7 I BörsG, sowie einen **Sanktionsausschuss**, der Fehlverhalten der Handelsteilnehmer ahndet, § 22 BörsG. 413

II. Staatliche Überwachung

Zur Wahrung öffentlicher Interessen wird die Selbstverwaltung der Börse durch staatliche Überwachung ergänzt. Mit dieser Aufgabe sind gleich zwei Behörden betraut. In erster Linie wird die Börse durch die **oberste Landesbehörde** als Börsenaufsichtsbehörde überwacht, in deren Bundesland sie sich befindet. Sie prüft die Einhaltung der Anforderungen nach dem BörsG (vgl. § 3 I BörsG). Allerdings arbeitet sie eng mit der **BaFin** zusammen (vgl. § 8 BörsG). Jene überwacht insbesondere die Einhaltung des Wertpapierhandelsgesetzes (WpHG), zum Beispiel der Vorschriften über das Verbot des Insiderhandels. Für die Überwachung von MTF und OTF ist nur die BaFin zuständig, da diese nicht dem BörsG, sondern nur dem WpHG unterliegen (siehe insbesondere § 72 WpHG). 414

Börsen können nicht einfach gegründet werden. Zur Errichtung benötigt man eine schriftliche Genehmigung der Börsenaufsichtsbehörde (§ 4 I BörsG). Dabei werden u.a. die Zuverlässigkeit und die fachliche Eignung der Geschäftsleiter geprüft (§ 4 II Nr. 2 BörsG). 415

Die Bedeutung der Börse aus Sicht des Gesetzgebers zeigt sich auch an anderer Stelle: Einer gewissen Aufsicht unterliegt ebenfalls der Träger der Börse, also die private Gesellschaft, die eine Börse betreibt. Jeder, der eine Beteiligung von 10 % oder mehr an diesem Träger erwerben will, muss dies der Börsenaufsichtsbehörde anzeigen (§ 6 I S. 1 BörsG). Die Börsenaufsichtsbehörde kann den Erwerb untersagen, z.B. wenn der Erwerber nicht zuverlässig ist oder zu vermuten ist, dass er Schwarzgeld zum Erwerb einsetzen wird (§ 6 II S. 1 Nr. 1 BörsG). 416

D. Wie kommt ein Finanzinstrument an die Börse?

I. Zulassungserfordernis

417 Nicht jede Aktie oder Obligation (= Anleihe, Schuldverschreibung) kann an der Börse gehandelt werden. Dafür bedarf es vielmehr einer **Zulassung** durch die Geschäftsführung der Börse, § 32 BörsG.

418 Nähere Anforderungen dazu enthält die **Börsenzulassungsverordnung** (BörsZulVO). Danach ist bei Aktien notwendig, dass die an der Börse gehandelten Instrumente voraussichtlich einen Kurswert von mindestens **1,25 Mio. Euro** haben (§ 2 I BörsZulVO). Bei anderen Instrumenten, wie z.B. Anleihen, genügt, dass sie auf mindestens **250.000 Euro** lauten (§ 2 II BörsZulVO). Der Emittent darf nicht ganz neu gegründet sein, sondern muss mindestens **drei Jahre** bestanden und Jahresabschlüsse offengelegt haben (§ 3 BörsZulVO). Außerdem kann die Zulassung nur für Wertpapiere beantragt werden, die **frei handelbar** sind (§ 5 I BörsZulVO). Einschränkungen der Handelbarkeit können z.B. daraus resultieren, dass Instrumente nicht voll eingezahlt sind oder ihr Erwerb an die Zustimmung des Emittenten gebunden ist (sog. vinkulierte Aktien). In diesen Fällen kann die Zulassung nur erteilt werden, wenn eine Beeinträchtigung oder Störung des Börsenhandels ausgeschlossen ist (§ 5 II BörsZulVO). In der Praxis sichert der Emittent meist schriftlich zu, dass er die Zustimmung nur aus sachlichem Grund verweigern wird.[14]

419 Für die Zulassung von Aktien wichtig ist außerdem noch § 9 BörsZulVO, der Anforderungen an die „Streuung" stellt: Bei manchen Gesellschaften wird der Großteil der Anteile von einem oder wenigen Aktionären gehalten und nur ein kleiner Teil auf dem freien Markt gehandelt. Um zu verhindern, dass der Börsenhandel nur zum „Theater" ohne wirkliche Bedeutung wird, verlangt daher das Gesetz, dass in der Regel mindestens **25 % der Aktien im Streubesitz**, das heißt im Besitz von Kleinaktionären sind.

II. Regulierter Markt und Freiverkehr

420 Hinsichtlich des Handels ist zu unterscheiden, ob ein Finanzinstrument im **regulierten Markt** oder im **Freiverkehr** gehandelt wird. Ein Beispiel für einen regulierten Markt ist der **Prime Standard** an der Frankfurter Wertpapierbörse. Der Freiverkehr ist ein elektronisches Handelssystem der Börse. Ein Beispiel für den Freiverkehr ist der **Open Market** der Frankfurter Wertpapierbörse, zu dem u.a. der sogenannte **Entry Standard** zählt.

421 Der Unterschied zwischen ihnen besteht zum einen darin, dass der regulierte Markt von den staatlichen Stellen **strengeren Regelungen unterworfen und stärker überwacht** wird. So gelten etwa die Meldepflichten bei der Überschreitung bestimmter Beteiligungen an einer Aktiengesellschaft (etwa 3, 5 oder 10 %) nur für solche inländischen Emit-

14 *Ekkenga,* in: MünchKomm-HGB, Rn. 25.

tenten, deren Aktien zum Handel auf einem organisierten, d.h. regulierten Markt zugelassen sind, vgl. § 33 I S. i.V.m. §§ 2 XII, XIII, 33 IV WpHG i.V.m. §§ 32 ff. BörsG. Für den Freiverkehr gilt das WpHG nicht, obwohl er ein elektronisches Handelssystem ist. Bei ihm muss nach den Geschäftsbedingungen der Börse eine ordnungsmäßige Durchführung gewährleistet sein (§ 48 I BörsG).

Zum anderen können Finanzinstrumente zum regulierten Markt erstmalig nur auf Antrag des **Emittenten** zugelassen werden, § 32 II BörsG. Danach können sie auch auf Antrag eines Handelsteilnehmers oder sogar durch die Börsengeschäftsführung von Amts wegen in den Handel einbezogen werden, § 33 I BörsG. Für die Einbeziehung in den Freiverkehr ist nie die Zustimmung des Emittenten erforderlich, vgl. § 48 I S. 4 BörsG. Grund: Der Emittent unterliegt auch keinen besonderen Pflichten, z.B. zu Adhoc-Mitteilungen (zu ihnen unten Rn. 687–694). 422

E. Wie wird der Börsenpreis ermittelt?

I. Skontration

Der Börsenpreis wird aus dem Durchschnitt aller an einer Börse getätigten Geschäfte ermittelt. Mit dieser Aufgabe können nach § 27 BörsG besondere Unternehmen, die sogenannten **Skontroführer**, betraut werden. Beim Skontroführer vollzieht sich der eigentliche Handel; er bringt Angebot und Nachfrage in Übereinstimmung. Alternativ kann die Preisermittlung durch elektronische Handelssysteme getroffen werden. Die Abgrenzung zwischen elektronischem Handelssystem und Skontroführer ist nicht einfach, da auch letzterer sich regelmäßig der EDV zur Preisermittlung bedient. Sie hängt davon ab, wer im Einzelfall die Entscheidung trifft und hierfür die Verantwortung trägt. Wird die Entscheidung ausschließlich der Elektronik anvertraut, so handelt es sich um eine Preisermittlung durch ein elektronisches Handelssystem; liegt die Entscheidung und Verantwortlichkeit dagegen bei einem Unternehmen, so gilt dieses als Skontroführer.[15] 423

Die **Skontration** erfolgt ähnlich wie die Führung eines Kontokorrents durch Buchung auf einem Konto mit zwei Seiten – einer Seite für die Kauforders (Geldseite) und eine Seite für die Verkaufsorders (Briefseite). Die Kauf- und Verkaufsorder werden „gematcht", soweit sie sich hinsichtlich des Preises decken. Dabei sind die Besonderheiten der jeweiligen Order zu berücksichtigen. Ein Kunde kann eine sogenannte Limitorder setzen, d.h. eine Order, die mit einem bestimmten Preis versehen ist. Sie darf nur zu diesem Preis oder besser ausgeführt werden. Er kann aber auch eine Marketorder abgeben, d.h. eine Order, bei der kein Preislimit angegeben wird (also Kauf bzw. Verkauf zum jeweils günstigsten Preis). Die muss zum jeweiligen Marktpreis ausgeführt werden. Der Skontroführer muss möglichst viele Limitorders als auch Marktorders ausführen (Meistausführungsprinzip). Dazu wird ein einheitlicher Preis ermittelt, zu dem die größte Menge von Verkaufs- und Kauforders gedeckt werden können. Der ermit- 424

15 *Kumpan*, in: Schwark/Zimmer, KMRK, 5. Aufl. 2020, § 27 Rn. 2 BörsG.

telte Betrag wird sodann als „Kurs“ oder „Börsenpreis“ veröffentlicht.[16] Können nicht alle Orders auf Kauf- oder Verkaufsseite ausgeführt werden, wird dies durch eine entsprechende Kennzeichnung des Kurses kenntlich gemacht. Dabei bedeutet „bG“ oder „bezahlt Geld“ einen Nachfrageüberhang, „bB“ oder „bezahlt Brief“ einen Überhang des Angebots an Finanzinstrumenten.[17]

425 Wird ein und dasselbe Finanzinstrument an unterschiedlichen Handelsplätzen gehandelt (sogenanntes Dual- oder Cross-Listing), kann der jeweilige Kurs geringfügig voneinander abweichen. Die Gründe dafür können unterschiedlich sein. So verwenden verschiedene Börsen unterschiedliche Mechanismen zur Ermittlung des Börsenpreises. Auch unterschiedliche Handelsvolumina können zu abweichenden Börsenkursen führen. Zum Teil werden derartige Kursunterschiede durch **Arbitragegeschäfte** ausgenutzt. Diese steigern die Nachfrage auf einem Handelsplatz und führen so zu einer Preisangleichung.

Beispiel: Die Aktie X ist auf einmal am New York Stock Exchange (NYSE) und ein zweites Mal am London Stock Exchange (LSE) Börse gelistet. Der Börsenkurs am NYSE beträgt 55,60 US-Dollar, während der gleiche Titel am LSE um 55,62 US-Dollar gehandelt wird. Kauft ein Marktteilnehmer am NYSE Aktien ein und verkauft diese wenige Sekunden später am LSE, so hat er die Arbitrage in Höhe von zwei 2 Cent (umgangssprachlich Penny) ausgenutzt. Solche Geschäfte lohnen sich nur mit einem hohen Kapitaleinsatz, denn in der Regel beträgt die Arbitrage meistens nur wenige Cent oder liegt sogar im Bereich der dritten Nachkommastellen.

II. Indizes

426 Vom Börsenkurs zu unterscheiden ist der DAX. Es handelt sich um einen **Index**, der aus dem Kurs der 40 größten und umsatzstärksten Aktien ermittelt wird, die an der Frankfurter Wertpapierbörse zum Handel zugelassen sind. Andere Indizes sind z.B. MDAX, SDAX, S&P500, Dow Jones, CAC 40 oder FTSE 100, um nur einige weitere Beispiele zu nennen. Rechtlich werden sie als Referenzwerte eingeordnet und sind vor Manipulation geschützt (unten Rn. 624).

16 Zu den Anforderungen an die Ermittlung des Börsenpreises siehe § 24 BörsG.

17 Für eine Übersicht siehe *Kumpan,* in: Hopt, HGB, 42. Aufl. 2023, § 24 BörsG, Rn. 10b.

§ 11

Die Finanzinstrumente

A. Was ist ein Finanzinstrument?

I. Begriff

Einfach gesagt bezeichnet der Begriff des Finanzinstruments **alle Produkte, die auf den Finanzmärkten gehandelt werden**. Typische Beispiele sind Aktien, Anleihen und Derivate. Es handelt sich um **Vermögenswerte**, welche meist unkörperlicher Natur sind. Sie werden **massenhaft ausgestellt**. Außerdem weisen sie identische Merkmale auf und sind daher **fungibel**. Finanzinstrumente sind außerdem **zum Umlauf geeignet**. Alle diese Charakteristika haben zur Folge, dass sie auf den Finanzmärkten in großer Zahl gehandelt werden können. 427

Der Begriff des Finanzinstruments stammt aus der Markets in Financial Instruments Directive (MiFID I).[1] Er ist schwer zu definieren. Der europäische Gesetzgeber hat sich damit begnügt, einzelne Beispiele für Finanzinstrumente aufzulisten (siehe Anhang I Abschnitt C zur MiFID II). Das Konzept des Finanzinstruments erscheint in gewisser Weise farblos, fade und unbestimmt. Der Grund dafür ist leicht zu erkennen, wenn man bedenkt, dass der Begriff offen sein soll für die Entwicklungen am Finanzmarkt. Der Kreativität der Anbieter von Finanzmarktprodukten sind keine Grenzen gesetzt; daher darf sich auch das Recht keine Grenzen setzen, sondern muss sich parallel zu den Märkten fortentwickeln. Der Preis dafür ist eine Definition, die keine starren Voraussetzungen an die Instrumente stellt. Das bedeutet allerdings nicht, dass der Begriff des Finanzinstruments völlig unbestimmt ist. Es handelt sich um einen **Typusbegriff**, dessen Elemente nicht in allen Einzelheiten feststehen. Eine Abgrenzung ist daher nur durch Annäherung möglich. 428

Zur Vertiefung: Allen Finanzinstrumenten sind die folgenden Elemente gemein: Finanzinstrumente **verkörpern Rechte und Pflichten**. Ihr Inhalt können einfache Rückzahlungsansprüche (beispielsweise bei Anleihen), Gestaltungsrechte (wie bei Optionen) oder auch sonstige Rechte und Pflichten sein. Finanzinstrumente sind zum einen **handelbar**. Dies bedeutet, dass die durch sie repräsentierten Rechte und Pflichten wirksam auf einen Dritten übertragen werden können. Finanzinstrumente sind darüber hinaus **umlauffähig**. Die Umlauffähigkeit fragt danach, ob das Finanzinstrument auf einen Markt zirkulieren kann, daher wird die Umlauffähigkeit manchmal auch Zirkulationsfähigkeit genannt. Finanzinstrumente werden **massenhaft ausgestellt**. Dies ist notwendig, damit sich ein Sekundärmarkt für sie bilden kann. Finanzinstrumente sind zudem **fungibel**. Ein Instrument gleicht dem anderen derselben Gattung. Aus Sicht des Marktes ist es daher nicht von Relevanz, welches konkrete Instrument gehalten wird; das ist wiederrum bedeutsam für die Handelbarkeit. Alle Finanzinstrumente eignen sich schließlich für die Abwicklung in modernen **Clearing- und Settlementsystemen**.[2]

---

1 Heute findet sich die Begriffsdefinition in Art. 4 I Nr. 15 i.V.m. Anhang I Abschnitt C MiFID II.

2 *Lehmann*, Finanzinstrumente, 2009, S. 304-320.

II. Bedeutung des Konzepts

1. Wirtschaftliche Sicht

429 Bedeutung hat das Konzept der Finanzinstrumente einmal aus **wirtschaftlicher** Sicht, denn es bezeichnet auf einfache Weise **alle Produkte des Finanzmarkts**. Der Finanzmarkt ist dabei zu verstehen als Oberbegriff für den Kapitalmarkt, auf dem Unternehmen nach Finanzierung suchen, den Geldmarkt, auf dem kurzfristige Gelddarlehen gehandelt werden, sowie den Derivatemarkt.

2. Rechtliche Sicht

430 **Rechtlich** ist das Finanzinstrument in den letzten Jahren vor allem durch die **europäische Gesetzgebung** wichtig geworden. Diese verwendet den Begriff sehr häufig (vgl. zum Beispiel den Titel der MiFID: Markets in **Financial Instruments** Directive). Mittlerweile spielt der Begriff des Finanzinstruments eine übergeordnete Rolle im Europäischen Finanzmarktrecht. Zahlreiche Unionsrechtsakte und deutsche Umsetzungsrechtsakte knüpfen an ihn an. So spielt er z.B. für die Beteiligungspublizität eine Rolle (vgl. § 38 I WpHG).

III. Arten

431 Es gibt unzählige Arten von Finanzinstrumenten. Täglich kommen neue hinzu. Ihre Zahl hängt allein von der Innovationskraft des Marktes ab. Ein *numerus clausus* ist nicht vorgesehen. Das WpHG versucht dennoch eine Kategorisierung. Es unterteilt die Finanzinstrumente in Wertpapiere, Investmentanteile, Geldmarktinstrumente, Derivate und Vermögensanlagen.

1. Wertpapiere

432 Als Wertpapier bezeichnet man nach einer allgemeinen (zivilrechtlichen!) Definition jede „Urkunde, in der ein Recht dergestalt verbrieft ist, dass zu seiner Geltendmachung die Innehabung der Urkunde erforderlich ist" (dazu oben Rn. 333). Unter den Begriff des Wertpapiers fallen danach z.B. Schecks, Wechsel und Sparbücher. Diese sind jedoch keine Finanzinstrumente. Der Begriff des Finanzinstruments erfasst nur am Kapitalmarkt gehandelte Wertpapiere. In der Terminologie des Unionsrechts werden sie übertragbare Wertpapiere genannt (vgl. Anhang I Abschnitt C lit. a MiFID II).

433 Unter den Wertpapieren, die am Kapitalmarkt gehandelt werden, sind Archetypen die **Aktie** als Mittel der Eigenfinanzierung (§ 2 I Nr. 1 WpHG) und die **Anleihe** (Schuldverschreibung) als Grundform der Fremdfinanzierung (§ 2 I Nr. 3 lit. a Fall 2 WpHG). Ebenfalls erfasst sind Zwischenformen, sogenannte **hybride Instrumente**, wie der **Genussschein**. Über die am Kapitalmarkt gehandelten Wertpapiere wird jedoch in der Regel keine Urkunde ausgestellt; daher passt die Bezeichnung Wert„papier" nicht (dazu unten Rn. 444–446). Eine urkundliche Verbriefung ist gerade keine Voraussetzung für das Vorliegen eines Finanzinstruments.

2. Investmentanteile

Ebenfalls zu den Finanzinstrumenten zählt das Gesetz Anteile an Investmentvermögen (§ 2 IV Nr. 2 WpHG). Diese können in **Investmentanteilscheinen** verbrieft oder unverbrieft sein. Geregelt sind Investmentanteile im Kapitalanlagengesetzbuch (KAGB, dazu unten Rn. 472 ff.). **434**

3. Geldmarktinstrumente

Geldmarktinstrumente sind Forderungen, die üblicherweise auf dem Geldmarkt gehandelt werden (§ 2 II WpHG). Dies sind Forderungen auf Geld mit einer kurzen Laufzeit, typischerweise von nicht mehr als 12 Monaten. Man spricht auch von „commercial paper" (cp). **435**

4. Derivate

Derivate sind von anderen Rechten abgeleitete Instrumente. Es handelt sich zum Beispiel um **Optionen**, die das Recht verleihen, in der Zukunft Gegenstände zu einem bestimmten Preis kaufen oder verkaufen zu können (vgl. § 2 II Nr. 1 WpHG). Weiter gehören dazu **Futures**. Sie sind ebenfalls in der Zukunft zu erfüllen, doch besteht hier im Unterschied zu Optionen kein Wahlrecht, sondern eine unbedingte Erfüllungspflicht; daher spricht man im Deutschen auch von Festgeschäften (vgl. § 2 II Nr. 1 WpHG). Beide Arten von Geschäften bezeichnet das Gesetz als „**Termingeschäfte**", weil sie nicht sofort, sondern erst in der Zukunft zu erfüllen sind. **436**

Man könnte sich fragen, warum die Parteien eine solche vertragliche Vereinbarung treffen, anstatt einfach den zugrunde liegenden Vermögenswert zu übertragen. Dafür kann es verschiedene Gründe geben. Ein häufiges Motiv ist die wirtschaftliche Planungssicherheit.

Beispiel: Derivate dienen oft als eine Art Absicherung im Finanzbereich. Der Energiekonzern RWE versorgt weite Teile Deutschlands mit Strom. Reicht die heimische Stromerzeugung nicht aus, um alle Haushalte zu versorgen, so kann Strom auch an speziellen Börsen eingekauft werden. Die größte europäische Strombörse ist die European Energy Exchange (EEX). Um sich gegen zukünftige Kursschwankungen abzusichern, kann der Konzern RWE dort Derivate ankaufen. Diese garantieren einen Stromkauf in der Zukunft zu einem Preis von heute.

Ein anderes, gegensätzliches Motiv ist die **Spekulation**. So kann ein Marktteilnehmer mit Hilfe einer Call-Option darauf wetten, dass der Marktpreis des Wertpapiers steigt, ohne die finanziellen Mittel für den Kauf der Aktie aufbringen zu müssen. Der einzige Preis, den er zahlen muss, ist die Optionsprämie, die in der Regel weit unter dem Preis des Wertpapiers liegt. Auf diese Weise kann er sein Geld sehr effizient anlegen und eine wesentlich höhere Rendite erzielen, als wenn er in das Wertpapier selbst investiert hätte, wie das folgende Beispiel zeigt. **437**

Beispiel: Stellen Sie sich vor, dass A ein Kapital von 1.000 Euro zu investieren hat. Er geht davon aus, dass der Kurs der Aktien von ihrem derzeitigen Marktpreis von 100 Euro steigen wird. Er legt das Kapital in Aktien an. Wie hoch ist sein Gewinn, wenn der Aktienkurs auf 120 Euro steigt?

Marktwert der Aktie:	120 € x 10	=	1.200 €
ursprüngliches Investment:	100 € x 10	=	– 1.000 €
Gewinn:			200 €
Gewinn in % seines ursprünglichen Investments:			+ 20 %

Stellen Sie sich nun vor, dass A anstelle von Aktien 1.000 Call-Optionen für eine Prämie von 1 Euro pro Aktie kauft. Wie hoch ist der Gewinn von A, wenn sich der Aktienkurs gleich entwickelt, d. h. auf 120 Euro steigt? Denken Sie daran, dass A bei der Ausübung der Option den Ausübungspreis von 100 Euro für jede der 1.000 Aktien, für die er eine Option erworben hat, zahlen muss, dass er aber auch den höheren Marktwert derselben Aktien zum Zeitpunkt der Ausübung der Optionen erhält. Außerdem muss er natürlich die Prämie von 1 Euro pro Stück für die 1.000 von ihm erworbenen Optionen zahlen.

Marktwert der Option:	120 € x 1000	=	120.000 €
ursprüngliches Investment:	100 € x 10	=	– 100.000 €
Premium für die Option:	1 € x 1.000	=	– 1.000 €
Gewinn:			19.000 €
Gewinn in % seines ursprünglichen Investments:			+ 1900 %

Insgesamt kann A also 1900% seiner Investition verdienen, wenn er Optionen kauft, während er „nur" 20% verdient, wenn er stattdessen Aktien kauft. Das ist tatsächlich ein 95-facher Gewinn! Das Beispiel zeigt, welch erhebliches Gewinnpotenzial mit Derivaten erzielt werden kann.

Der Preis für die höhere Rendite von Derivaten ist ein deutlich gesteigertes Risiko. Dies lässt sich veranschaulichen, indem man sich einen Rückgang des Aktienkurses um 20 % vorstellt. Was würde A in diesem Fall verlieren, wenn er direkt in die Aktie investiert hätte?

Marktwert der Aktie:	80 € x 10	=	800 €
ursprüngliches Investment:	100 € x 10	=	– 1.000 €
Verlust:			– 200 €
Verlust in % seines ursprünglichen Investments:			– 20 %

Und was würde nun passieren, wenn A stattdessen in Call-Optionen investiert hätte? Sobald der Börsenkurs der Aktien unter den Ausübungspreis der Call-Optionen fällt, ist die Ausübung der Option nicht mehr sinnvoll, da die Aktien auf dem Markt billiger erworben werden können. Der Wert der Optionen wird somit Null, da kein vernünftiger Anleger sie kaufen will.

Marktwert der Option:	0	=	0 €
Premium für die Option:	1 € x 1.000	=	– 1.000 €
Verlust:			– 1.000 €
Verlust in % seines ursprünglichen Investments:			– 100 %

Wenn A also Aktien kauft und der Marktpreis um 20 % fällt, macht er „nur" einen Verlust von 20 %, während er seine gesamte Investition verliert, wenn er stattdessen Call-Optionen kauft. Dies zeigt, dass der Optionshandel ein erhebliches Risiko birgt, nämlich den Totalverlust der Investition, der sich viel häufiger einstellen kann als beim Aktienhandel.

Derivate sind weiter die Differenzgeschäfte (***contracts for difference***), bei denen nur der Unterschiedsbetrag zwischen zwei Werten zu zahlen ist. Auch „**Zertifikate**" ordnet man zutreffend als Termingeschäfte und nicht (wie die ganz herrschende Meinung) als Schuldverschreibungen ein.[3] **438**

Zur Vertiefung: Derivate spielten eine bedeutende Rolle in der globalen Finanzkrise 2008/09. Der Handel mit ihnen fand damals auf weitgehend unregulierten Märkten statt. Die damit einhergehende Intransparenz sorgte für erhebliche Risiken. Um die tatsächliche Bedeutung dieser Art der Finanzinstrumente zu erkennen, ist es nützlich zu wissen, dass der Betrag ausstehender Verpflichtungen aus OTC gehandelten Derivate im Juni 2006 auf 369 Billionen Dollar geschätzt wurde.[4] Zum Vergleich: Das Weltbruttosozialprodukt betrug im Jahr 2005 rund 44 Billionen Dollar. Damit ist dieser Zweig der Finanzwirtschaft – zumindest nominell – weitaus bedeutender als die Realwirtschaft.

Eine Besonderheit sind schließlich die **Kreditderivate**, zum Beispiel *credit default swaps*: Mit ihnen lassen sich Kreditrisiken handelbar machen (vgl. § 2 II Nr. 4 WpHG). Mit einem CDS versucht eine Partei, der Sicherungsnehmer, sich gegen die nachteiligen Folgen eines ungewissen Ereignisses abzusichern. Dazu zahlt er einer anderen Partei, dem Sicherungsgeber, eine Prämie. Im Gegenzug verpflichtet sich letzterer, im Fall des Eintretens des ungewissen Ereignisses einen beträchtlichen Geldbetrag auszuzahlen. Bei diesem Ereignis kann es sich z.B. um den Ausfall eines wichtigen Lieferanten oder Kunden aufgrund von Liquiditätsproblemen oder der Eröffnung eines Insolvenzverfahrens handeln, das den Sicherungsnehmer in Schwierigkeiten bringt. Diese Fälle werden als Kreditereignis bezeichnet. Da es sich hier effektiv um die Versicherung eines Kredits handelt, werden CDS im deutschsprachigen Raum auch **Kreditausfallversicherungen** genannt. **439**

Beispiel: Die Bank B hat zahlreiche Kredite an deutsche Automobilhersteller vergeben. Sie ist daher in hohem Maße jedem Risiko ausgesetzt, das die Branche betreffen könnte. Um sich gegen die Gefahren abzusichern, schließt sie einen CDS mit dem Unternehmen C ab, der als Zulieferer von Autoteilen auf die Zukunftsaussichten der Autohersteller vertraut. Der Vertrag sieht vor, dass B an C eine monatliche Prämie von 100.000 Euro zahlt. Im Gegenzug verspricht C, 100 Mio. Euro zu zahlen, falls einer der fünf großen deutschen Automobilhersteller in Konkurs geht. Die fünf Automobilhersteller werden als „Referenzschuldner" bezeichnet.

5. Rechte auf Zeichnung von Wertpapieren

Der Erwerb eines neu auszugebenden Wertpapiers wird „Zeichnung" genannt. Gemäß § 2 IV Nr. 6 WpHG gelten auch „Rechte auf Zeichnung von Wertpapieren" als Finanzinstrumente. Darunter fallen z.B. Bezugsrechte, die das Gesellschaftsrecht für Aktionäre bei der Emission neuer Aktien im Rahmen einer Kapitalerhöhung vorsieht (§ 186 AktG). **440**

---

3 Siehe *Lehmann*, Finanzinstrumente, 2009, S. 113.

4 *International Bank for Settlements*, Quarterly Review March 2007, erhältlich unter https://www.bis.org/publ/qtrpdf/r_qt0703.htm (zuletzt besucht am 1.11.2022).

6. Vermögensanlagen

441 Finanzinstrumente sind auch Vermögensanlagen. Sie unterscheiden sich von den anderen Finanzinstrumenten dadurch, dass sie weniger leicht gehandelt werden können. Die einzelnen Arten von Vermögensanlagen sind in § 1 II **Vermögensanlagengesetz (VermAnlG)** genannt. Dazu zählen Anteile, die eine Beteiligung an einem Unternehmensergebnis gewähren, Treuhandanteile, Genussrechte und Namensschuldverschreibungen. Für ihren Vertrieb ist ebenso wie für den anderer Finanzinstrumente die Veröffentlichung eines Prospekts erforderlich.

442 Ausgenommen sind **Anteile an Genossenschaften** (§ 2 I Nr. 1 VermAnlG). Diese juristischen Personen sieht der Gesetzgeber als besonders förderungswürdig an und meint, wegen der geringen Gefahren der Anlage müssten auf sie die Vorschriften des VermAnlG keine Anwendung finden. Genauso verhält es sich bei von einer Genossenschaft an ihre Mitglieder angebotenen Vermögensanlagen (§ 2 I Nr. 1a VermAnlG). Voraussetzung für beide Ausnahmen ist allerdings, dass beim Vertrieb keine erfolgsabhängige Vergütung gezahlt wird. Daneben sieht § 2 I VermAnlG noch eine Reihe weiterer Ausnahmen vor. Sehen Sie sich diese bitte im Selbststudium an.

B. Wie verhält sich das Finanzinstrument zum Wertpapier?

I. Verdrängung

443 Der Begriff „Finanzinstrument" ersetzt zunehmend den des Wertpapiers. Ursprünglich war das Wertpapier der Leitbegriff des Kapitalmarktrechts (vgl. nur den Titel des „Wertpapierhandelsgesetzes"). Jetzt sieht § 2 IV Nr. 1 WpHG das Wertpapier nur noch als eine Unterart des Finanzinstruments an. Dieses ist der wirkliche Kernbegriff des WpHG. Es sollte daher besser „Gesetz über Märkte für Finanzinstrumente" heißen.

II. Entmaterialisierung

444 Außerdem ist zu beachten, dass das Konzept des Wertpapiers überholt ist. Die meisten der an den Finanzmärkten gehandelten Produkte werden nicht mehr in Papieren verbrieft. Es werden nur noch sogenannte **Globalurkunden** ausgestellt, die Tausende oder Millionen von Rechten darstellen sollen. Allerdings kommen diese Globalurkunden nie zum Vorschein; sie schlummern ruhig in Tresoren von „Wertpapiersammelbanken". Gehandelt werden nur noch die Rechte an diesen Urkunden, und zwar elektronisch (dazu oben Rn. 395 f., 405). Die Urkunde hat so in weiten Teilen eher anachronistische Züge.

445 Zum Teil werden Finanzmarktprodukte auch überhaupt nicht mehr verbrieft; man spricht von der **Entmaterialisierung**. Um dem Rechnung zu tragen, hat der Gesetzgeber dem Begriff des Wertpapiers in § 2 I WpHG hinzugefügt: „auch wenn für sie keine Urkunden ausgestellt sind". Ein Wertpapier ohne Urkunde – ein Widerspruch in sich!

Man sollte daher den Begriff des Wertpapiers ganz aufgeben und stattdessen anerkennen, dass die auf den Finanzmärkten gehandelten Produkte mit dem Wertpapier im Sinne des Schecks oder des Wechsels nichts zu tun haben. Andere Rechtsordnungen lassen dies klar erkennen: So unterscheidet z.B. das angelsächsische Recht klar zwischen „negotiable instruments" (Wertpapieren) und „securities" (Kapitalmarktprodukten). **446**

Eine Reaktion des deutschen Gesetzgebers ließ lange auf sich warten. Die Urkunde abzuschaffen war naheliegend; historisch und rechtlich allerdings schwer vorstellbar. Schließlich war die Grundidee eines Papiers mit Wert viele Jahrzehnte erfolgreich und zuverlässig. Die Digitalisierung und Innovationskraft des Finanzmarkts verlangte jedoch eine Anpassung. Mit dem Gesetz über elektronische Wertpapiere (eWpG) öffnete Deutschland die Tür für elektronische Wertpapiere. **447**

Sachlich ist das Gesetz auf Inhaberschuldverschreibungen, Pfandbriefe und Investmentanteilscheine beschränkt (vgl. § 1 eWpG und § 95 I KAGB). Eine Öffnung für weitere Arten von Wertpapieren soll zu einem späteren Zeitpunkt erfolgen.[5] Inhaltlich erlaubt das Gesetz die Begebung von Wertpapieren in elektronischer Form, die von einem Institut – entweder Wertpapiersammelbank oder Verwahrer – in einem zentralen Register geführt werden (§ 12 eWpG). Dies ist ein wichtiger Schritt zur Entmaterialisierung. Der Gesetzgeber geht jedoch darüber hinaus. Um der aufgekommenen Blockchain-Technologie Rechnung zu tragen, hat er auch sog. Kryptowertpapiere anerkannt, die in einem dezentral geführten Register eingetragen sind (§ 16 eWpG). Die Übereignung und der gutgläubige Erwerb dieser richtet sich nach besonderen Vorschriften (§§ 25 f. eWpG), die nicht länger an die Übergabe, sondern an die Buchung im Register anknüpfen. Trotz ihrer unkörperlichen Natur hat der Gesetzgeber beide Arten von elektronischen Wertpapieren den Sachen kraft Fiktion gleichgestellt (§ 2 III eWpG).[6] **448**

III. Was heißt „securitization"?

Auf eine Kurzformel gebracht bedeutet *securitization*, dass illiquide Vermögenswerte kapitalmarktfähig gemacht werden. An den Finanzmärkten können nur Titel gehandelt werden, die umlauffähig und fungibel (d.h. vertretbar) sind. Es besteht aber ein Bedürfnis, auch illiquide Vermögensgegenstände auf dem Kapitalmarkt abzusetzen, die eigentlich nicht für den Handel geeignet sind. Dazu zählen beispielsweise Darlehensforderungen gegen die Erbauer von Einfamilienhäusern (Hypothekendarlehen) oder Ansprüche gegen Leasingnehmer. **449**

Die rechtliche Technik, mit der diese Gegenstände „fit für den Kapitalmarkt" gemacht werden, ist folgende: Alle Forderungen oder sonstigen Rechte werden auf eine sogenannte Zweckgesellschaft (*special purpose vehicle*) übertragen. Diese gibt ihrerseits Aktien oder Schuldverschreibungen aus (sogenannte **ABS** – **Asset-Backed Securities**). Letztere können am Kapitalmarkt gehandelt werden; sie sind Finanzinstrumente i.S.d. § 2 IV Nr. 1 i.V.m. § 2 I Nr. 3 lit. a WpHG. Sie sind in verschiedene Risikoklassen einge- **450**

5 Referentenentwurf eines Gesetzes zur Einführung von elektronischen Wertpapieren, (Fn 4, S. 25).

6 Siehe näher *Lehmann*, NJW 2021, 2318.

teilt und werden im Insolvenzfall unterschiedlich bedient. Obwohl ABS durch die Finanzmarktkrise in Verruf geraten sind, ist die Technik der *securitization* ökonomisch sinnvoll, denn sie erleichtert die Finanzierung und verteilt Risiken auf die breiten Schultern des weltweiten Kapitalmarkts.

Zur Vertiefung: Die Finanzkrise 2008/09 hat sogenannten **Asset-Backed Securities** (ABS) zu trauriger Berühmtheit verholfen. Es handelt sich hierbei um Finanzinstrumente, die mit anderen Vermögenswerten oder Forderungen (*assets*) abgesichert (*backed*) sind. ABS werden regelmäßig von Zweckgesellschaften (Special Purpose Vehicles – SPV) emittiert. Diese sind per se nichts Verwerfliches. So haben Banken beispielsweise ein Interesse, ihre Kreditansprüche zu verkaufen, da sie per Gesetz verpflichtet sind, einen bestimmten Prozentsatz ihrer ausgegebenen Kredite mit eigenen Mitteln abzudecken. Diese sollen bei Ausfall einer Kreditverbindlichkeit zur Deckung der Ansprüche herangezogen werden. Das Kapital kann allerdings nicht anderweitig genutzt werden – es „liegt herum“ und steht der Volkswirtschaft nicht zur Verfügung. Um neue Kredite vergeben zu können, kann die Bank ihre Kreditforderungen an Zweckgesellschaften weiterverkaufen und so gebundenes Kapital verfügbar machen. Die Zweckgesellschaft bündelt die Kreditforderungen und emittiert sie am Kapitalmarkt. Das Problem der ABS war ihre Komplexität und Intransparenz. Zum Teil bestanden zwischen den in ihnen gebündelten Vermögenswerten und Forderungen Korrelationen, die kaum ersichtlich waren. Diese Schwierigkeiten versucht die "simple, transparent and standardised (STS) securitisation" zu überwinden, für welche die EU Grundlagen in zwei Verordnungen gelegt hat.[7]

C. Wie werden Finanzinstrumente gehandelt?

I. Handel in multilateralen Systemen und OTC

451 Finanzinstrumente werden an Börsen, auf *multilateral trading facilities* (MTF) oder *organised trading facilitites* (OTF) gehandelt (siehe oben Rn. 386 ff.). Außerdem können sie auch *over the counter* (OTC) ge- und verkauft werden. Das ist insbesondere bei Vermögensanlagen der Fall.

II. Übertragung

452 Die in den multilateralen Systemen oder OTC geschlossenen Geschäfte sind schuldrechtlicher Natur. Sie müssen jedoch sachenrechtlich (vermögensrechtlich) erfüllt werden. Dazu ist es notwendig, Finanzinstrumente zu liefern. Dies geschieht mit Hilfe von **Clearing- und Settlementsystemen** (siehe oben Rn. 410–412). Soweit das Finanzinstrument in einer Urkunde verbrieft ist, wird es mit dieser gemäß §§ 929 ff. BGB übertragen.

7 VO (EU) 2017/2401 (ÄnderungsVO über Aufsichtsanforderungen an Kreditinstitute und Wertpapierfirmen) und VO (EU) 2017/2402 (VerbriefungsVO).

D. Was ist eine Emission?

I. Begriff

Die Emission ist der Vorgang, durch den Finanzinstrumente **in massenhafter Weise geschaffen** und den Teilnehmern des Kapitalmarkts **angeboten** werden. Der Erwerb eines zu emittierenden Finanzinstruments vollzieht sich in mehreren Schritten: Das Finanzinstrument wird durch ein Zeichnungsangebot „**platziert**". Potentielle Investoren können sich dann durch ihre **Zeichnungserklärung** schriftlich dazu verpflichten, einen bestimmten Betrag neu auszugebender Finanzinstrumente zu einem Maximalpreis zu erwerben. Erst durch deren Annahme (**Zuteilung**) wird ein Zeichnungsvertrag zwischen dem Investor und dem Anbieter geschlossen. Gibt eine Gesellschaft erstmals Aktien aus, die an der Börse zugelassen werden sollen, spricht man vom ***initial public offering*** **(IPO)**. 453

II. Alternativen

Einige Finanzinstrumente entstehen nicht durch Emission, sondern werden individuell abgeschlossen. So verhält es sich zum Beispiel bei Futures oder Swaps. Damit diese überhaupt handelbar sind, müssen ihre Bedingungen standardisiert sein. 454

III. Vollzug der Emission

1. Auswahl des Emissionskonsortiums

Theoretisch kann eine Emission vom Emittenten allein durchgeführt werden. Dann spricht man von der sog. **Selbstemission**. Diese ist jedoch in der Praxis eine seltene Ausnahme. Die Regel ist vielmehr die **Fremdemission**. Bei ihr wird der Emittent durch Investment- oder Universalbanken unterstützt, die über ihr Filialnetz potentiell interessierte Kunden ansprechen. Meist handelt es sich dabei um mehrere Kreditinstitute. Sie schließen sich zu einem Emissionskonsortium zusammen, daher werden sie Konsortialbanken genannt (ähnlich dem Konsortium bei der Vergabe eines Darlehens). Rechtlich handelt es sich beim Bankenkonsortium um eine Gesellschaft bürgerlichen Rechts im Sinne von § 705 BGB, soweit deutsches Recht anwendbar ist. 455

Meist bewerben sich mehrere Konsortien um die Durchführung der Emission. Um das passende Konsortium auszuwählen, veranstaltet der Emittent den sogenannten *beauty contest*. Bei diesem können die Banken ihr Konzept und ihre Eignung als Mitglieder des Konsortiums näher darlegen. 456

2. Entwurf des Emissionskonzepts

Mit Hilfe der Banken und großer Rechtsanwaltskanzleien wird ein Emissionskonzept entworfen. Zu klären ist beispielsweise, ob Namens- oder Inhaberpapiere begeben werden sollen, wie die Stückelung aussieht und an welcher Börse die Titel notiert werden. 457

458 Die Mitglieder des Emissionskonsortiums müssen zusammen mit dem Emittenten auch darüber entscheiden, welcher Art das Emissionskonsortium sein soll. Dabei gibt es verschiedene Spielarten. Grob lassen sich drei Arten unterscheiden: Zunächst ist es möglich, dass die Banken die Aktien fest übernehmen. Man spricht in diesem Fall vom **Übernahmekonsortium** oder vom **bought deal**. Das Gegenteil davon ist das sogenannte **Begebungskonsortium** oder „**best efforts underwriting**": Bei ihm verpflichten sich die Banken lediglich, größtmögliche Anstrengungen zu unternehmen, um die Aktien am Markt (d.h. bei den Anlegern) zu platzieren. Schließlich kann man eine Zwischenlösung wählen, bei der die Banken zwar die Aktien zeichnen, aber das Risiko, dass diese sich am Markt nicht absetzen lassen, auf den Emittenten zurückübertragen wird, z.B. durch eine Rücktrittsklausel. Diese Zwischenlösung bezeichnet man als **Einheitskonsortium** oder „**back stop deal**".

459 Die verschiedenen vertraglichen Gestaltungen entsprechen keinem der im BGB geregelten Vertragstypen. Sie beruhen vielmehr auf dem Grundsatz der Privatautonomie (§ 311 I BGB). Die Rechte und Pflichten der Parteien ergeben sich aus der meist sehr umfangreichen Vertragsdokumentation.

3. Schaffung der gesellschaftsrechtlichen Voraussetzungen

460 Für die Emission von Aktien sind zunächst noch einige rechtliche Voraussetzungen in der Gesellschaft zu erfüllen. Regelmäßig muss das **Kapital erhöht werden**, um neue Aktien zu schaffen. Dies kann auf zwei unterschiedliche Weisen geschehen: durch eine ordentliche Kapitalerhöhung oder durch genehmigtes Kapital.

461 Bei einer **ordentlichen Kapitalerhöhung** gemäß § 182 AktG muss die **Hauptversammlung** der Aktiengesellschaft mit **¾-Mehrheit** zustimmen. Gefragt werden also die bisherigen Aktionäre. Diese stimmen der Kapitalerhöhung nicht immer zu, denn für sie besteht die Gefahr der Verwässerung ihres Anteils und ihrer Gewinne. Zwar können sie sich durch die Ausübung ihrer Bezugsrechte (§ 186 AktG) schützen, doch brauchen sie dafür Geld, mit dem sie die jungen (= neuen) Aktien bezahlen können. Außerdem ist diese Methode umständlich.

462 Beim **genehmigten Kapital** im Sinne von § 202 AktG lässt sich der Vorstand der Aktiengesellschaft im Vorhinein von den Aktionären **ermächtigen**, neue Aktien auszugeben. Von dieser Ermächtigung kann er dann jederzeit Gebrauch machen, ohne noch einmal die Hauptversammlung befragen zu müssen. Dieser Weg ist daher günstiger, doch bedarf auch er einer *ex ante* erteilten Zustimmung der Gesellschafter.

463 Beide Wege zur Kapitalerhöhung sind nur bei der Ausgabe von Aktien nötig. Für die Emission beispielsweise von **Schuldverschreibungen** genügt ein einfacher Vorstandsbeschluss.

4. Bookbuilding

Eine äußerst delikate Angelegenheit ist die Feststellung des richtigen Preises des Finanzinstruments. Der Emittent und die Banken wissen meist erst nach dem Börsengang, welcher Preis angemessen gewesen wäre. Daher haben sie sich eine raffinierte Methode einfallen lassen: Sie geben zunächst nur eine Spanne an, innerhalb derer sich der Preis bewegen wird, und sammeln dazu Angebote innerhalb einer bestimmten Frist ein. Diese werden in ein – heutzutage elektronisch geführtes – Register eingetragen (daher der Name ***bookbuilding***-Verfahren). Rechtlich handelt es sich dabei um Angebote im Sinne des § 145 BGB. Die Tatsache, dass der genaue Preis noch nicht festgestellt ist, steht dem nicht entgegen, da zumindest eine Preisspanne angegeben wird, zu der der Anleger bereit ist zu kaufen. **464**

Um das *bookbuilding*-Verfahren voranzutreiben, bedarf es gekonnten Marketings. Dazu reist meist der Vorstand durch halb Europa und die USA, um die Titel gegenüber institutionellen Investoren in Präsentationen anzupreisen. Man spricht von „**Roadshows**". **465**

Nachdem der Emissionspreis festgestellt ist, werden die Titel gezeichnet. Wer sie zeichnet, hängt von der Natur des Emissionskonsortiums ab: Beim Übernahme- und beim Einheitskonsortium zeichnen die Mitglieder des Bankenkonsortiums die Titel. Dagegen zeichnen beim Begebungskonsortium die Anleger (vgl. oben Rn. 458). **466**

Mit der Annahme der Zeichnungserklärung (Zuteilung) sind die Titel rechtlich existent. Aus gesellschaftsrechtlicher Sicht wird die Kapitalerhöhung allerdings erst mit (konstitutiver) Eintragung ins Handelsregister wirksam, § 189 AktG. **467**

5. Börsenzulassung

Der nächste Schritt besteht im Antrag auf Börsenzulassung. Diese ist an verschiedene Voraussetzungen geknüpft. Gemäß **§ 32 III BörsG** muss 1. das Finanzinstrument die Bestimmungen erfüllen, die für einen **ordnungsgemäßen Börsenhandel** und zum **Schutz der Anleger** („des Publikums") erlassen worden sind und 2. ein **Prospekt** veröffentlicht sein (siehe dazu unten Rn. 651–682). **468**

Unmittelbar nach der Zulassung kann der Börsenhandel beginnen. Damit sind jedoch die Pflichten des Emissionskonsortiums noch nicht vollständig erfüllt. **469**

Soweit sich das Konsortium dazu verpflichtet hat, muss es Titel übernehmen, die nicht am Markt abgesetzt werden können. Das ist beim „Übernahmekonsortium" der Fall (siehe oben Rn. 458). **470**

Im weiteren Verlauf des Börsenhandels muss das Konsortium Schritte einleiten, wenn der Börsenkurs zu sehr ausschlägt. Eine solche Kursentwicklung läuft dem Interesse des Emittenten zuwider, der möchte, dass sich seine Titel am Kapitalmarkt gut verkaufen. Anderenfalls wäre ein späterer erneuter Börsengang gefährdet. Die Banken greifen **471** daher mit sogenannten Stabilisierungsmaßnahmen ein: Ist der Kurs zu niedrig, kaufen sie Titel. Ist er zu hoch, werfen sie weitere auf den Markt. Dazu machen sie von einem im Emissionsvertrag festgelegten Recht, der sogenannten **Greenshoe-Option**, Gebrauch. Diese erlaubt ihnen, weitere Titel vom Emittenten zu beziehen. Die Stabilisierungsmaßnahmen können mit dem Verbot der Marktmanipulation in Konflikt treten (dazu unten Rn. 639).

§ 12

Die Investmentfonds

A. Was ist ein Investmentfonds?

Ein Investmentfonds ist eine **Ansammlung von Vermögenswerten**. Das für ihren Erwerb benötigte Kapital wird von mehreren **unterschiedlichen** Anlegern eingezahlt. Die damit angeschafften Vermögenswerte können Finanzinstrumente sein, aber auch Grundstücke, Beteiligungen an Gesellschaften, Edelmetalle, unverbriefte Darlehensforderungen und Ähnliches mehr. Investmentfonds sind überaus wichtige **Akteure auf dem Finanzmarkt**, da sie typischerweise über großes Kapital verfügen (es wird geschätzt, dass 40 % aller Finanzanlagen über Investmentfonds gehalten werden). Fonds sind damit das Paradebeispiel **institutioneller Investoren**. **472**

Es gibt eine große Vielfalt von Investmentfonds. Dazu zählen zum einen die Fonds zur gemeinsamen Kapitalanlage durch Kleinanleger; es handelt sich typischerweise um offene Fonds, die ihr Kapital in liquiden Finanzinstrumenten anlegen. Dann spricht man im US-Englischen auch von **mutual funds**. Andere dienen der Anlage von Beiträgen für die Altersvorsorge; man spricht insoweit von **Pensionsfonds**. Eine weitere Gruppe bilden die **Hedgefonds**; sie zeichnen sich durch besonders riskante Anlagestrategien aus, obwohl ihr Name das Gegenteil nahelegt.[1] **Private Equity Fonds** sammeln privates Vermögen für den Erwerb von Unternehmensbeteiligungen ein. Daneben gibt es Immobilienfonds, Fonds für soziale Zwecke, Risikokapitalfonds *(venture capital funds)* … Das Fondsuniversum ist praktisch unbegrenzt. **473**

B. Warum werden Investmentfonds gebildet?

Die Bildung von Investmentfonds dient drei grundsätzlichen Zwecken: Kollektivanlage, Risikodiversifizierung und Fremdverwaltung. **474**

I. Kollektivanlage

Kollektivanlage bedeutet, dass mehrere Investoren ihr Kapital bündeln. Durch das größere Anlagevolumen ist es ihnen möglich, Objekte zu finanzieren, die sie einzeln nicht erwerben könnten. So kann etwa eine Immobilie (z.B. ein Einkaufszentrum oder ein großes Bürogebäude) gekauft werden, die ein Investor allein nicht bezahlen könnte. **475**

1 *to hedge* = absichern. Der Name rührt daher, dass der erste Hedgefonds tatsächlich darauf gerichtet war, sich gegen Verluste abzusichern. Dazu musste eine zum Markt entgegengesetzte Strategie eingenommen werden. Später kam man auf die Idee, damit auch Gewinne zu erzielen.

II. Risikodiversifizierung

476 Über Fonds können außerdem Investoren – insbesondere solche mit kleinen Anlagevolumina – ihr **Risiko besser streuen**. Kauft man etwa einen Aktienfonds, so setzt sich dieser aus Beteiligungen an vielen Gesellschaften zusammen. Ein breit gestreutes Vermögen ist aber nach den Erkenntnissen der Portfoliotheorie (Markowitz) nicht in gleichem Maße verlustanfällig wie die Anlage in einen einzigen Wert. Um einen optimalen Diversifizierungsgrad zu erreichen, sollten nicht bloß möglichst viele Vermögenswerte in einem Fonds zusammengefasst werden, sondern vielmehr solche Werte, die mit unterschiedlichen Risiken verbunden sind. Wollte ein Investor allein ein ebenso diversifiziertes Portfolio schaffen, wäre dies mit erheblichem Kosten- und Zeitaufwand verbunden.

III. Fremdverwaltung

477 Schließlich besteht ein Vorteil des Investmentfonds darin, dass das gesammelte Kapital von einem **Experten** investiert und verwaltet wird. Der Anleger braucht sich um die Auswahl und den Erwerbs- oder Veräußerungszeitpunkt für die einzelnen anzuschaffenden Vermögensgegenstände nicht zu kümmern. Den Unterschied weiß zu schätzen, wer schon einmal eine Immobilie erworben hat und diese selbst verwalten musste. Aber auch beim Aktienfonds bringt die Fremdverwaltung Vorteile, denn die Aktien werden ausgetauscht und durch andere ersetzt, wenn sich die Gewinnaussichten verschlechtern, ohne dass der Anleger dies selbst tun müsste.

C. Kosten von Fonds

478 Aus Anlegersicht ist die Rendite eines Fonds einerseits von seiner Perfomance, d.h. vom Ertrag des veranlagten Vermögens, und andererseits von den bei der Veranlagung anfallenden Kosten abhängig. Typischerweise fallen die folgenden Kosten an: Bei der Ausgabe neuer Anteilsscheine stellt der Fonds dem Anleger üblicherweise einen Ausgabeaufschlag (auch: das **Agio**) in Rechnung. Dieser dient der Deckung der Ausgabekosten und soll die erbrachten Wertpapierdienstleistungen vergüten (§ 162 II S. 12 KAGB). Er beträgt bei Aktienfonds regelmäßig rund 5 % des Anteilswertes. Einen weiteren Kostenfaktor bildet die Vergütung für die Fondsverwaltung (§ 162 II S. 11 KAGB). Üblicherweise finden sich die Details dieses Kostenpunktes in den Fondsbestimmungen. Dort wird geregelt, welche Vergütungen die Kapitalverwaltungsgesellschaft für die Verwaltung des Fonds erhält. Zum Teil müssen bestimmte Gebühren auch weitergeleitet werden (z.B. an die Depotbank). Auch bei der Rückgabe eines Anteilsscheins können Kosten entstehen. Diese werden regelmäßig mit einem Rückgabeabschlag abgegolten (§ 162 II S. 12 KAGB).

D. Wo sind Investmentfonds aufsichtsrechtlich geregelt?

Die Bestimmungen über Fonds finden sich im **Kapitalanlagegesetzbuch (KAGB)**. Es handelt sich um ein noch junges Gesetz, welches seit dem Jahr 2013 das frühere Investmentgesetz ersetzt. Der Titel des Gesetzes stellt die Anteile an Fonds, die **Kapitalanlagen**, in den Vordergrund. Das KAGB enthält jedoch auch eine Reihe von Vorschriften über Investmentfonds selbst, vor allem über ihre Organisation, Aufsicht, die Gegenstände, in die sie investieren dürfen, die Vermeidung von Interessenkonflikten oder das Risiko- und Liquiditätsmanagement. **479**

Mit dem KAGB werden gleich zwei wichtige Richtlinien der EU in deutsches Recht umgesetzt: Die **OGAW-Richtlinie**[2] (derzeit in fünfter Version, daher auch „OGAW V-Richtlinie" genannt) und die **AIFM-Richtlinie**[3], welche die Verwalter alternativer Investmentfonds (Alternative Investment Fund Managers) betrifft. Das ist rechtsvergleichend gesehen eine Besonderheit: Andere Länder haben für beide Richtlinien häufig eine gesonderte Regelung getroffen.[4] Zum Begriff OGAW und AIF sogleich unten Rn. 483 f. **480**

Zur Vertiefung: OGAW- und AIFM-Richtlinie stammen aus unterschiedlichen Epochen der europäischen Gesetzgebung und dienen verschiedenen Zielen.

Die OGAW-Richtlinie wurde in erster Version bereits im Jahre 1985 verabschiedet. Sie ist Teil des Binnenmarktprogramms. Ziel der Richtlinie ist die Verwirklichung der Dienstleistungsfreiheit und des freien Kapitalverkehrs in der damaligen Europäischen Wirtschaftsgemeinschaft. Anlegern soll die Investition in Investmentfonds erlaubt werden, die nach dem Recht anderer Mitgliedstaaten organisiert sind, ohne sich dazu ins Ausland begeben zu müssen. Dazu wird ein System des **Europäischen Passes** für solche Fonds eingeführt. Soweit sie dem Recht ihres Herkunftsstaats entsprechen und von der dort zuständigen Stelle zugelassen sind, dürfen sie auch in anderen Staaten vertrieben werden. Im Gegenzug müssen die Mitgliedstaaten eine **Mindestharmonisierung** ihres Investmentrechts hinnehmen.

Die AIFM-Richtlinie wurde in Reaktion auf die globale Finanzkrise erlassen. Sie trat im Jahre 2011 in Kraft. Mit ihr sollte in erster Linie Risiken vorgebeugt werden, die aus der Zusammenballung großer Vermögensmassen resultieren können. Paradigmatisch dafür waren Hedgefonds, die in den Augen der EU eine Rolle als Katalysator in der Finanzkrise gespielt haben, indem sie komplexe Derivate mit Finanzinstituten abgeschlossen hatten und später Leerverkäufe auf deren Aktien tätigten (zum Begriff unten Rn. 507). Obwohl Hedgefonds ähnliche Funktionen wie Banken wahrnehmen, waren sie weit weniger streng reguliert und beaufsichtigt. Das gleiche gilt für andere Vermögensmassen wie z.B. Private Equity Fonds. Da diese oft nach dem Recht von Drittstaaten organisiert waren, entschied sich die EU, nicht unmittelbar die Fonds selbst zu regulieren. Stattdessen knüpft die Richtlinie an deren Verwaltungsgesellschaften an, die sie – aus deutscher Sicht missverständlich – als „**Manager**" bezeichnet (daher der Titel „Alternative Investment Fund Managers Directive"). Diese Manager werden durch die Richtlinie einer **Erlaubnispflicht** unterworfen. Sie müssen bestimmten Anforderungen genügen, z.B. an ihre **Kapitalausstattung** und an die **Zuverlässigkeit und Kompetenz** der Geschäftsleiter. Außerdem müssen sie **Verhaltenspflichten** einhalten.

2 RL 2009/65/EG.

3 RL 2011/61/EU.

4 So zum Beispiel in Österreich: Dort gibt es gleich drei unterschiedliche Gesetze über Investmentfonds (Investmentfondsgesetz, Immobilien-Investmentfondsgesetz und Alternative Investmentfonds Manager-Gesetz).

OGAW- und AIFM-Richtlinie haben damit eine verschiedene Zielrichtung: Während erstere die Vermarktung von Fonds in der EU erleichtern soll, bezweckt die letztere eine Einschränkung der Verwaltung und Vermarktung von Fonds. Dieser Unterschied schlägt sich im Inhalt der Richtlinien nieder, die zum Teil sehr divergieren. Daher bestehen inhärente Grenzen für den deutschen Ansatz, beide Richtlinien in einem einheitlichen Gesetz umzusetzen.

E. Wie teilt man Fonds ein?

I. Nach Anlageverhalten

481 Das Kapitalanlagegesetzbuch unterscheidet zwischen OGAW und AIF.

1. Investmentvermögen

482 Ein zentraler Dreh- und Angelpunkt des Kapitalanlagegesetzbuches ist der Begriff des Investmentvermögens. Darunter fällt jeder Organismus für gemeinsame Anlagen, der von einer Anzahl von Anlegern Kapital einsammelt, um es gemäß einer festgelegten Anlagestrategie zum Nutzen dieser Anleger zu investieren und der kein operativ tätiges Unternehmen außerhalb des Finanzsektors ist (§ 1 I S. 1 KAGB). Investmentvermögen lassen sich weiter in OGAW und AIF unterteilen.

2. OGAW

483 OGAW sind „Organismen für die gemeinsame Anlage in Wertpapieren“ (OGAW). Das sind alle Investmentvermögen, welche die Vorgaben der OGAW-Richtlinie erfüllen, siehe § 1 II KAGB. Der Begriff „Organismen“ ist sprachlich unglücklich aus dem Französischen „organismes de placement collectif en valeurs mobilières“ übersetzt. Statt „OGAW“ gebräuchlich ist auch die englische Bezeichnung „UCITS“ (Undertakings for Collective Investment in Transferable Securities). OGAW richten sich nicht nur, aber auch an Kleinanleger. Zu ihrem Schutz sieht die Richtlinie und ihr folgend das deutsche Recht verschiedene Vorschriften vor. Insbesondere darf der Fonds zum Schutz der Anleger nur **Gegenstände** erwerben, die einer Marktbewertung unterliegen und sich leicht veräußern lassen (Näheres unten Rn. 503).

3. AIF

484 Alternative Investmentfonds (AIF) sind nach der Definition des § 1 III KAGB alle Investmentvermögen, die keine OGAW sind. Es handelt sich um solche Fonds, die bei der Auswahl ihrer Vermögensgegenstände und der Anlage **keinen Beschränkungen** unterliegen. Im Unterschied zu OGAW können sie zum Beispiel auch in stille Beteiligungen, Edelmetalle oder Terminkontrakte über Waren investieren. Zu den alternativen Investmentfonds zählen unter anderem Hedgefonds und Private Equity Fonds.

II. Nach Offenheit für neue Anleger

Eine grundsätzliche Unterscheidung ist die zwischen offenen und geschlossenen Fonds. **485**

1. Offene Fonds

In **offene Investmentfonds** können beliebig viele Anleger eintreten. Für jeden hinzukommenden wird ein neuer Anteil geschaffen. Zu diesem Zweck werden mit dem von ihm eingelegten Betrag neue Vermögenswerte am Markt gekauft. Scheidet ein Anleger aus, werden diese Werte wieder verkauft, um das nötige Geld für seinen Rückzahlungsanspruch zur Verfügung zu haben. OGAW sind immer offene Investmentvermögen, während dies bei AIF nicht notwendig der Fall ist, siehe § 1 IV KAGB. **486**

2. Geschlossene Fonds

Bei **geschlossenen Investmentfonds** ist die Anzahl der Investoren dagegen begrenzt. Die Anteile können nur unter engen Bedingungen zurückgegeben werden. Solche Fonds sind meist auf ein bestimmtes Projekt begrenzt, das sich nicht beliebig vergrößern lässt, zum Beispiel den Erwerb eines Bürogebäudes. Geschlossene Fonds sind immer AIF, während nicht jeder AIF ein geschlossener Fonds ist, siehe § 1 V KAGB. **487**

III. Nach dem Anlegerkreis

1. Publikumsfonds

Als Publikumsfonds bezeichnet man Investmentvermögen, die allen Anlegern offenstehen. Insbesondere richten sie sich auch an Kleinanleger. Ein Fonds ist grundsätzlich ein Publikumsfonds, soweit das Gesetz nicht etwas anderes regelt, vgl. § 1 VI S. 2 KAGB. **488**

2. Spezialfonds

Spezialfonds sind nur professionellen und semi-professionellen Anlegern zugänglich, § 1 VI S. 1 KAGB. Da OGAW sich an alle Anleger richten, sind Spezialfonds immer AIF. **489**

IV. Nach dem Herkunftsrecht

1. Inländische Investmentvermögen

Ein inländisches Investmentvermögen ist nicht etwa ein Fonds, der sich in Deutschland befindet. Vielmehr bedeutet das Adjektiv „inländisch“, dass er nach deutschem Recht organisiert ist, § 1 VII KAGB. Unter der OGAW-Richtlinie dürfen auch ausländische Fondsverwaltungsgesellschaften inländische Fonds „aufsetzen“, d.h. nach deutschem Recht gründen. Das ist Ausfluss der Dienstleistungs- und Kapitalverkehrsfreiheit. **490**

2. EU-Investmentvermögen

491 Der in § 1 VIII KAGB definierte Begriff des EU-Investmentvermögens ist missverständlich. Er umfasst nicht nur Fonds, die nach dem Recht eines anderen EU-Staats aufgesetzt werden. Vielmehr gehören unter den Begriff auch Fonds nach dem Recht eines der drei EWR-Staaten, die nicht zur EU gehören (Island, Liechtenstein und Norwegen). Fonds nach dem Recht eines anderen EWR-Staats dürfen in Deutschland frei vertrieben werden; der Vertrieb ist der BaFin lediglich anzuzeigen.

3. Ausländische Investmentvermögen

492 Ausländische Fonds sind nach dem Recht eines Drittstaats (z.B. der USA oder der Schweiz) organisiert, siehe § 1 IX KAGB. Es handelt sich immer um AIF, weil die OGAW-Richtlinie in diesen Staaten nicht gilt. Die Anteile an ausländischen Fonds dürfen in Deutschland nur unter eingeschränkten Voraussetzungen vertrieben werden.

V. Überschneidende Kreise und sonstige Typen

493 Die genannten Einteilungen schließen sich nicht gegenseitig aus, sondern überschneiden sich. So kennt das KAGB z.B. Vorschriften über „offene inländische Publikums-AIF" (siehe §§ 214 ff.). Die Einteilung ist im Übrigen nicht abschließend. Daneben gibt es auch noch weitere Typen, z.B. Dachfonds und Immobilienfonds (vgl. §§ 225 ff., 230 ff. KAGB).

494 Mittlerweile hat die EU durch besondere Verordnungen eine Reihe weiterer Fonds für besondere Zwecke eingeführt. Damit erhöht sich die Zahl der verwirrenden Abkürzungen weiter. Der **ELTIF** (European Long-Term Investment Fund) dient der einfacheren Anlage in langfristige Projekte, wie z.B. den Bau von Verkehrs- und Energieinfrastruktur. Der **EuVECA** (European Venture Capital Fund) soll die Erhebung von Wagniskapital bei professionellen und semi-professionellen Investoren erleichtern. Der **EuSEF** (European Social Entrepreneurship Fund) soll Investitionen begünstigen, die sich an sozialen und nicht allein an wirtschaftlichen Kriterien orientieren. Alle Fonds sind zugleich AIF, jedoch sind die Kriterien für die Registrierung, das Management und den grenzüberschreitenden Vertrieb gegenüber der AIFM-Richtlinie teilweise erleichtert. Der Erfolg dieser neuen Konstrukte ist bislang bescheiden, so dass eine vertiefte Erörterung nicht notwendig ist.

F. Wie sind Investmentfonds organisiert?

I. Gründung durch eine Kapitalverwaltungsgesellschaft (KVG)

495 Investmentfonds werden von sogenannten **Kapitalverwaltungsgesellschaften (KVG)** ins Leben gerufen. Sie müssen ihren Sitz im Inland haben (§ 17 KAGB). Zum Geschäftsbetrieb bedarf es der schriftlichen Erlaubnis der BaFin (§ 20 KAGB).

II. Arten der KVG

496 Die KVG kann entweder eine vom Investmentvermögen verschiedene Gesellschaft, eine sogenannte **externe KVG** sein (§ 17 II Nr. 1 KAGB). In diesem Fall kann sie die Rechtsform der AG, GmbH oder GmbH & Co. KG haben (§ 18 KAGB). Das Anlagevermögen wird von der Gesellschaft getrenntes Sondervermögen und darf nicht mit dem übrigen Vermögen vermischt werden (siehe näher §§ 92 f. KAGB). Dadurch werden die Anleger von Risiken aus dem übrigen Geschäft der externen KVG abgeschirmt.

497 Die KVG kann aber auch nur die Verwaltung eines einzigen Investmentvermögens zum Geschäftsgegenstand haben. Dann sind KVG und Investmentvermögen identisch. Das KAGB spricht insoweit von einer **internen KVG** (§ 17 II Nr. 2 KAGB). Solche Investmentvermögen können entweder als Investmentaktiengesellschaft oder als Investmentkommanditgesellschaft organisiert sein, vgl. § 1 XI KAGB. Dabei handelt es sich um eine AG oder KG, die neben den gesellschaftsrechtlichen Vorschriften besonderen investmentrechtlichen Regeln unterliegt (siehe §§ 124 ff., 140 ff., 149 ff. KAGB). Die Anleger werden Gesellschafter (Aktionär oder Kommanditist) dieser Gesellschaften und partizipieren so an deren Vermögen.

G. Welchen Regelungen unterliegen Investmentfonds?

I. Anforderungen an die KVG

498 Zum Schutz der Anleger unterliegt die KVG bestimmten Anforderungen an ihr Kapital, ihr Verhalten, ihre Organisation sowie ihr Risiko- und Liquiditätsmanagement (§§ 25–30 KAGB). Zum Beispiel muss sie mit einem bestimmten Mindestkapital ausgestattet sein. Dieses beträgt 300.000 Euro für interne und 125.000 Euro für externe KVG; zusätzlich sind Eigenmittel abhängig von der Größe des verwalteten Vermögens aufzubringen, soweit dieses – wie häufig – 250 Mio. Euro übersteigt (§ 25 KAGB). Außerdem muss sie nach der Generalklausel des § 26 KAGB gewisse Standards bei ihrer Tätigkeit einhalten. Dazu gehören namentlich Ehrlichkeit, Sachkenntnis, Sorgfalt, Gewissenhaftigkeit, Redlichkeit und Fairness ebenso wie das Handeln im besten Interesse der Anleger und deren Gleichbehandlung. Die KVG muss Interessenkonflikten zwischen ihren Mitarbeitern und den Anlegern entgegenwirken (§ 27 KAGB). Solche können etwa entstehen, wenn die Gesellschaft in Aktien investiert, in die zuvor eine Führungskraft angelegt hat. Die KVG darf nur unter engen Voraussetzungen Aufgaben an Dritte auslagern, damit die Aufsicht über sie nicht gefährdet wird (§ 36 KAGB). Darüber hinaus muss sie Regeln für die Vergütung der wesentlichen Mitarbeiter erlassen (§ 37 KAGB). Damit soll verhindert werden, dass sich die Geschäftsleiter am Vermögen der Anleger bereichern. Um die Transparenz für die Anleger zu gewährleisten, muss die KVG außerdem einen Jahresabschluss nach HGB veröffentlichen (§ 38 KAGB).

II. Bestellung einer Verwahrstelle

499 Das KAGB verlangt, dass die KVG das Investmentvermögen nicht selbst aufbewahrt, sondern mit dieser Aufgabe eine **Verwahrstelle** betraut (§ 68 I und § 80 KAGB). Dabei kann es sich um ein Kreditinstitut mit Sitz innerhalb des EWR handeln (§ 68 II, § 80 II Nr. 1 KAGB). Dieses legt die Wertpapiere und sonstigen Vermögenswerte, die mit dem Geld der Anleger erworben werden, in ein besonderes Depot (vgl. §§ 72, 74 KAGB). Es kommt damit zur Herausbildung des sogenannten **Investmentdreiecks**:

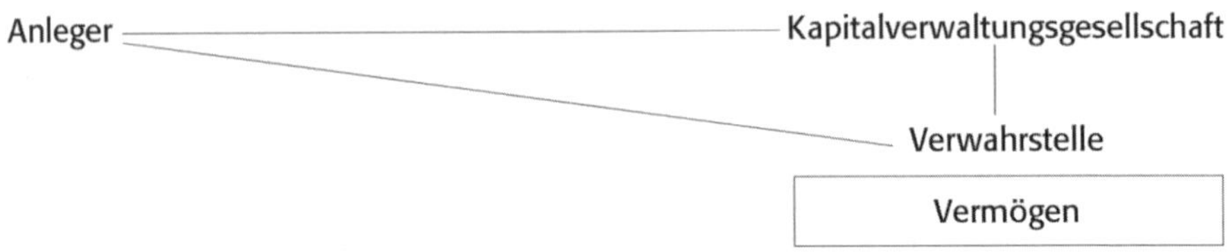

500 Das Investmentdreieck dient dem **Anlegerschutz**: Nicht die KVG, die den Fonds aufgesetzt hat, soll die Werte verwahren, sondern ein von ihr unabhängiger Dritter. Dadurch wird sichergestellt, dass das Vermögen auch wirklich vorhanden ist und nicht veruntreut wurde.

Zur Vertiefung: Der Fondsmanager Bernard („Bernie") Madoff wurde Ende 2008 festgenommen. Er galt jahrzehntelang als Mann von tadellosem Ruf. Vor Gericht gestand er den Betrieb eines Schneeballsystems ein, mit welchem er rund 65 Milliarden US-Dollar veruntreute. Er hatte den Anlegern besonders hohe Renditen versprochen, ihnen aber statt Gewinne einen Teil des von ihnen eingezahlten Kapitals zurückgezahlt. Durch die vermeintlich hohe Rendite wurden zusätzlich neue Anleger angezogen und das Kapital vergrößert, das zurückgezahlt werden konnte. Dieses System war nur deshalb möglich, weil *Madoff* eng mit der Depotbank zusammenarbeitete, die seine Machenschaften deckte. Als der Betrug aufflog, stellte sich heraus, dass keine Rendite eingefahren worden war und stattdessen große Teile des Kapitals fehlten. Geschäftsmodelle, die zum Funktionieren eine ständig wachsende Zahl an Teilnehmern benötigen, bezeichnet man als Schneeball- oder Pyramidensystem (englisch: „Ponzi scheme" nach seinem Erfinder Charles Ponzi). Derartige Anlagemodelle sind sittenwidrig, nichtig und verpflichten zum Schadensersatz (§§ 138, 826 BGB).

501 Das KAGB zieht die Lehren aus diesen und anderen Skandalen. Es verlangt, dass die Verwahrstelle ausschließlich im Interesse der OGAW und seiner Anleger handelt (§ 70 KAGB). Ihre Auswahl sowie jeder Wechsel bedürfen einer Genehmigung der BaFin (§ 69 KAGB). Die Verwahrstelle verwahrt nicht nur das Vermögen, sondern gibt auch die Anteile oder Aktien der KVG aus (§ 71 KAGB). Bestimmte Geschäfte des Fonds wie z.B. die Aufnahme von Krediten bedürfen ihrer Zustimmung (§ 75 KAGB). Sie kontrolliert auch, ob die Anteile zu gesetz- und vertragsgemäßen Konditionen ausgegeben und zurückgenommen werden (vgl. § 76 KAGB). Insgesamt spielt die Verwahrstelle also eine ganz wesentliche Rolle und wird streng beaufsichtigt. Für Pflichtverletzungen haftet sie auch gegenüber den Anlegern (§ 77 KAGB).

III. Anlagepolitik

Die meisten Vorschriften des KAGB betreffen Anlagebeschränkungen und das Anlageverhalten von Fonds. Diese Vorschriften sind je nach Fonds-Typ unterschiedlich ausgestaltet. Im Folgenden werden einige Beispiele herausgegriffen. **502**

1. OGAW

Ein **OGAW** darf zum Schutz der Anleger nur **Gegenstände** erwerben, die einer Marktbewertung unterliegen und sich leicht veräußern lassen, wie z.B. Wertpapiere, Geldmarktinstrumente oder bestimmte Derivate (§§ 192–196 KAGB). In andere Gegenstände, wie nicht börsennotierte (und daher nicht liquide) Wertpapiere, darf er höchstens 10 % seines Wertes anlegen (§ 198 KAGB). Gleichzeitig müssen **Emittentengrenzen** eingehalten werden: Der Fonds darf nicht mehr als 5 % des Sondervermögens in die Instrumente desselben Ausstellers investieren (§ 206 KAGB). Sinn dieser Regelung ist die **Risikodiversifikation**. **503**

2. Immobilienfonds

Immobilienfonds dürfen, wie der Name schon sagt, nur in unbewegliches Vermögen investieren. Die einzelnen zulässigen Vermögensgegenstände zählt § 231 KAGB abschließend auf. **504**

3. Hedgefonds

Das KAGB definiert in § 283 I Hedgefonds als „offene inländische Spezial-AIF“. Das Adjektiv „Spezial“ bedeutet dabei, dass sie nur professionellen und semi-professionellen Anlegern offenstehen (siehe oben Rn. 489). Der Grund dafür sind ihre besonders riskanten Anlagestrategien. Hedgefonds engagieren sich typischerweise am Kapitalmarkt. Sie benutzen verschiedene Techniken, um ihren Anlegern eine besonders attraktive Rendite gewähren zu können. § 283 I KAGB nennt zwei von diesen Techniken: den Einsatz von Hebelwirkung („leverage“) und die Vornahme von Leerverkäufen. **505**

Leverage ist die Aufnahme von Krediten oder der Einsatz von Derivaten, wodurch sich eine besonders große Hebelwirkung des eingesetzten Kapitals erreichen lässt. So könnte beispielsweise ein Anleger Optionen statt der Aktien eines Unternehmens kaufen. Optionen sind im Vergleich zu Aktien deutlich günstiger zu erwerben, sie erlauben aber eine vergleichbare Kursbeteiligung. Dadurch können die Gewinne im Verhältnis zum eingesetzten Kapital besonders groß sein. Entsprechend groß können aber auch die Verluste sein. **506**

Beispiel: Kann ein Anleger Fremdkapital zu geringeren Zinsen aufnehmen (z.B. bei einer Bank), als er mit einem Investment an Rendite erzielt, so kann er dadurch die Rendite des eingesetzten Eigenkapitals erhöhen. Der Anleger kann im Ergebnis damit mehr Geld investieren und so einen höheren Gesamtgewinn erzielen. Das Fremdkapital fungiert hierbei als eine Art Hebel, daher nennt man diesen Effekt auch den Leverage-Effekt (übersetzt: Hebelwirkung). Hat ein Investor beispielsweise 10.000 Euro zur Verfügung und kann damit am Markt eine Rendite von 8 % erzielen, so entsteht ein Leverage-Effekt, wenn dieser zusätzlich 5.000 Euro Fremdkapital zu 6 % Zinsen aufnimmt. Aus der Differenz des Zinsaufwands (300 Euro für ein Jahr) und der zusätzlichen Rendite (8 % von 5.000 Euro) ergibt sich eine höhere Rendite auf das eingesetzte Kapital. Im Ergebnis kann der Anleger damit 9 % statt ursprünglich 8 % Rendite erzielen. Der kreditfinanzierte Kauf von Anlageprodukten birgt allerdings auch ein erhöhtes Risiko. Geht das Investment schief, kann der Anleger das eingesetzte Kapital verlieren und muss zusätzlich noch seine Kreditverbindlichkeiten bedienen. Das Nutzen eines Hebels ist daher mit erheblichen Risiken verbunden (siehe auch oben Rn. 437).

507 Bei Leerverkäufen (**short sales**) veräußert der Fonds Titel, die er lediglich geliehen hat, zu einem in die Zukunft hinausgeschobenen Erfüllungstermin. Der Verkauf geschieht in der Erwartung, der Preis der Titel werde bis dahin fallen und der Fonds könne sich daher später billig mit den Titeln eindecken. Auch hier geht es darum, wenig Kapital einzusetzen, um einen besonders hohen Gewinn zu erzielen.

Beispiel: Angenommen, A, die bisher nicht in Daimler investiert oder daran interessiert ist, glaubt, dass der Aktienkurs von Daimler fallen wird. Sie erklärt sich daher im Juni bereit, 1.000 Daimler-Aktien zum aktuellen Marktpreis von 50 Euro an B zu verkaufen, allerdings mit Liefertermin 1. Dezember. Wenn der Kurs der Daimler-Aktie bis Dezember auf 40 Euro fällt, kann A die Aktie zu auf dem Markt für 40.000 Euro kaufen und für 50.000 Euro an B verkaufen. A kann also einen Gewinn von 10.000 Euro erzielen. Steigt der Kurs der Daimler-Aktie jedoch auf 80 Euro, erleidet A einen Verlust von 30.000 Euro, weil sie 80.000 Euro für die Aktien zahlen muss, die sie für 50.000 Euro zu liefern versprochen hat.

508 Aus rechtlicher Sicht handelt es sich bei Leerverkäufen um Kaufverträge mit einem zukünftigen Liefertermin. Es ist nichts Ungewöhnliches daran, dass ein Verkäufer nicht im Besitz des Verkaufsgegenstandes ist. Diese Situation kommt häufig vor, z.B. wenn ein Händler Produkte verkauft, bevor sein Lieferant sie ihm geliefert hat.

509 Es gibt zwei Grundformen von Leerverkäufen: ungedeckte Leerverkäufe (engl. *naked* short sale) und gedeckte Leerverkäufe (engl. *covered* short sale). Bei einem ungedeckten Leerverkauf trifft der Leerverkäufer im Voraus keine Vorkehrungen für die Lieferung des Wertpapiers in der Zukunft. Der Käufer ist daher in vollem Umfang dem Risiko ausgesetzt, dass die Lieferung ausbleibt, z.B. weil das Wertpapier bei Fälligkeit des Verkaufs nicht auf dem Markt verfügbar ist. Ungedeckte Leerverkäufe sind daher in der Europäischen Union verboten (vgl. Art. 12 Leerverkaufs-VO[5]). Bei einem gedeckten Leerverkauf trifft der Leerverkäufer im Voraus Vorkehrungen für die Lieferung des Wertpapiers. In der Regel nutzt er zu diesem Zweck eine sog. „Wertpapierleihe“ (engl. repurchase agreement oder „repo“). Bei dieser Transaktion erhält der Leerverkäufer vom Wertpapierverleiher das Eigentum am Wertpapier, das er am Liefertag an den Leerkäufer übertragen kann. Zu einem bestimmten Zeitpunkt muss der Leerverkäufer das Wertpapier jedoch an den Wertpapierverleiher zurückgeben.

---

5 VO (EU) 236/2012.

Zur Vertiefung: Leerverkäufe sind seit der Finanzkrise 2008/09 vermehrt in Kritik geraten. Der wirtschaftliche Nutzen von Leerverkäufen und die Notwendigkeit einer Regulierung sind sehr umstritten. Der Vorteil von Leerverkäufen besteht darin, dass sie diejenigen belohnen, die negative Nachrichten oder Entwicklungen in Bezug auf Unternehmen und ihre Wertpapiere frühzeitig erkennen. Leerverkäufe führen daher aus Sicht ihrer Befürworter zu einer besseren Preisfindung und Transparenz am Kapitalmarkt, weil mit ihrer Hilfe negative Informationen schneller und effizienter im Preis des jeweiligen Wertes reflektiert werden. Dadurch könnten Marktblasen vorbeugt und die Aktienkurse auf ihren "fairen" Wert zurückführt werden. Außerdem fügten diese Geschäfte dem Markt Liquidität hinzu, die sonst nicht vorhanden wäre, weil pessimistische Anleger sonst einfach an der Seitenlinie des Marktes verharren würden.

Auf der anderen Seite haben Leerverkäufe auch eine Reihe von Nachteilen. Erstens erhöhen sie die Hebelwirkung, aufgrund derer ein großes Risiko der Zahlungsunfähigkeit des Leerverkäufers besteht. War die Gegenpartei auf den Leerverkauf angewiesen, um z.B. eine Position abzusichern, kann dies zu Dominoeffekten und Risiken für die Finanzsystemstabilität führen.

Bei gedeckten Leerverkäufen ist dieses Risiko zwar geringer. Doch können bei ihnen Interessenkonflikte auftreten, z.B. hat der Leerverkäufer einer Aktie ein Interesse daran, dass der Aktienkurs sinkt, und wird daher dazu neigen, sein Stimmrecht in der Hauptversammlung in einer für das Unternehmen ungünstigen Weise auszuüben.

Außerdem bieten Leerverkäufe Anreize zur Marktmanipulation. Leerverkäufer haben ein Interesse daran, durch negative Informationen über den Emittenten eines Wertpapiers ihre Geschäfte rentabler zu machen. Da es leichter ist, negative als positive Nachrichten zu verbreiten, ist dieses Risiko tatsächlich sehr hoch.

Das KAGB enthält nur sehr wenige spezielle Vorschriften für Hedgefonds, die von den 510
allgemeinen Regeln über KVG und die von ihnen verwalteten Investmentvermögen abweichen. Grundsätzlich dürfen Hedgefonds in alle Anlagegegenstände investieren und alle Strategien verfolgen. Allerdings unterliegen KVG, die mindestens einen Fonds mit beträchtlichem *leverage* verwalten, gemäß § 35 IV KAGB speziellen Informationspflichten gegenüber der BaFin. Sie müssen u.a. den Gesamtumfang des eingesetzten *leverage* melden, damit das von ihnen eingegangene Risiko eingeschätzt werden kann. Besondere Eingriffsbefugnisse im Falle von übermäßigem *leverage* sieht das Gesetz freilich nicht vor.

Zur Vertiefung: Das KAGB versucht, mit *Leverage* und Leerverkäufen typische Techniken von Hedgefonds zu beschreiben. Das sind aber nicht die einzigen Strategien, die Hedgefonds verfolgen. In der Praxis gibt es eine Vielzahl anderer Techniken. Dazu gehören sogenannte **Arbitragegeschäfte**, durch die Hedgefonds Differenzen zwischen zwei Märkten ausnutzen. Andere Fonds verfolgen Strategien, die man als *long-short* oder *event driven* bezeichnet. Mit ihrem Einsatz ist zwar die Aussicht auf eine höhere Rendite, aber zugleich auch ein gesteigertes Risiko verbunden (Zusammenhang von *risk and reward*). Das KAGB erwähnt diese Techniken nicht, es verbietet sie aber auch nicht.

4. Private Equity Fonds

Im Gegensatz zu Hedgefonds werden Private Equity Fonds nicht vorrangig am Kapital- 511
markt, sondern vor allem **unternehmerisch** tätig. Sie bündeln privates Kapital, um es für längere Zeit in einer bestimmten **Gesellschaft** zu investieren. Private Equity Fonds

investieren häufig in Unternehmen, die sich in einer schwierigen finanziellen Situation befinden und einer Sanierung bedürfen. Dabei nehmen sie gezielt auf das Management Einfluss, um eine möglichst hohe Rendite zu erzielen.

512 Das KAGB nennt Private Equity Fonds nicht als solche. Sie können entweder als „geschlossene inländische Publikums-AIF“ oder als „geschlossene inländische Spezial-AIF“ organisiert sein.[6] Sollen Privatanleger investieren, dann kommt nur die Organisation als „geschlossener inländischer Publikums-AIF“ in Betracht. Für diese Form gelten die §§ 261 ff. KAGB. Danach darf ein inländischer Publikums-AIF in *nicht* börsengehandelte Unternehmensbeteiligungen investieren (§ 261 I Nr. 4 KAGB). Ein als „geschlossener inländischer Spezial-AIF“ organisierter Private Equity Fonds, an dem nur semi-professionelle oder professionelle Anleger beteiligt sein dürfen, kann das ohnehin. Denn er darf in alle bewertbaren Vermögensgegenstände investieren (§ 285 KAGB).

513 Private Equity Fonds sind die einzigen Fonds, die darüber hinaus die Mehrheit an einem Unternehmen und damit Kontrolle über die Unternehmensleitung erwerben dürfen. In diesem Fall unterliegt der Fonds verschiedenen Pflichten. Insbesondere muss er seine Stellung gegenüber dem Unternehmen und dessen Anlegern offenlegen (§ 290 KAGB, ggf. i.V.m § 261 VII KAGB). Damit soll verhindert werden, dass der Eigentümer anonym bleibt. In der Vergangenheit haben manche Private Equity Fonds ihre Kontrolle dazu benutzt, um die Vermögensgegenstände des Unternehmens zu verkaufen und von dessen Zerschlagung zu profitieren (sogenanntes **asset stripping**). Diese Möglichkeit wird in den ersten beiden Jahren nach Kontrollerlangung durch § 292 KAGB (ggf. i.V.m § 261 VII KAGB) eingeschränkt.

IV. Vertrieb von Fondsanteilen

514 Nähere Vorschriften über den Vertrieb von Fondsanteilen enthalten die §§ 293 ff. KAGB. Hervorzuheben ist dabei, dass den Anlegern kostenlos ein **Verkaufsprospekt** des Fonds sowie der letzte Jahresabschluss zur Verfügung gestellt werden müssen (§ 297 I S. 2 KAGB). **Werbung** muss eindeutig als solche erkennbar und darf nicht irreführend sein (§ 302 I KAGB i.V.m Art 4 I VO (EU) 2019/1156). Alle Unterlagen und Werbeschriften müssen in **deutscher Sprache** abgefasst sein, wenn sie sich an Privatanleger richten (§ 303 KAGB). Konzeptionell zugrunde liegt das Informationsmodell, nach dem jeder Anleger hinreichend informierte Entscheidungen treffen soll.

515 Wichtig ist außerdem die Haftung für **falsche Informationen im Prospekt** (§ 306 KAGB). Sie trifft die KVG sowie diejenigen, welche die Verantwortung für den Prospekt übernommen haben (z.B. Buchprüfer). Von ihnen kann die Übernahme der Anteile gegen Erstattung des dafür gezahlten Betrags verlangt werden. Wenn der Preis der Anteile inzwischen gesunken ist, kann diese Haftung ein erhebliches Ausmaß erreichen.

---

6 *Eckold/Balzer*, in: Assmann/Schütze/Buck-Heeb, Handbuch des Kapitalanlagerechts, 5. Aufl. 2020, § 22, Rn. 61.

Hervorzuheben ist außerdem das **Widerrufsrecht** des § 305 KAGB. Dieses greift ein, wenn der Fondsanteil durch einen Verbraucher außerhalb von Geschäftsräumen, z.B. im Haus des Anlegers, erworben wurde. Es ähnelt damit dem Haustürwiderrufsrecht des § 312g BGB. Die Widerrufsfrist beträgt zwei Wochen. Auch hinsichtlich der Form des Widerrufs und der Belehrung gelten ähnliche Regeln wie im Bürgerlichen Recht. **516**

Ansonsten unterscheiden die Vorschriften zwischen **OGAW-Anteilen**, die an Kleinanleger veräußert werden dürfen, und **AIF-Anteilen**, bei denen dies normalerweise nicht der Fall ist. Zu beachten ist, dass auch Anteile an nicht nach deutschem Recht aufgesetzten Fonds in Deutschland vertrieben werden dürfen, wenn sie aus einem EWR-Staat stammen und deren Recht entsprechen. Es gilt also auch im Fondsrecht der „**europäische Pass**“. Nicht aus EWR-Staaten stammende ausländische Fondsanteile dürfen dagegen in Deutschland nur unter engen Voraussetzungen vertrieben werden. **517**

§ 13

Der Anlagenvertrieb

518 Wer Finanzinstrumente vertreibt, hat bestimmte Verhaltensregeln (sog. **Wohlverhaltenspflichten**) zu beachten. Dabei wird zwischen drei verschiedenen Formen des Vertriebs unterschieden. (1) Entscheidet sich der Kunde zum Erwerb oder zur Veräußerung eines Finanzinstruments, kommt mit dem beauftragten Wertpapierdienstleister ein Finanzkommissionsgeschäft, eine Abschluss- oder Anlagevermittlung oder ein Festpreisgeschäft (Kaufvertrag) zustande. (2) Ist der Kunde nicht in der Lage, die Tragweite der Entscheidung zu überblicken, wendet er sich typischerweise an einen Anlageberater, der ihm einen fachkundigen Rat erteilt, auf dessen Grundlage sich der Anleger entscheidet (Anlageberatung). (3) Lässt der Kunde seine Anlageentscheidungen gar direkt vom Finanzintermediär treffen, handelt sich um eine individuelle Vermögensverwaltung (Finanzportfolioverwaltung). Alle drei Formen haben unterschiedliche aufsichtsrechtliche und zivilrechtliche Anforderungen. Nachfolgend werden die Beispiele der Anlagevermittlung und -beratung vertieft.

519 Anlagevermittler und -berater müssen sich bemühen, die Interessen des Kunden zu wahren. Der Anlageberater muss zusätzlich einen auf die persönlichen und finanziellen Verhältnisse des Kunden abgestimmten Rat zu einem Wertpapiergeschäft erteilen. Dazu gehört u.a., dass er den Kunden über die bestehenden Chancen und Risiken aufklärt. Zudem sind Interessenkonflikte zu vermeiden oder offenzulegen. Für das Aufsichtsrecht, also das öffentliche Recht, sind diese Pflichten gesetzlich im **Abschnitt 11 des WpHG** (§§ 63 ff.) geregelt (dazu unter A). Für das Zivilrecht hat der Bundesgerichtshof besondere **richterrechtliche Regeln** entwickelt (dazu unter B).

A. Was muss beim Anlagenvertrieb aus öffentlich-rechtlicher Sicht beachtet werden?

I. Anwendungsbereich der aufsichtsrechtlichen Pflichten

1. Begriff des Wertpapierdienstleistungsunternehmens

520 Die besonderen Pflichten der §§ 63 ff. WpHG gelten nur, soweit ein Wertpapierdienstleistungsunternehmen tätig wird. Der Begriff „**Wertpapierdienstleistungsunternehmen**“ ist entscheidend für die Eingrenzung des Anwendungsbereichs des WpHG. Nach § 2 X WpHG erfasst dieser

1. Kreditinstitute,
2. Finanzdienstleistungsinstitute,
3. nach § 53 I S. KWG tätige Unternehmen,
4. und Wertpapierinstitute.

Zusätzlich verlangt das WpHG, dass die genannten Unternehmen Wertpapierdienstleistungen oder Wertpapiernebendienstleistungen gewerbsmäßig oder in einem solchen Umfang erbringen, dass ein kaufmännisch eingerichteter Geschäftsbetrieb erforderlich ist. Universalkreditinstitute bieten sowohl das Kredit- und Einlagengeschäft als auch das Wertpapiergeschäft (z.B. die Anlageberatung durch Angestellte) an. Es gibt aber auch Finanzdienstleister, die nur das Wertpapiergeschäft anbieten (z.B. selbstständige Anlagevermittler oder -berater). **521**

2. Wertpapierdienstleistungen

Die Pflichten der §§ 63 ff. WpHG sind von Wertpapierdienstleistungsunternehmen zu beachten, soweit sie Wertpapierdienstleistungen oder –nebendienstleistungen erbringen. Was aber sind Wertpapierdienstleistungen? Gemäß § 2 VIII WpHG handelt es sich vor allem um die **Anschaffung von Wertpapieren für Kunden** (gleich ob als Kommissionär, Eigenhändler oder Stellvertreter), um die **Vermittlung von Wertpapiergeschäften, die Anlageberatung** und um **Finanzportfolioverwaltung**, d.h. die Verwaltung fremder Vermögen. Die in § 2 VIII WpHG genannten Dienstleistungen entsprechen teilweise wörtlich den Finanzdienstleistungen i.S.d. § 1 Ia KWG und den Wertpapierdienstleistungen i.S.d. § 2 II WplG, nur ist die Reihenfolge etwas durcheinandergewirbelt. **522**

3. Wertpapiernebendienstleistungen

Die sogenannten **Wertpapiernebendienstleistungen** sind in § 2 IX WpHG genannt. Zu ihnen zählen unter anderem das Depotgeschäft, die Beratung bei Unternehmenskäufen und Devisengeschäfte. Die Liste entspricht teilweise der Definition von Bankgeschäften i.S.d. § 1 I S. 2 KWG. Während sie aus Sicht des KWG aber elementare Bankgeschäfte sind, werden sie im WpHG als Nebendienstleistungen bezeichnet. Siehe auch die weitgehend ähnliche Definition in § 2 III WplG. **523**

4. Ausnahmen

Nicht jedes Institut, das die Voraussetzungen des § 2 X WpHG erfüllt, ist Wertpapierdienstleistungsinstitut. Ausgenommen sind alle in **§ 3 WpHG** genannten Institute. Es handelt sich vorwiegend um die öffentliche Hand sowie solche Unternehmen, die Wertpapierdienstleistungen nur gelegentlich und als Nebengewerbe erbringen. **524**

Finanzinstrumente werden daneben auch von Unternehmen vertrieben, die keine Kredit- oder Finanzdienstleistungsinstitute sind. Zu nennen sind vor allem die sogenannten **Finanzanlagenvermittler**, die Investmentfonds und Vermögensanlagen vertreiben. Sie bieten ausschließlich Anlageberatung und Anlagevermittlung an. Das KWG nimmt sie vom Begriff des Finanzdienstleistungsinstituts aus, siehe § 2 VI Nr. 8 KWG. Sie unterliegen jedoch gemäß § 34f GewO der Gewerbeaufsicht. Ihre Pflichten werden durch eine besondere Verordnung (Finanzanlagenvermittlungsverordnung) näher bestimmt. **525**

II. Die einzelnen Wertpapierdienstleistungsunternehmen

526 Das WpHG kennt vier verschiedene Wertpapierdienstleister: Kreditinstitute, Finanzdienstleistungsinstitute, nach § 53 I S. 1 KWG tätige Unternehmen, und Wertpapierinstitute. Die ersten drei Begrifflichkeiten stammen aus dem Kreditwesengesetz (siehe oben Rn. 522). Das WpHG nimmt damit auf die aus dem KWG bekannten Definitionen Bezug und verknüpft auf diese Weise Kapitalmarkt- und Bankrecht. Neuerdings knüpft das WpHG auch an die Definition des Wertpapierinstituts in § 2 I Wertpapierinstitutsgesetz (**WpIG**) an (Rn. 157–162).

527 Wertpapierdienstleistungsunternehmen unterstehen einer **doppelten Aufsicht**: Kreditinstitute, Finanzdienstleistungsinstitute, nach § 53 I S. 1 KWG tätige Unternehmen und systemrelevante Wertpapierfirmen dem KWG und sonstige Wertpapierinstitute dem WpIG. Zusätzlich unterliegen alle genannten Institute dem WpHG. Die Gesetze enthalten allerdings unterschiedliche Regelungen. Zur Abgrenzung lässt sich folgende Faustformel verwenden: Während das KWG und das WpIG prudentielle Anforderungen (z.B. Eigenmittelausstattung oder die Eignung der Geschäftsleiter) aufstellt, enthält das WpHG die Verhaltensregeln, welche Finanzintermediäre beachten müssen (z.B. bei der Anlageberatung). Es gilt also: **Das KWG und WpIG reguliert die Akteure, das WpHG die Handlungen der Akteure**.

III. Verhaltensregeln

528 Eine erste Gruppe von Pflichten betrifft die Standards, die das Unternehmen einzuhalten hat, wenn es Wertpapierdienstleistungen erbringt. Man nennt sie „**Wohlverhaltensregeln**". Sie sollen neben dem Schutz der Anleger auch ein reibungsloses Funktionieren des Kapitalmarkts sicherstellen. Die MiFID II hat die rechtlichen Grundlagen der Wohlverhaltensregeln deutlich präzisiert. Sie finden sich nunmehr in §§ 63–71 WpHG.

1. Allgemeine Verhaltensregeln

529 Den Wohlverhaltenspflichten vorangestellt ist die Generalklausel des § 63 I WpHG. Sie besagt ganz allgemein, dass ein Wertpapierdienstleistungsunternehmen stets **ehrlich, redlich und professionell** und **im bestmöglichen Interesse seiner Kunden** handeln muss.

530 Ein Rechtsträger handelt ehrlich, wenn er seine Kunden nicht vorsätzlich in die Irre führt. Redlichkeit liegt dann vor, wenn die Kundeninteressen nicht aufgrund eines wirtschaftlichen oder finanziellen Drucks beeinträchtigt werden. Die Professionalität ist durch ein entsprechendes Maß an Sachkunde gekennzeichnet. Diese ist notwendig, um die jeweilige Wertpapier(neben)dienstleistung zu erbringen und die damit einhergehenden Risiken korrekt einzuschätzen.[1] Zudem verlangt § 63 I WpHG die Leistungserbringung im bestmöglichen Interesse des Kunden. Der Wertpapierdienstleister muss sich daher stets nach dem individuellen konkreten Interesse des Kunden richten – und das selbst dann, wenn das Interesse des Kunden objektiv unvernünftig erscheint.

---

1 *Poelzig*, in: Seibt/Buck-Heeb/Harnos, BeckOK WpHG, 5. Aufl. (2022), § 63 WpHG Rn. 49-51.

Beispiel: A möchte ihr Erspartes (50.000 Euro) in Aktien der börsennotierten B AG anlegen. Sie beauftragt ihre Bank, die Aktien im eigenen Namen und auf Rechnung der A zu erwerben. Die Bank tätigt den Ankauf an der Frankfurter Wertpapierbörse zum Preis von 30 Euro pro Aktie. Im Nachhinein stellt A fest, dass der Erwerb der Aktien an der Wiener Wertpapierbörse für sie günstiger gewesen wäre.

Die Bank ist ein Wertpapierdienstleistungsunternehmen und erbringt für A das Finanzkommissionsgeschäft i.S.d. § 2 Abs. VIII S. 1 Nr. 1 WpHG. Hierbei muss die Bank ehrlich, redlich und professionell im bestmöglichen Kundeninteresse handeln. Die Bank verstößt gegen diese Pflicht, da sie die Aktien nicht zu den bestmöglichen Konditionen erworben hat.

2. Vermeidung von Interessenkonflikten

Der Umgang mit Interessenskonflikten wird auf zwei unterschiedlichen Ebenen geregelt. **531** Es ist zwischen organisationsbezogenen und verhaltensbezogenen Anforderungen zu differenzieren. Diese Pflichten können dabei nicht isoliert betrachtet werden; es handelt sich um ein zweistufiges System. Auf der organisatorischen Ebene haben Wertpapierdienstleistungsunternehmen interne (organisatorische) Maßnahmen zur Vermeidung von Interessenskonflikten zu implementieren (siehe unten Rn. 549). Die verhaltensbezogenen Pflichten betreffen die Kundenbeziehung nach außen. Allgemein muss sich das Unternehmen daher um die Vermeidung von **Interessenkonflikten** bemühen und diese, falls sie sich nicht vermeiden lassen, offenlegen (§ 63 II WpHG). Solche können etwa vorliegen, wenn das Unternehmen Produkte von Emittenten vertreibt, an denen es selbst beteiligt ist. Dabei besteht eine natürliche Tendenz, diese Produkte übermäßig anzupreisen, auch wenn für den Kunden vielleicht andere Produkte geeigneter sind. Interessenkonflikte können auch durch besondere Mitarbeitervergütungen entstehen (§ 63 III WpHG). Daher ist sicherzustellen, dass die Bewertung und Vergütung der Leistungen der Mitarbeiter nicht der Pflicht zum Handeln im bestmöglichen Interesse des Kunden zuwiderlaufen.

3. Rückvergütungen

In den Zusammenhang des Interessenkonflikts gehört auch die **Rückvergütungsproblematik**. **532** Früher erhielten die meisten Wertpapierdienstleister für die Vermittlung eines Finanzprodukts vom Emittenten eine Prämie (Rückvergütung, Retrozession[2] oder „***kick back***“). Dies war für den Anleger aus mehreren Gründen bedenklich: Zum einen wurden diese Rückvergütungen vom Anlagebetrag abgezogen und im Rahmen eines vom Kunden zu erbringenden Ausgabeaufschlags (*Agio*) bezahlt. Zum anderen setzten Rückvergütungen falsche Anreize für den Dienstleister. Dieser konnte geneigt sein, nicht das im Interesse des Kunden liegende Produkt zu empfehlen, sondern dasjenige, für das er die höchste Rückvergütung erhält. In Konkretisierung der allgemeinen Interessenswahrungspflicht hat der Gesetzgeber auf diese Probleme mit § 70 WpHG reagiert. Danach sind Zuwendungen an Wertpapierdienstleistungsunternehmen im Zusam-

2 Dieser Begriff stammt aus der Schweiz und ist mit der Forderungsabtretung („Zession“) zu verwechseln.

menhang mit ihrer Tätigkeit nur zulässig, wenn sie zur Qualitätsverbesserung dienen, die interessensgerechte Dienstleistungserbringung nicht gefährden und der Dienstleister sie dem Kunden offenlegt (§ 70 I Nr. 1 und 2 WpHG).

Zur Vertiefung: Beispiele für eine Qualitätsverbesserung sind die Erweiterung der Produktpalette oder der Ausbau des Kundenberaternetzwerks.

Gebühren und Entgelte, welche die Dienstleistung überhaupt erst ermöglichen, sind gemäß § 70 VII vom Verbot des § 70 I WpHG von vornherein ausgenommen. Dazu zählen etwa Depotkosten oder Gebühren für die Börse.[3]

533 Alternativ kann der Kunde mit dem Wertpapierdienstleister eine sogenannte **Honorarberatung** vereinbaren, die in § 64 I, V, VI WpHG geregelt ist. Bei dieser wird der Dienstleister für seine Beratungsleistung vom Kunden bezahlt. Dafür ist es ihm im Gegenzug verboten, Zuwendungen von dritter Seite anzunehmen und zu behalten (siehe im Einzelnen § 64 V Nr. 2 WpHG). Die Honorarberatung ist das „sauberere" Modell der Wertpapierdienstleistung. Ihre weitere Verbreitung stößt sich allerdings daran, dass die meisten Anleger in Deutschland nicht bereit sind, für Beratungsleistungen unmittelbar zu zahlen.

534 Anzumerken ist, dass die Vorschriften des WpHG über die Rückvergütung und die Honorarberatung grundsätzlich aufsichtsrechtlicher Natur sind. Das bedeutet, ein Verstoß gegen sie wird von der BaFin sanktioniert, etwa durch Auflagen an den Wertpapierdienstleister oder im schlimmsten Fall durch den Entzug der Erlaubnis. Die Folgen für das privatrechtliche Verhältnis zwischen Anleger und Dienstleister bedürfen gesonderter Betrachtung (dazu unten Rn. 556–566).

4. Redliche, eindeutige und nicht irreführende Information

535 Wertpapierdienstleistungsunternehmen müssen Informationen redlich erteilen. Diese müssen **eindeutig** sein und dürfen **nicht in die Irre führen** (§ 63 VI S. 1 WpHG). Das gilt auch für Werbemitteilungen, beispielsweise in Anlegermagazinen. Werbemitteilungen müssen als solche erkennbar sein, d.h. mit ausdrücklichem Hinweis versehen sein, dass es sich um Werbung für ein Finanzprodukt handelt.

5. Informationen über Finanzinstrumente

536 Bei der Erbringung jeder Wertpapierdienstleistung muss das Institut dem Kunden **Informationen zur Verfügung stellen**, die jener benötigt, um die Art und die Risiken der angebotenen Instrumente oder Dienstleistungen zu verstehen und auf dieser Grundlage eine eigenverantwortliche Anlageentscheidung treffen zu können (§ 63 VII S. 1 WpHG). Dazu gehören Informationen über allgemeine Eigenschaften von Finanzinstrumenten, Kosten und Ausführungsplätze. Diese allgemeinen Informationen werden typischerweise durch Überreichung von „**Basisinformationen**" vermittelt und dienen dazu, dem Anleger Grundkenntnisse über die Funktionsweise, die Vorteile und die Risiken

3 Vgl. *Koch/Harnos*, in: Schwark/Zimmer, KMRK, 5. Aufl. 2020, § 70 WpHG Rn. 84.

von Finanzinstrumenten zu vermitteln. Sie beziehen sich nicht auf ein bestimmtes Produkt, sondern nur auf die Art der angebotenen oder nachgefragten Instrumente im Allgemeinen. Basisinformationen können auch in standardisierter Form erteilt werden, z.B. in einer Broschüre (§ 63 VII S. 2 WpHG). Damit soll sichergestellt werden, dass Kunden ihre Anlageentscheidung auf Basis adäquater Informationen treffen können. Diese allgemeine Vorschrift wird durch einen Delegierten Rechtsakt präzisiert.[4]

Strenger sind die Pflichten im Rahmen der Anlageberatung, also wenn sich der Kunde **537** eingehend über ein für ihn geeignetes Produkt beraten lässt (zum Begriff der Anlageberatung siehe § 2 VIII S. 1 Nr. 10 WpHG). Soweit das Institut dem Kunden ein bestimmtes Finanzinstrument empfiehlt, muss es ihm ein kurzes und leicht verständliches **Informationsblatt** aushändigen, § 64 II S. 1 WpHG. Dieses bezieht sich auf die Vorteile und Risiken des spezifischen Instruments. Bei der Empfehlung von Fonds (OGAW und AIF) treten an dessen Stelle die „Wesentlichen Anlegerinformationen" (§ 64 II S. 3 WpHG). Die Anforderungen an die „Wesentlichen Anlegerinformationen" sind mittlerweile europaweit einheitlich durch die Verordnung über „Packaged Retail and Insurance-Based Investment Products" (PRIIPS) festgelegt.[5]

6. Know your customer

Gemäß § 63 X und § 64 III WpHG muss das Unternehmen, bevor es eine Dienstleistung **538** erbringt, zunächst Informationen über den Kunden einholen. Nur wer die Verhältnisse seines Kunden kennt, kann ihn adäquat informieren. Auf Englisch nennt man diesen Grundsatz „**know your customer**". Insbesondere muss dabei herausgefunden werden, über welche Kenntnisse und Erfahrungen der Kunde in Bezug auf Finanzinstrumente und Wertpapierdienstleistungen verfügt, welche Anlageziele er verfolgt und wie seine finanziellen Verhältnisse sind. Bei der Abfrage der finanziellen Verhältnisse ist immer auch die Risikotragungsfähigkeit (objektiv) und bei den Anlagezielen die Risikobereitschaft (subjektiv) zu erfragen. Seit dem 2. August 2022 sind auch die Nachhaltigkeitspräferenzen des Kunden abzufragen. So sollen Investitionen in nachhaltige Unternehmen und Projekte kanalisiert werden.

Die Informationsverpflichtungen des Wertpapierdienstleistungsunternehmens sind **539** unterschiedlich je nach Art der Wertpapierdienstleistung. Sie sind intensiver, wenn es Anlageberatung oder Finanzportfolioverwaltung erbringt. In diesem Fall muss es alle Informationen ermitteln, um dem Kunden für diesen „**geeignete**" Finanzinstrumente vorschlagen zu können, § 64 III S. 1 WpHG (sog. *suitability test*). Ein Finanzinstrument ist geeignet, wenn es den Anlagezielen des Kunden entspricht und angemessen ist. Nur solche Produkte dürfen diesem letztlich auch vorschlagen werden, § 64 III S. 2 WpHG. Bei allen anderen Dienstleistungen, wie etwa der Anlagenvermittlung oder dem Finanz-

4 DelVO (EU) 2017/565.
5 VO (EU) 1282/2014.

kommissionsgeschäft, genügt es, wenn sich das Unternehmen um die „**Angemessenheit**" der Produkte für den Kunden bemüht, § 63 X WpHG. Angemessen ist ein Produkt, sofern der Kunde über die erforderlichen Kenntnisse und Erfahrungen verfügt, um die Risiken in Zusammenhang mit der Art des Finanzinstruments einschätzen zu können (sogenannter *appropriateness test*). Selbst diese Pflicht ist dem Dienstleister erlassen, wenn der Kunde von sich aus selbst ein bestimmtes Produkt nachsucht und das Unternehmen ihn darüber belehrt, dass keine Angemessenheitsprüfung vorgenommen wird, § 63 XI WpHG. Solche **Execution-Only**-Geschäfte werden häufig bei Direktbanken im Internet abgeschlossen. Sie dürfen sich allerdings nur auf „nicht komplexe" Finanzinstrumente beziehen, also z.B. nicht auf Derivate oder Zertifikate, in die ein Derivat einstrukturiert ist.

7. Differenzierung nach Anlegertypen

540 Die genannten Pflichten gelten nicht für alle Kunden in gleichem Maße, sondern abgestuft:

541 Sämtliche Pflichten sind gegenüber sogenannten **Privatkunden** zu erfüllen. Das sind alle Kunden, die keine professionellen Kunden sind, § 67 III WpHG. Bei **professionellen Kunden** kann das Unternehmen gewisse Kenntnisse voraussetzen, vgl. § 67 II S. 1 WpHG. Auch das Informationsblatt kann ihnen gegenüber weggelassen werden, vgl. § 64 II S. 1 Nr. 1 WpHG. Wer professioneller Kunde ist, ergibt sich aus § 67 II S. 2 WpHG. Es handelt sich zum einen um Wertpapierdienstleistungsunternehmen, die sich selbst Wertpapierdienstleistungen erbringen lassen. Daneben gehören auch institutionelle Anleger wie Versicherungsunternehmen oder Pensionsfonds, Regierungen, Zentralbanken und internationale Finanzinstitutionen wie Weltbank und IWF zu den professionellen Kunden. Außerdem fallen große Unternehmen in diese Kategorie, soweit sie zwei von drei Merkmalen überschreiten: 20 Mio. Euro Bilanzsumme, 40 Mio. Euro Umsatzerlöse, 2 Mio. Euro Eigenmittel (§ 67 II S. Nr. 1 WpHG).

542 Noch weniger Beratungsbedarf haben **geeignete Gegenparteien** („**eligible counterparties**"). Es handelt sich um eine Teilmenge der professionellen Kunden, siehe § 67 IV S. 1 WpHG. Umfasst sind insbesondere Wertpapierdienstleistungsunternehmen, Versicherungsunternehmen und Pensionsfonds. Soweit ein Wertpapierdienstleistungsunternehmen ihnen gegenüber bestimmte Wertpapierdienstleistungen anbietet, ist es von den meisten Wohlverhaltensregeln befreit, siehe § 68 WpHG. Insbesondere muss es weder Informationen über Finanzinstrumente erteilen noch Erfahrungen des Anlegers einholen. Auch die Vorschriften über Zuwendungen (§ 70 WpHG) gelten nicht. Lediglich bei der Anlageberatung gelten die allgemeinen Vorschriften nach § 64 WpHG. Zusätzlich gelten selbstverständlich die Ausnahmen für professionelle Kunden, weil geeignete Gegenparteien immer auch professionelle Kunden sind.

Insgesamt ergibt sich daraus folgendes Bild: 543

Art des Kunden/ Vorschriften über	Privatkunden	Professionelle Kunden	Geeignete Gegenparteien
Sachkenntnis, Sorgfalt, Gewissenhaftigkeit	✔	✔	✔
Vermeidung von Interessen-konflikten	✔	✔	✔
Redliche, eindeutige und nicht irreführende Informationen	✔	✔	–
Rückvergütung und Honorarberatung	✔	✔	–
Information über Finanz-instrumente	✔	Informations-blatt kann weg-gelassen werden	–
Know your customer	✔	✔	– (außer bei Anlageberatung)

Zwischen diesen Kategorien gibt es eine gewisse Durchlässigkeit. Ein Privatkunde kann 544 auf Antrag zu einem professionellen Kunden hochgestuft werden, wenn er zwei der drei in § 67 VI S. 3 WpHG genannten Kriterien erfüllt (sogenanntes **opt up**). Umgekehrt kann sich ein professioneller Kunde zum Privatkunden herabstufen lassen (sogenanntes **opt down**), um in den Genuss der erweiterten Pflichten zu gelangen, § 67 V WpHG.

Schließlich kann auch das Wertpapierdienstleistungsunternehmen selbst die Einordnung 545 der Kunden verändern, Art. 45 III DelVO (EU) 2017/565. Dabei kann es aber nur eine Herunterstufung zu ihren Gunsten vornehmen, also einen professionellen Kunden als Privatkunden oder eine geeignete Gegenpartei als professionellen Kunden oder Privatkunden einordnen. Viele Wertpapierdienstleistungsunternehmen kategorisieren freiwillig alle Kunden als Privatkunden ein, um sie nach denselben Vorschriften behandeln zu können. Dies spart Verwaltungskosten.

IV. Organisationspflichten

Neben diesen Verhaltensregeln muss das Wertpapierdienstleistungsunternehmen be- 546 stimmte organisatorische Vorkehrungen treffen. Sie sind in §§ 80–82 WpHG beschrieben. Die wichtigsten werden im Folgenden darstellt.

1. Compliance-Beauftragter, Handelskontinuität, chinese walls

547 So muss das Unternehmen eine wirksame **compliance-Funktion** einrichten (Art. 22 II DelVO (EU) 2017/565). Gemeint sind damit Mittel und Verfahren, die sicherstellen, dass den gesetzlichen Anforderungen entsprochen wird (*to comply with the law*).

548 Außerdem muss es angemessene Vorkehrungen treffen, um zu gewährleisten, dass seine **Dienste nicht plötzlich unterbrochen** werden (§ 80 I S. 2 Nr. 1 WpHG). Eine Unterbrechung wäre für den Kunden z.B. gefährlich, wenn er bei einem drohenden Kurssturz seine Produkte schnell verkaufen möchte.

549 Darüber hinaus ist schon auf organisatorischer Ebene sicherzustellen, dass keine Interessenkonflikte entstehen (§ 80 I S. 2 Nr. 2 WpHG). Das kann durch sogenannte *chinese walls* erreicht werden. Mit ihrer Hilfe werden bestimmte Gruppen von Mitarbeitern desselben Unternehmens voneinander abgegrenzt, z.B. durch räumliche Trennung in unterschiedlichen Gebäuden oder durch Zugriffsbeschränkungen für interne Unterlagen.

2. Mitarbeitergeschäfte

550 Außerdem muss **Missbrauch durch Mitarbeiter** verhindert werden, denn diese könnten die durch ihre Tätigkeit erlangten Informationen über die von den Kunden in Auftrag gegebenen Geschäfte zu eigenen Zwecken benutzen. Zum Beispiel könnte ein Mitarbeiter, bevor er die große Order eines Kunden ausführt, eine eigene Order für dieselben Finanzinstrumente platzieren, um vom zu erwartenden Kursanstieg zu profitieren (sog. *front running*). Dem sollen Art. 19 Marktmissbrauchsverordnung (MAR)[6] sowie die DelVO (EU) 2017/565 einen Riegel vorschieben. Das Wertpapierdienstleistungsunternehmen hat danach Beschränkungen für sogenannte Mitarbeitergeschäfte vorzusehen, diese den Mitarbeitern zur Kenntnis zu bringen und für deren Durchsetzung zu sorgen (siehe im Einzelnen die genannten Bestimmungen). Solche Beschränkungen können in zwei Formen vorkommen: als sogenannte *watch lists* und *restricted lists*. Erstere definieren besonders sensible Geschäfte, bei deren Vornahme die Alarmglocken schrillen und eine Überprüfung stattzufinden hat. Letztere verbieten Mitarbeitern einen ganzen Katalog von Geschäften oder setzen diese unter einen besonderen Genehmigungsvorbehalt.

3. Best Execution

551 Bereits aus dem allgemeinen Gebot der Interessenwahrung (§ 63 I WpHG) folgt, dass das Wertpapierdienstleistungsunternehmen die **bestmögliche Ausführung von Kundenaufträgen sicherzustellen hat**. Man spricht auch von der Pflicht zur „best execution“. Dazu sind Vorkehrungen zu treffen, um das beste Ergebnis für den Kunden zu realisieren. Die bestmögliche Ausführung jedes einzelnen Auftrages ist allerdings nur schwer möglich und vom Gesetzgeber auch nicht angestrebt.[7] Maßgeblich ist der län-

6 VO (EU) 596/2014.

7 *v. Hein*, in: Schwarz/Zimmer, KMRK, 5. Aufl. 2020, § 82 WpHG Rn. 5.

gerfristige Durchschnitt. Wertpapierdienstleistungsunternehmen sind daher lediglich verpflichtet, bestimmte Grundsätze zur Auftragsausführung festzulegen und mindestens einmal jährlich zu überprüfen, § 82 I Nr. 1 WpHG. Außerdem müssen sie dafür sorgen, dass diese Grundsätze auch eingehalten werden.

V. Aufzeichnungs- und Aufbewahrungspflichten

Um die Einhaltung der Wohlverhaltensregeln überprüfen zu können, schreibt **§ 83 WpHG** vor, dass eine umfangreiche Dokumentation zu erstellen und zu archivieren ist. Das gilt zunächst für die beim ersten Gespräch mit dem Kunden zu treffende schriftliche Rahmenvereinbarung, welche die Einzelheiten der Beziehung zum Wertpapierdienstleistungsunternehmen festlegt, vgl. Art. 58 DelVO (EU) 2017/565. 552

Als Reaktion auf die Finanzkrise im Jahr 2007-2008 hatte der deutsche Gesetzgeber die Verpflichtung eingeführt, **über jedes einzelne Beratungsgespräch** ein **schriftliches Protokoll** anzulegen, das dem Kunden zur Verfügung gestellt werden musste. Mit der Umsetzung der MiFID II wurde das Beratungsprotokoll durch die Pflicht zur Erstellung einer Geeignetheitsprüfung einschließlich schriftlicher Geeignetheitserklärung ersetzt (siehe oben Rn. 539). Zudem hat die MiFID II die Aufzeichnungs- und Aufbewahrungspflichten auch inhaltlich erweitert. Eine signifikante Änderung ist beispielsweise die Einbeziehung von Telefongesprächen und sonstiger elektronischer Kommunikation (§ 83 III WpHG). Zum Zwecke der Beweissicherung sind diese Inhalte aufzuzeichnen. Die aufgezeichneten Gespräche und sonstigen Dokumentationen sind dem Kunden auf sein Verlangen zur Verfügung zu stellen (§ 83 VII WpHG). Die Unterlagen sind zumindest fünf Jahre aufzubewahren (§ 83 VIII WpHG). 553

Die Aufzeichnungs- und Aufbewahrungspflichten haben unterschiedliche Stoßrichtungen. Einerseits ermöglichen sie der BaFin eine effiziente Aufsicht. Andererseits dienen sie ausdrücklich dem Anlegerschutz. Systematisch steht § 83 WpHG daher zwischen organisations- und transaktionsbezogenen Pflichten. 554

VI. Geht es nicht präziser?

Alle genannten Pflichten werden durch Delegierte Rechtsakte der Europäischen Kommission[8] und die Verordnung zur Konkretisierung der Verhaltensregeln und Organisationsanforderungen für Wertpapierdienstleistungsunternehmen (**WpDVerOV**) näher bestimmt. Außerdem werden sie durch die von der BaFin veröffentlichten Mindestanforderungen an die Compliance Funktion und die weiteren Verhaltens-, Organisations- und Transparenzpflichten nach §§ 63 ff. WpHG für Wertpapierdienstleistungsunternehmen (**MaComp**) ergänzt. 555

8 Z.B. DelVO (EU) 2017/565.

B. Was muss bei der Anlageberatung aus zivilrechtlicher Sicht beachtet werden?

I. Das Verhältnis von Aufsichts- und Zivilrecht

556 Die Vorschriften des WpHG betreffen die Wertpapieraufsicht. Auf die zivilrechtliche Beziehung des Wertpapierdienstleisters zum Kunden sind sie nicht ohne weiteres anzuwenden. Hier gelten in erster Linie die Vorschriften des BGB.

1. Einfluss des Aufsichtsrechts auf die Vertragspflichten

557 Mittelbar könnte das WpHG jedoch auch für das zivilrechtliche Verhältnis des Kunden zum Dienstleister von Bedeutung sein. Insbesondere könnte das Gesetz das vertragliche Pflichtenregime beeinflussen. Ob ein solcher Zusammenhang besteht, ist allerdings sehr umstritten. Im Wesentlichen werden vier Auffassungen vertreten.

558 Einer ersten Auffassung zufolge ist ein Einfluss des Aufsichtsrechts auf den Beratungsvertrag nicht denkbar. Es gelte vielmehr das „Primat des Zivilrechts" (**Primatstheorie**).[9] Argument dafür ist vor allem die Privatautonomie der Parteien, die in ihrem Vertrag andere als die im WpHG vorgesehenen Pflichten vereinbaren können.

559 Einer zweiten Auffassung zufolge sind die vertragsrechtlichen Pflichten bei Wertpapierdienstleistungen mit denen des Aufsichtsrechts identisch (**Identitätstheorie**). Zum Teil wird dies damit begründet, dass die Vorschriften des WpHG eine Doppelfunktion hätten, weil sie gleichzeitig öffentlich- und zivilrechtlicher Natur seien.[10] Andere argumentieren mit der EU-rechtlichen Herkunft der im WpHG vorgesehenen Pflichten: Da das EU-Recht grundsätzlich nicht zwischen Zivilrecht und öffentlichem Recht unterscheidet, müssten seine Vorgaben auch für das Vertragsregime gelten.[11]

560 Einer vermittelnden dritten Auffassung zufolge können die aufsichtsrechtlichen Pflichten auf die zivilrechtlichen zumindest ausstrahlen (**Ausstrahlungstheorie**).[12] Danach sind die §§ 63 ff. WpHG zwar nicht unmittelbar auf das Vertragsverhältnis anzuwenden, aber bei der Auslegung des vertraglichen Pflichtenregimes zumindest zu beachten.

561 Die Rechtsprechung des Bundesgerichtshofs zu dieser Frage ist unstetig und nicht frei von Widersprüchen. Während er sich zunächst im Sinne der Ausstrahlungstheorie äußerte,[13] hat er später eine strikte Trennung zwischen Zivilrecht und Aufsichtsrecht vertreten (**Trennungstheorie**).[14] Zuweilen zieht der BGH allerdings bei der Bestimmung zivilrechtlicher Pflichten aus einem Vertrag aufsichtsrechtliche Vorschriften heran, ohne aber ausdrücklich die Trennungstheorie aufzugeben.[15]

---

9 *Assmann*, in: Festschrift Uwe H. Schneider, 2011, S. 37, 55.

10 *Benicke*, Wertpapiervermögensverwaltung, 2006, S. 461 ff.; *Einsele*, JZ 2008, 477, 481; *Köndgen*, JZ 2012, 260, 261.

11 *Mülbert*, ZHR 172 (2008), 170, 183 ff.; *Herresthal*, WM 2012, 2261, 2264 f.

12 *Koller*, in: Assmann/Schneider, WpHG, 7. Aufl. 2019, vor § 31, Rn. 3; *Rothenhöfer*, in: FS Hopt 2008, S. 73 ff.; *Forschner*, Wechselwirkungen von Aufsichtsrecht und Zivilrecht, 2006, S. 146.

13 BGHZ 170, 226, Rn. 18.

14 BGHZ 191, 119, Rn. 47.

15 Siehe BGHZ 201, 310, siehe dazu das nachfolgende Beispiel am Ende.

Beispiel: (nach BGH NZG 2013, 1226 – Lehman Zertifikate II): K erwirbt nach einem Mitarbeitergespräch bei der B-Bank für insgesamt 102.000 Euro 100 Stück „B Zertifikate II" der Lehman Brothers Treasury Co. B V (L) zum Nennwert von jeweils 1.000 Euro zuzüglich eines Ausgabeaufschlags von 2 %. Die Zertifikate hat B zuvor von L zum Stückpreis von 972,50 Euro erworben; dabei erhält B einen Einkaufsrabatt von 27,50 Euro je Zertifikat, den sie für sich vereinnahmt. Im September 2008 wird die US-amerikanische Muttergesellschaft der L, die Lehman Brothers Holdings Inc., die für die Rückzahlung der Zertifikate die Garantie übernommen hatte, insolvent. Dies zieht die Insolvenz der L nach sich, so dass die Zertifikate weitgehend wertlos werden.

Der BGH verneinte einen Schadensersatzanspruch des K gegen B wegen einer Verletzung der Aufklärungspflicht über den vereinnahmten Rabatt aus §§ 280 I, 241 II, 311 II mit dem Argument, dass § 31d WpHG a.F. (nunmehr: § 70 WpHG) im Zivilrecht keine unmittelbare Wirkung entfalte und auch eine Ausstrahlungswirkung bezüglich der Reichweite der vorvertraglichen Aufklärungspflichten abzulehnen sei. Der Charakter eines Schutzgesetzes i.S.d. § 823 II sei abzulehnen, weil der Gesetzgeber mit § 31d WpHG a.F. ausschließlich aufsichtsrechtliche, nicht aber zivilrechtliche Regelungen habe treffen wollen.

Dagegen postuliert der BGH in einem jüngeren Urteil einen nunmehr im Aufsichtsrecht verankerten allgemeinen Transparenzgedanken, welcher sich insofern auf das Zivilrecht auswirke, als die Bank über alle Zuwendungen Dritter aufzuklären haben[16]. Dadurch nähert sich der BGH, entgegen eigener Beteuerungen, einer Ausstrahlungswirkung der §§ 63 ff. WpHG an.

2. Einfluss des Aufsichtsrechts auf das Deliktsrecht

Auch wenn nach der Rechtsprechung des BGH die aufsichtsrechtlichen Pflichten damit das Vertragsregime grundsätzlich nicht beeinflussen, könnten sie jedoch über das Deliktsrecht durchgesetzt werden. Dies setzt voraus, dass sie als **Schutzgesetze** im Sinne des § 823 II BGB anzusehen sind. **562**

Eine solche Einordnung muss für **Organisationsvorschriften** wie §§ 80–81 WpHG von vornherein ausscheiden. Die dort statuierten Pflichten betreffen ausschließlich das Verhältnis des Dienstleisters zum Aufseher. Sie dienen nicht unmittelbar dem Schutz der Kunden. Diese können im Fall ihrer Verletzung daher keine Ansprüche geltend machen.[17] **563**

Schwieriger ist die Rechtslage hinsichtlich der **Wohlverhaltensregeln**. Der Bundesgerichtshof hat zwar entschieden, dass die Pflichten aus § 63 WpHG anlegerschützende Funktion haben.[18] Allerdings handele es sich dennoch nicht um Schutzgesetze. Die Voraussetzungen der Eigenschaft als Schutzgesetze seien nämlich dem Wertungssystem der §§ 823 I, II und 826 BGB zu entnehmen. Daraus folge, dass nur solche Normen als Schutzgesetze qualifiziert werden, die entweder Vorsatz erfordern oder im Falle fahrlässiger Begehung ein sittenwidriges Verhalten sanktionieren.[19] Das sei bei den Beratungspflichten nicht der Fall. **564**

16 BGHZ 201, 310, Rn. 36.
17 Siehe für § 31 I Nr. 2 WpHG a.F. (nunmehr § 63 II WpHG) BGHZ 170, 226, Rn. 19.
18 BGHZ 142, 345, 356; 175, 276, 281.
19 BGHZ 175, 276, Rn. 21.

565 Diese Rechtsprechung ist zu **kritisieren**. Sie vermengt in unzulässiger Weise die Voraussetzungen der Eigenschaft als Schutzgesetz mit dem Maßstab der Sorgfaltspflichtverletzung. Aus § 823 II S. 2 i.V.m. § 276 I BGB folgt gerade, dass der Schutzgesetzbegriff vom Verschulden einer Pflichtverletzung getrennt werden muss.

566 Aufgrund der kritisierten höchstrichterlichen Rechtsprechung verbleibt es in Deutschland allerdings bei dem Ergebnis, dass private Ansprüche aus § 823 II BGB i.V.m. §§ 63 ff. WpHG allenfalls bei vorsätzlichem Handeln gerichtlich durchsetzbar sind.

II. Abschluss des Beratungsvertrags

567 Die zivilrechtlichen Pflichten bei Wertpapierdienstleistungen folgen nach dem BGH allein aus dem Vertragsrecht. Zum einen können vorvertragliche Pflichten aus §§ 311 II, 241 II BGB bestehen. Zu beachten ist jedoch, dass nach Ansicht des Bundesgerichtshofs stets ein **konkludenter Beratungsvertrag** geschlossen wird, wenn ein Kreditinstitut oder ein Finanzdienstleister einen Kunden bei einer Anlageentscheidung berät.[20] Nach dieser Auffassung gibt der Kunde, der sich um Rat an seine Bank wendet, ein Angebot auf Abschluss eines solchen Vertrags ab. Die Bank nehme dieses stillschweigend an, indem sie mit der Beratungsleistung beginne. Dabei ist nicht entscheidend, ob der Kunde für die Dienstleistung bezahlt. Ein solcher Beratungsvertrag komme selbst dann zustande, wenn zwischen den Parteien bislang keinerlei vertragliche Beziehungen bestanden.[21]

568 Offensichtlich handelt es sich bei diesem Beratungsvertrag um eine **richterrechtliche Fiktion**. Die Parteien werden sich des Vertragsschlusses meist gar nicht bewusst sein. Soweit ein Beratungsvertrag angenommen wird, bedarf es des Rückgriffs auf vorvertragliche Ansprüche nach §§ 311 II, 241 II BGB nicht mehr.

III. Inhalt des Beratungsvertrags

569 Die konkreten Pflichten ergeben sich aus dem Vertrag zwischen dem Wertpapierdienstleistungsunternehmen und seinem Kunden. Häufig ist dieser lückenhaft oder nur sehr allgemein, insbesondere wenn es sich um einen konkludent geschlossenen Beratungsvertrag handelt. Das hat aus Sicht der Rechtsprechung den Vorteil, dass sie den Inhalt dieser Pflichten selbst festlegen und im Notfall auch neue „hinzuerfinden“ kann, soweit es sich aus ihrer Sicht zum Schutz des Kunden als notwendig erweist. Außerdem zieht die Rechtsprechung aufsichtsrechtliche Vorschriften als Inspirationsquelle heran, soweit das opportun erscheint.

20 BGHZ 100, 117, Rn. 13.
21 BGHZ 100, 117, Rn. 13.

1. Anleger- und objektgerechte Beratung

Die wesentlichen Anforderungen an die Wertpapierberatung ergeben sich aus dem sogenannten **Bond-Urteil**.[22] Danach bestehen im Wesentlichen zwei Pflichten: **570**

Erstens besteht eine Pflicht zur „**anlegergerechten Beratung**". Die Bank muss den Wissensstand des Kunden über Anlagegeschäfte und dessen Risikobereitschaft erfragen. Unter Berücksichtigung dieser Kriterien muss sie ihre Beratung auf die persönlichen Verhältnisse des Kunden und dessen Anlageziel zuschneiden. Unverkennbar ist die Nähe zum aufsichtsrechtlichen suitability test in § 64 III WpHG (dazu oben Rn. 538 f.). **571**

Zweitens besteht eine Pflicht zur „**objektgerechten Beratung**". Die Bank muss den Kunden über die Eigenschaften und Risiken des Anlageobjekts informieren, soweit diese für seine Anlageentscheidung von Bedeutung sind. Sie hat sich dazu selbst aktuelle Informationen über das Produkt und dessen Emittenten zu beschaffen. Die Beratung muss diese Informationen berücksichtigen und darüber hinaus richtig und sorgfältig sein. Auch hier sind Parallelen zum Aufsichtsrecht, insbesondere zu § 63 VII WpHG, unverkennbar. **572**

Zu beachten ist, dass der **Anwendungsbereich** der Pflichten nach dem Bond-Urteil **enger** ist als der des § 63 WpHG. Sie beziehen sich nur auf die Anlageberatung, nicht auf alle Wertpapierdienstleistungen. Zudem sind sie wesentlich weniger detailliert. **573**

2. Aufklärung über Rückvergütungen

In den Zusammenhang der zivilrechtlichen Vertragspflichten gehört auch die sogenannte **Kick-Back-Rechtsprechung**. Der Bundesgerichtshof hat mehrfach entschieden, dass der Kunde einen Schadensersatzanspruch gegen den Wertpapierdienstleister hat, wenn dieser ihn nicht über Rückvergütungen informiert, die er für die Vermittlung eines bestimmten Anlageprodukts von dessen Emittenten erhält.[23] Ein solcher Schadensersatzanspruch kann aus § 280 I BGB folgen. **574**

Das zugrundeliegende Schuldverhältnis ist der Beratungsvertrag. Der BGH leitet aus diesem Beratungsvertrag eine **Pflicht zur Vermeidung und Offenlegung von Interessenkollisionen** ab. Diese Pflicht verletze die Bank, wenn sie den Kunden nicht über den aus den Rückvergütungen erwachsenden Konflikt zwischen den Anleger- und den bankeigenen Interessen aufkläre.[24] **575**

Das Vertretenmüssen ist regelmäßig gegeben, da die Bank ja von den erhaltenen Rückvergütungen weiß. Ein Verschulden der Bankmitarbeiter ist ihr gemäß § 278 BGB zuzurechnen.[25] Bei der Prüfung der Kausalität der Pflichtverletzung für den eingetretenen Schaden ist nach dem BGH zugunsten des Kunden zu vermuten, dass letzterer die **576**

22 BGHZ 123, 126.
23 BGHZ 170, 226, Rn. 22-25; BGH NJW 2009, 1416, 1417.
24 BGHZ 170, 226, Rn. 23.
25 BGHZ 170, 226, Rn. 25.

Anlageentscheidung bei gehöriger Information nicht getroffen hätte (**Vermutung aufklärungsrichtigen Verhaltens**). Daher muss die Bank beweisen, dass der Kunde die Anlage ohnehin getätigt hätte, was ihr nur selten möglich sein wird.

577 Als Schadensersatz kann der Kunde den Betrag seiner ursprünglichen Anlage gegen Rückerstattung des Finanzprodukts verlangen. Die Verjährungsfrist bestimmt sich nunmehr – nach Abschaffung der kurzen Verjährungsfrist des § 37a WpHG – gemäß § 195 BGB. Sie beginnt erst zu laufen, wenn der Kunde von den anspruchsbegründenden Umständen, d.h. von den Rückvergütungen, Kenntnis erlangt, § 199 I Nr. 2 BGB. Daher können Kunden häufig auch nach Jahren noch unprofitable Investments rückabwickeln, wenn Rückvergütungen geflossen sind, ohne dass sie davon wussten.

Zur Vertiefung: Der BGH hat zunächst angenommen, dass nur solche Zahlungen an den Dienstleister als Rückvergütungen (*kick backs*) anzusehen sind, die aus dem Ausgabeaufschlag (Agio) oder sonstigen im Anlagevertrag offen als Kosten ausgewiesenen Beträgen gezahlt werden. Sie gelten dagegen nicht für sogenannte **versteckte Innenprovisionen**, d.h. für Gelder, die aus dem Anlagebetrag an den Wertpapierdienstleister gezahlt werden, ohne dass sie im Anlagevertrag gesondert ausgewiesen sind.[26] Solche seien nur offenzulegen, wenn sie 15 % des Anlagebetrags überschreiten.[27] Empfiehlt also ein Wertpapierdienstleister einem Kunden Fondsanteile im Wert von 100.000 Euro, konnten bis zu 15.000 Euro des Anlagebetrags an ihn zurückfließen, ohne dass der Kunde davon erfuhr.

Diese Rechtsprechung war kritikwürdig. Aus Sicht des Kunden war die versteckte Zahlung von Geldern aus dem Anlagebetrag eher noch bedenklicher als der Rückfluss der als Ausgabeaufschlag oder Kosten ausgewiesenen Beträge an den Berater. Auch war die 15 %-Grenze willkürlich.

Im Jahre 2014 hat der Bundesgerichtshof diese Rechtsprechung aufgegeben.[28] Nunmehr müssen sämtliche Zahlungen an den Dienstleister offengelegt werden, auch Innenprovisionen unter 15 %. Zur Begründung seines Gesinnungswandels führt der BGH die gesetzliche Erweiterung des Anwendungsbereichs des § 31d WpHG a.F. (nunmehr § 70 WpHG) über Zuwendungen sowie die Einführung des § 31 IVb S. 2 WpHG a.F. (vgl. nunmehr § 64 I Nr. 1 WpHG) über die Honorarberatung an. Im Ergebnis seien Zuwendungen jeglicher Art an den Wertpapierdienstleister aus aufsichtsrechtlicher Sicht offenzulegen. Gleiches müsse auch aus zivilrechtlicher Sicht gelten. Dabei stört sich der BGH nicht daran, dass nach seiner eigenen Auffassung das Aufsichtsrecht grundsätzlich vom Zivilrecht zu trennen ist. Aufgrund der bisher unklaren Rechtslage hat der BGH Banken, die sich noch an der alten Rechtsprechung ausgerichtet haben, einen unverschuldeten Rechtsirrtum zugebilligt.

3. Aufklärungspflichten bei Swap-Verträgen

578 Neben den genannten hat der BGH noch weitere, spezielle Pflichten der Bank bei swap-Verträgen entwickelt. Das sind Verträge, bei denen die Parteien Risiken gegeneinander austauschen, z.B. die Veränderung des Euro gegenüber dem Dollar oder variable gegen feste Zinsen. Besonders problematisch sind komplexe Zinsswap-Verträge (z.B. sogenannte *spread ladder swaps*). Bei diesen Verträgen werden die Leistungen der Parteien nach einer mathematischen Formel berechnet, so dass für den Kunden im Einzelfall nur

26 BGH WM 2009, 2306, Rn. 31.
27 BGHZ 158, 110, 121.
28 BGHZ 201, 310.

schwer voraussehbar ist, welche Zahlungen er zu erbringen hat. Eine Bank hat einen solchen Vertrag mit einem Waschmaschinenhersteller geschlossen und sich selbst umgehend gegen die aus dem Vertrag folgenden Risiken durch Geschäfte mit dritten Parteien abgesichert. Aufgrund der für sie vorteilhaften Risikostruktur des Swapvertrags machte sie dabei einen Gewinn. Der BGH nahm an, dass die Bank den Kunden über die für ihn negative Risikostruktur hätte aufklären müssen, da sie eine finanzmathematische Berechnung voraussetze, die der Kunde normalerweise nicht leisten könne.[29] Er verlangte, dass die Bank dem Kunden gegenüber offenlegen müsse, dass das von ihm geschlossene Geschäft einen negativen Marktwert hat. Die Entscheidung ist zu kritisieren. Die Bank trat hier nicht einfach als Berater, sondern als Gegenpartei des Kunden auf. Dieser musste annehmen, dass die Bank für sich einen Gewinn aus dem Geschäft zieht, weil sie es sonst nicht angeboten hätte. In einer Marktwirtschaft können keine generellen Pflichten einer Vertragspartei bestehen, ihren Kunden darüber zu informieren, ob er ein „gutes“ oder ein „schlechtes“ Geschäft schließt.[30]

C. Warum das Ganze?

Es verbleibt die Frage, warum sich Gesetzgeber und Rechtsprechung so „fürsorglich“ **579**
um die Interessen der Kunden kümmern, welche Wertpapiere kaufen oder andere Wertpapierdienstleistungen in Anspruch nehmen. Ein vergleichbarer Aufwand wird etwa für Autokäufer oder Kunden von Friseursalons nicht betrieben. Warum also ist man hier so besorgt?

Die ökonomische Analyse des Rechts hat den Grund dafür in der Natur des Finanzin- **580**
struments erkannt: Ein Finanzinstrument kann nicht angefasst oder auf seine Eignung überprüft werden. Es ist insoweit eine „gefährliche Ware“ oder besser ein „**Vertrauensgut**“ (*credence good*). Erwerber sind notwendig auf Informationen und die Loyalität des Anbieters angewiesen. Wird diese nicht sichergestellt, verlieren die Anleger in der Folge ganz generell ihr Interesse am Investieren, und der Kapitalmarkt bricht zusammen – mit verheerenden Auswirkungen für die Volkswirtschaft. Befürchtungen einer solchen Kausalitätskette stecken hinter den ausführlichen Pflichten, die nach dem WpHG und der Rechtsprechung des BGH bei der Vermarktung von Finanzinstrumenten einzuhalten sind.

Der Emittent ist über die Werthaltigkeit der von ihm begebenen Finanzinstrumente **581**
informiert, denn er kennt seine eigene wirtschaftliche Lage am besten. Aber auch der Anlageberater weiß in der Regel viel besser als der Anleger über die gesamtwirtschaftliche Lage und die einzelner Emittenten Bescheid. Es besteht daher ein Fall ungleicher Informationsverteilung, oder **Informationsasymmetrie** zwischen den Parteien.

29 BGHZ 189, 13 – Ille. Die Rechtsprechung wurde bestätigt durch BGH NJW 2015, 1095; NJW 2015, 2248.

30 Zur Kritik siehe näher *Lehmann*, JZ 2011, 749, 751.

582 Hinzu kommt ein manifester Interessengegensatz. Der Kunde möchte möglichst großen Gewinn erzielen. Dem Berater geht es möglicherweise darum, die Instrumente eines bestimmten Instituts zu vertreiben, von dem er eine hohe Provision erhält. Es liegt also ein Missverhältnis zwischen den Motivationen beider Seiten vor. Die **Principal-Agent theory** beschreibt diese Situation als einen Konflikt zwischen den Interessen des Prinzipals (Kunde) und seines „Agenten", also des Beraters.

583 Das rechtliche Mittel zum Ausgleich dieser ökonomischen Erscheinungen sind ausgedehnte Aufklärungs- und Beratungspflichten sowie das an den Berater gerichtete Verbot, Zuwendungen von dritter Seite anzunehmen. Sie können die dargestellten Konflikte abmildern, aber nicht ganz beseitigen.

§ 14

Insiderhandel

A. Was ist Insiderhandel?

Insiderhandel ist, kurz gesagt, der Abschluss von **Geschäften unter Verwendung von Insiderinformationen**. Darunter versteht man nicht öffentlich bekannte Umstände, die, wenn sie öffentlich bekannt werden, zu einem Kursrutsch oder einem Kurssprung führen können. Der Insider nutzt also **Sonderwissen** aus, das die anderen Marktteilnehmer nicht haben. 584

B. Warum sind Insidergeschäfte verboten?

Die Frage, ob Insiderhandel verboten sein sollte, ist in der wirtschaftswissenschaftlichen Literatur **stark umstritten**. **Eine Ansicht** betont die **positiven Wirkungen**, die Insidergeschäfte hätten: Durch sie werden Informationen in den Börsenpreis eingearbeitet, weil sich dieser durch die Geschäfte erhöht oder verringert. Durch die ausgelösten Kursbewegungen würde den anderen Marktteilnehmern recht schnell klar werden, dass etwas passiert sein müsse. Insiderhandel ist danach die **effizienteste Art der Verbreitung von Informationen**. Zudem „gehöre" den Unternehmensinsidern wie etwa dem Vorstand einer AG in gewisser Weise die Insiderinformation wie z.B. positive Unternehmensnachrichten, da sie diese durch ihre Tätigkeit selbst kreieren. Daher würden die richtigen Anreize gesetzt, wenn man sie auf ihrer Grundlage ein wenig am Kapitalmarkt profitieren ließe. Außerdem fehle es an einem Opfer: Diejenigen Inhaber von Finanzinstrumenten, die diese an den Insider veräußerten, wären im Zweifel eher froh, einen Abnehmer gefunden zu haben und waren ohnehin bereit zu verkaufen. Die anderen Inhaber wären ohnehin nicht geschädigt. Insiderhandel sei daher ein **„victimless crime"**. 585

Die **überwiegende Ansicht** geht dagegen davon aus, dass Insiderhandel bekämpft werden müsse. Dazu werden verschiedene Argumente herangezogen: Zum einen wird die **Gleichheit der Marktteilnehmer** betont.[1] Diese wäre in Frage gestellt, wenn einer von ihnen über mehr Informationen verfügt als der andere. Unter diesen Umständen sei der Handel am Kapitalmarkt nicht mehr fair, ebenso wenig wie ein Kartenspiel, bei dem ein Spieler mit gezinkten Karten spielt. Zum anderen gehört den Unternehmensinsidern die Insiderinformation nicht im rechtlichen Sinne. Wenn man ihre Ausbeutung erlaubte, setzte man auch ganz falsche Anreize. Das wird sofort klar, wenn man sich überlegt, dass auch schlechte Unternehmensnachrichten sich für den Insiderhandel eignen. Der Vorstand einer AG würde also dafür belohnt werden, schlechte Nachrichten zu erwirtschaften. Schließlich heben die Vertreter des Verbots hervor, dass der Insiderhandel die **Funktionsfähigkeit des Kapitalmarkts** beeinträchtigt: Wenn die Anleger annehmen 586

1 EuGH, Rs. C-45/08, Urt. v. 23.12.2009, Rn. 47-48.

müssten, dass dieser von Insidern beherrscht sei, würden sie schnell die Lust am Investieren verlieren. Daher könne der Kapitalmarkt seine Aufgaben nicht mehr erfüllen. Empirische Untersuchungen bestätigen, dass Insiderhandel die Liquidität im Markt negativ beeinflusst.[2]

C. Wie wird Insiderhandel geahndet?

I. Rechtsgrundlage

587 Seit 3.7.2016 ist die EU-Marktmissbrauchsverordnung (**Market Abuse Regulation – MAR**) in Kraft.[3] Diese gilt in Deutschland und allen anderen Mitgliedstaaten der EU als unmittelbar anzuwendendes Recht. Sie wird begleitet von der Richtlinie über strafrechtliche Sanktionen für Insiderhandel und Marktmanipulation (**CRIM-MAD**),[4] welche durch das Erste Finanzmarktnovellierungsgesetz in das deutsche Recht umgesetzt worden ist.[5]

II. Voraussetzungen

588 Das Verbot von Insidergeschäften findet sich in Art. 14 MAR.

1. Anwendungsbereich

589 Das Insiderhandelsverbot erstreckt sich nur auf den Handel mit bestimmten Finanzinstrumenten. Diese werden in Art. 2 I MAR definiert. Entscheidend ist, dass die Instrumente an einem geregelten Markt, also an einer **Börse**, oder einem **vergleichbaren Handelsplatz** wie etwa in einem Multilateralen Handelssystem (MTF) oder einem Organisierten Handelssystem (OTF) gehandelt werden (siehe dazu oben Rn. 391–397). Gleichgestellt ist der Fall, dass ihre Zulassung zumindest beantragt ist (siehe im Einzelnen Art. 2 I S. 1 lit. a–c MAR). Einbezogen werden auch CO_2-Emissionszertifikate (Art. 2 I S. 2 MAR). Außerbörslich (OTC) gehandelte Instrumente sind dagegen grundsätzlich kein geeigneter Gegenstand des Insiderhandels. Insoweit verfügen die Marktteilnehmer ohnehin über sehr unterschiedliche Informationen, so dass es einen besonders herausstechenden „Insider" kaum geben kann.

590 Die Börse oder der Handelsplatz, an dem das Instrument gehandelt wird, muss **im EWR** liegen. Das steht zwar nicht ausdrücklich in der MAR, ergibt sich aber aus den verschiedenen Verweisen auf die MiFID II[6], die nur im EWR zugelassene Handelsplätze erfasst.[7] Erfasst werden darüber hinaus auch Derivate, die zwar nicht im EWR gehandelt werden, aber sich auf dort zum Handel zugelassene Instrumente beziehen, Art. 2 I S. 1 lit. d MAR.

---

2 *Heilmann/Läger/Oehler,* ZBB 2000, 361.
3 VO (EU) 596/2014.
4 RL 2014/57/EU.
5 BGBl. I v. 30.6.2016, 1513, 1521 ff.
6 Siehe die Definitionen in Art. 3 I Nr. 6-8, 10 MAR, die auf die Richtlinie 2014/65/EU (= MiFID II) verweisen.
7 Siehe Art. 4 Nr. 21-24 MiFiD II, die jeweils auf die Zulassung nach den europäischen Vorschriften abstellen.

Dies dient zum **Umgehungsschutz**. Statt in unmittelbar in Deutschland gehandelte Daimler-Aktien zu investieren, könnte ein Insider stattdessen Call-Optionen auf Daimler in den USA eingehen. Auch dies ist nach der MAR verboten.

Unwichtig ist der Ort, an dem die Insidergeschäfte vorgenommen werden, ob innerhalb oder außerhalb der Börse oder des Handelsplatzes (Art. 2 III MAR). Es kommt nicht einmal darauf an, ob sie innerhalb der EU oder in Drittländern begangen werden (Art. 2 IV MAR). Die in der EU zum Handel zugelassenen Finanzinstrumente sind daher vor Insiderhandel überall in der Welt geschützt (**Auswirkungsprinzip**). Durchgesetzt wird dieser Schutz allerdings nur von Behörden und Gerichten in der EU, da Staaten keine öffentliche Gewalt auf fremdem Territorium ausüben dürfen. Im zweiten Abschnitt des WpHG (§§ 18 ff. WpHG) ist aber eine transnationale Verwaltungskooperation mit den Staaten des Europäischen Wirtschaftsraums (EWR) vorgesehen, welche von der herkömmlichen Idee des territorial beschränkten *enforcement* sehr weit entfernt ist. **591**

2. Präzise Informationen über nicht öffentlich bekannte Umstände

Das in Art. 14 MAR ausgesprochene Verbot knüpft an den Begriff der „Insiderinformation" an. Diesen definiert Art. 7 MAR. **592**

Eine Information wird nur dann zur Insiderinformation, wenn sie „**präzise**" ist. Gemäß Art. 7 II MAR ist dies der Fall, wenn die Information hinreichend konkret ist, um als Grundlage für die Einschätzung über den zukünftigen Verlauf des Börsen- oder Marktpreises zu dienen. Fraglich ist, ob und unter welchen Voraussetzungen ein bloßes **Gerücht** diese Anforderungen erfüllt. Zum Teil wird argumentiert, dass Gerüchte keine Insiderinformationen enthalten, da wegen der verbleibenden Unsicherheit auch für den Insider selbst kein echter Informationsvorsprung bestünde.[8] Allerdings können auch bloße Gerüchte das Vertrauen der Anleger in ihre Chancengleichheit verringern und damit die Funktionsfähigkeit des Kapitalmarkts beeinträchtigen. Vor diesem Hintergrund vertritt die BaFin im Einklang mit der Literatur die Ansicht, dass auch Gerüchte einen potentiell insiderrechtlich relevanten Umstand darstellen können, sofern sie eine Tatsachenmitteilung enthalten. Es soll also entscheidend darauf ankommen, ob ein Gerücht einen **hinreichenden Tatsachenkern** besitzt, oder ob es sich nur um unsubstantiiertes Gerede oder vage Hoffnungen handelt. Für die Beantwortung der Frage, ob ein Gerücht als Insiderinformation anzusehen ist, hat die BaFin fünf Kriterien aufgestellt. Maßgeblich sind hiernach: **593**

- die Quelle des Gerüchts, insbesondere, ob sie vertrauenswürdig erscheint,
- die dem Gerücht zugrunde liegenden nachprüfbaren Fakten,
- die wirtschaftliche Situation des betroffenen Unternehmens,
- das Segment des betroffenen Unternehmens im Besonderen und
- die Verfassung der Märkte im Allgemeinen.[9]

---

8 *Mennicke/Jakovou*, in: Fuchs, WpHG, 2. Aufl. 2016, § 13 Rn. 50.
9 BaFin, Emittentenleitfaden, Modul C, I.2.1.4.4. (Stand 25.3.2020).

Zur Vertiefung: In der Rechtssache C-302/20 hatte sich der EuGH mit der Frage auseinanderzusetzen, inwiefern eine Information über die bevorstehende Veröffentlichung eines Presseartikels, in dem ein Marktgerücht über einen Emittenten von Wertpapieren aufgegriffen wird, eine präzise Information darstellen und daher unter den Begriff der Insiderinformation fallen kann.[10]

Im gegenständlichen Fall veröffentlichte ein Journalist auf der Website der Daily Mail zwei Artikel, in denen Gerüchte über die Abgabe öffentlicher Kaufangebote für die Aktien von Hermès (seitens LVMH) und von Maurel & Prom aufgegriffen wurden. Die darin genannten Preise lagen deutlich über den Kursen dieser Aktien auf Euronext. Die Veröffentlichung ließ die Kurse dieser Aktien erheblich steigen. Kurz vor der Veröffentlichung der Artikel erteilten einige in Großbritannien ansässige Personen Kaufaufträge für die fraglichen Wertpapiere und verkauften diese gleich nach Veröffentlichung wieder. Die französische Finanzmarktaufsichtsbehörde verhängte gegen den Journalisten eine Geldbuße in Höhe von 40.000 Euro, weil er die bevorstehende Veröffentlichung der Artikel an diese in Großbritannien ansässigen Personen weitergegeben und ihnen damit Insiderinformationen offengelegt habe.

Nach Auffassung des EuGH kann eine Information über die bevorstehende Veröffentlichung eines Presseartikels, in dem ein Marktgerücht über einen Emittenten von Wertpapieren aufgegriffen wird, eine „präzise" Information darstellen und daher unter den Begriff „Insiderinformation" fallen, wenn sie unter anderem den Preis des angeblichen Angebots, den Namen des Journalisten, der den Artikel unterzeichnet hat, und das Presseorgan, das den Artikel veröffentlicht, umfasst. Diese Merkmale unterscheiden nach Meinung des Gerichtshofs die Insiderinformation von bloßem Gerede.

594 Die Information muss sich überdies auf „**Umstände**" beziehen, wobei der Begriff denkbar weit zu verstehen ist. Es kann sich nicht nur um äußere Tatsachen handeln, sondern auch um innere (Beispiel: Die Absicht, ein bestimmtes Unternehmen zu erwerben oder eine Klage zu erheben). Auch künftige Umstände können Insidertatsachen sein, wenn ihr Eintritt hinreichend wahrscheinlich ist, Art. 7 II MAR.

Zur Vertiefung: In der Rechtssache Geltl/Daimler hatte sich der EuGH mit der Frage auseinanderzusetzen, wann bei zeitlich gestreckten Tatbeständen eine Insidertatsache vorliegt.[11] Es ging um den Rücktritt des früheren Daimler-Vorstandsvorsitzenden Schrempp, dessen Bekanntgabe ein Kursfeuerwerk ausgelöst hatte. Fraglich war, ob erst der Rücktritt selbst eine Insidertatsache ist oder auch Zwischenschritte, wie z.B. die Information des Aufsichtsratsvorsitzenden vom geplanten Rücktritt. Die Frage ist deshalb bedeutsam, weil in ersterem Fall eine Insidertatsache nur dann vorläge, wenn man den Rücktritt vernünftigerweise erwarten kann, vgl. Art. 7 II 1 MAR.[12] Nach der zweiten Auslegung würde dagegen bereits die Information des Aufsichtsratsvorsitzenden selbst eine Insidertatsache darstellen, ganz unabhängig davon, ob der Rücktritt später erfolgt oder nicht.

Da die Einordnung einer Tatsache als Insiderinformation auch zu einer Veröffentlichungspflicht führt (siehe zur Ad-hoc-Publizitätspflicht unten Rn. 687–694), könnte man Bedenken haben, bei solchen gestreckten Tatbeständen jeden Zwischenschritt dem Insiderregime zu unterwerfen. Die daraus folgende Informationsflut könnte den Markt überfordern und irreführen, zumal häufig noch unsicher ist, ob aus dem Zwischenschritt ein endgültiger Schritt folgt. So war auch im Fall Schrempp nach der Information des Aufsichtsratsvorsitzenden noch nicht sicher, ob Schrempp wirklich zurücktreten würde.

---

10 EuGH, Rs. C-302/20, Urt. v. 15.3.2022.

11 EuGH, Rs. C-19/11, Urt. v. 28.6.2012.

12 Zur Zeit des EuGH-Urteils galt noch als Standard, dass der Eintritt der Tatsache „hinreichend wahrscheinlich" sein muss, siehe Art. 1 I Durchführungsrichtlinie 2003/124/EG.

Der EuGH hat dennoch entschieden, dass auch Zwischenschritte zeitlich gestreckter Abläufe „präzise“ Umstände i.S.d. Insiderrechts sein können.[13] Dafür spricht, dass ansonsten die Information über diese Zwischenschritte bis zum endgültigen Ereignis straflos verwendet werden könnte. Eine Überflutung der Anleger mit Informationen und eine Irreführung der Märkte ist nicht zu befürchten: Die Anleger werden sich ohnehin meist Medien bedienen, die die Nachrichten filtern. Man sollte es außerdem den Akteuren des Markts überlassen, ob sie eine bestimmte Information haben wollen oder nicht. Die Kontaktaufnahme Schrempps zum Aufsichtsratsvorsitzenden stellte demnach eine Insidertatsache dar und hätte veröffentlicht werden müssen.

Diese EuGH-Rspr. wurde nunmehr mit Art. 7 II S. 2, III MAR kodifiziert. Danach kann bereits ein Zwischenschritt eine Insiderinformation sein, sofern der Zwischenschritt die vier dort genannten Merkmale erfüllt (präzise, Umstände, Emittentenbezug und Kursbeeinflussungspotential).

Jedoch sollte nicht übersehen werden, dass die aktuelle Verknüpfung von Insiderinformation und Ad-hoc-Publizitätspflicht für börsennotierte Unternehmen belastend ist. Ein solcher Gleichklang ist nicht zwingend erforderlich. Die Europäische Kommission hat mit ihrem Vorschlag des sog. EU Listing Acts (COM(2020)762) einen Paradigmenwechsel eingeleitet. In Zukunft soll der Emittent nur jene Informationen offenlegen, welche sich auf das Endergebnis bezieht, mit dem der zeitlich gestreckte Vorgang abgeschlossen wird.

Die Information darf noch „**nicht öffentlich bekannt**“ sein. Sie wird öffentlich bekannt (und damit insiderrechtlich irrelevant), wenn es einer unbestimmten Anzahl von Personen möglich ist, von ihr Kenntnis zu nehmen, etwa durch Verbreitung in den allgemein zugänglichen Medien oder durch eine Ad-hoc-Mitteilung.[14] Dann liegt also keine Insiderinformation vor und es kann straflos auf der Grundlage der Information gehandelt werden. Daneben genügt es zum Ausschluss einer Insiderinformation nach herrschender Meinung, dass die Tatsache über Informationssysteme verbreitet wird, auch wenn diese vorwiegend nur von professionellen Händlern und Anlegern genutzt werden (sog. Bereichsöffentlichkeit).[15] Dahinter steht der Gedanke, dass dieser Kreis die Information in Sekundenschnelle weiterverbreitet. Dass ist jedoch keineswegs immer der Fall, und es ist nicht auszuschließen, dass einige der professionellen Händler oder Anleger vor der Weitergabe zu eigenen Gunsten Geschäfte schließen. Aus diesem Grund ist die herrschende Meinung zweifelhaft. Stattdessen sollten auch die nur bereichsöffentlichen Informationen als Insiderinformationen angesehen werden. 595

Noch nicht öffentlich bekannte **Bewertungen** (Finanzanalysen) von Unternehmen sind dann keine Insiderinformationen, wenn sie aus öffentlich bekannten Umständen erstellt werden. Das gilt sogar dann, wenn ihre Publikation den Kurs erheblich beeinflussen kann, vgl. Erwägungsgrund 28 MAR. Der Grund ist darin zu sehen, dass der Informationsvorsprung durch eine eigene legitime Leistung erreicht wurde, die jeder Anleger mit den öffentlich zugänglichen Angaben hätte erbringen können. 596

13 EuGH, Rs. C-19/11 Urt. v. 28.6.2012.
14 *Buck-Heeb*, Kapitalmarktrecht, 12. Aufl. 2022, Rn. 383.
15 *Kumpan/Misterek*, in: Schwark/Zimmer, KMRK, 5. Aufl. 2020, Art. 7 MAR, Rn. 96-100.

3. Bezug auf Emittent oder Finanzinstrument

597 Die Umstände müssen einen Bezug zu einem Emittenten oder Finanzinstrument aufweisen (Art. 7 I lit. a). Sie werden sich in der Regel auf die wirtschaftliche **Situation des Emittenten** beziehen („Siemens hat einen Auftrag in Südkorea nicht bekommen"). Sie können sich aber auch auf die **gehandelten Titel** beziehen („Die Siemens-Aktie wird vom Markt genommen"). **Allgemeine wirtschaftliche Tatsachen** sind dagegen **keine** Insidertatsachen, da es an einem auch nur mittelbaren Bezug zum Emittenten oder Insiderpapier fehlt. Der Fakt, dass ein Krieg ausgebrochen ist, könnte also gefahrlos verwendet werden, um die Aktien von Rüstungsunternehmen zu kaufen. Im Internetzeitalter sind solche Informationen allerdings in Sekundenschnelle öffentlich bekannt.

4. Eignung zur Kursbeeinflussung

598 Eine Insidertatsache liegt nur vor, wenn sie geeignet ist, im Fall ihres öffentlichen Bekanntwerdens den Börsen- oder Marktpreis erheblich zu beeinflussen (Art. 7 I lit. a MAR). Man spricht vom sogenannten **Kursbeeinflussungspotential**. Das Tatbestandsmerkmal der Erheblichkeit soll Bagatellfälle vom Verbot des Insiderhandels ausschließen. Ob das Kursbeeinflussungspotential vorliegt, ist danach zu ermitteln, ob ein „verständiger Anleger" die Information bei seiner Anlageentscheidung berücksichtigen würde (Art. 7 IV MAR). Insoweit muss man aber in Betracht ziehen, dass ein verständiger Anleger auch den Herdentrieb und die Panikreaktionen berücksichtigt, die eine Information auslösen kann. Außerdem muss sich der Kurs infolge der Information nicht unbedingt tatsächlich erheblich ändern, die bloße Eignung zur erheblichen Kursbeeinflussung genügt.[16]

Zur Vertiefung: In der Rechtssache Lafonta[17] ging es um die Frage, ob dem Insider die Richtung der Kursbeeinflussung – also ob sie den Kurs erhöhen oder senken wird – bekannt sein muss. Die französische W S.A. hatte heimlich ein Derivat (*Total Return Swap*) auf Aktien der Gesellschaft Saint-Gobain abgeschlossen. Letztlich sollte damit deren Übernahme vorbereitet werden. Nicht sicher war, ob bei Bekanntwerden des Abschlusses des Derivats die Aktie von Saint-Gobain steigen oder fallen werde. Dass der Kurs auf das Bekanntwerden reagieren würde, war den Beteiligten jedoch klar.

Der EuGH antwortete auf die Vorlagefrage, dass *die Richtung* der Kursbeeinflussung dem Insider nicht notwendigerweise bekannt sein müsse. Die Luxemburger Richter begründeten dies damit, dass andernfalls der Insider sich sonst leicht aus der Strafbarkeit entziehen könnte, indem er vorgibt, er habe nicht gewusst, wie genau sich das Bekanntwerden der Information auf den Aktienkurs auswirkt. Das überzeugt.

5. Verbotenes Geschäft

599 Eine Haftung tritt nur ein, wenn der Insider mit der Insidertatsache in bestimmter Weise handelt. Art. 14 MAR nennt die verbotenen Verhaltensweisen.

---

16 EuGH, Rs. C-45/08, Urt. v. 23.12.2009, Rn. 69.
17 EuGH, Rs. C-628/13, Urt. v. 11.3.2015.

Zunächst ist es danach verboten, die Information zum Erwerb oder zur Veräußerung von Finanzinstrumenten zu verwenden (Art. 14 lit. a i.V.m. Art. 8 I MAR). Die Tatbestandsmerkmale „**Erwerben**" und „**Veräußern**" beziehen sich nicht nur, wie sonst im deutschen Zivilrecht, auf den Eigentumserwerb durch das sachenrechtliche Verfügungsgeschäft, sondern erfassen schon den Abschluss des Kaufvertrags, also das schuldrechtliche Verpflichtungsgeschäft.[18] Die Voraussetzung des „Erwerbens" oder „Veräußerns" ist dagegen nach dem eindeutigen Wortlaut nicht erfüllt, wenn der Insider wegen der erlangten Insiderinformation den Abschluss eines Vertrages nur unterlässt. **600**

Der Begriff des „**Verwendens**" ist problematisch. In vielen Fällen weiß der Handelnde nur über eine bestimmte Tatsache Bescheid, wenn er ein Finanzinstrument erwirbt oder veräußert. Heißt das auch, dass er die Information „verwendet"? Der EuGH hat in der Rechtssache „**Spector Photo Group**" vermutet, dass ein „Verwenden" grundsätzlich schon dann vorliege, wenn man eine Tatsache nur kennt.[19] Diese Rechtsprechung hat der europäische Gesetzgeber aufgegriffen, vgl. Erwägungsgrund 23 und 24 MAR. **601**

Zur Vertiefung: In der Rechtssache Spector Photo Group[20] hatte eine belgische Gesellschaft seit langem ein Mitarbeiterprogramm geplant, durch das Aktien an ihre Mitarbeiter ausgegeben werden sollten. Dazu kaufte sie am Kapitalmarkt eigene Aktien an. Zu diesem Zeitpunkt wusste der Vorstand der Gesellschaft, dass die Geschäftszahlen des Unternehmens sehr gut sind. Als er diese später veröffentlichte, stieg der Aktienkurs deutlich.

Nach Ansicht des EuGH lag im Ankauf der eigenen Aktien ein Verstoß gegen das Insiderhandelsverbot. Dazu stützt er sich einmal auf den Wortlaut des Verbots, der ein subjektives Element nicht voraussetzt. Außerdem verweist er auf Sinn und Zweck der Bestimmungen über den Insiderhandel. Deren präventives Ziel könne nicht erreicht werden, wenn man verlangte, dass dem Insider ein subjektives Element nachgewiesen werden müsse. Die Verteidigungsmöglichkeiten des Insiders müssten demnach eingeschränkt werden.

Die Rechtsprechung des EuGH ist im Hinblick auf die in Art. 6 II der Europäischen Menschenrechtskonvention niedergelegte Unschuldsvermutung problematisch.[21] Voraussetzung der Strafbarkeit sollte sein, dass man sich der Insiderinformationen wenigstens bewusst ist, denn sonst kann man nicht ahnen, dass man eine Straftat begeht. Dieses Wissen kann ohne Verstoß gegen die EMRK nicht vermutet werden.

Anders entschied der Gerichtshof in der Rechtssache *Georgakis*.[22] Auf Anraten von Finanzberatern entschieden sich die Hauptaktionäre einer notleitenden Gesellschaft, untereinander verschiedene Käufe und Rückkäufe zu tätigen mit dem Zweck, den Kurs der Aktie künstlich zu stützen. Die griechische Aufsichtsbehörde sah darin einen Verstoß gegen das Insiderhandelsverbot und verhängte eine Geldbuße. Der EuGH befand allerdings, dass die Empfehlung durch einen Finanzberater selbst keine Insiderinformation darstellt. Folglich war auch der auf diese Information gestützte Kauf und Rückkauf kein Insidergeschäft. Die Kenntnis der Hauptaktionäre, dass andere Hauptaktionäre Aktien kaufen und rückkaufen wollten, stellt hingegen eine Insiderinformation dar. Nachdem die

18 *Kumpan/Schmidt*, in: Schwark/Zimmer, KMRK, 5. Aufl. 2020, Art. 8 MAR, Rn. 36.
19 EuGH, Rs. C-45/08, Urt. v. 23.12.2009.
20 EuGH, Rs. C-45/08, Urt. v. 23.12.2009.
21 Dazu der EuGH selbst a.a.O., Rn. 43 f.
22 EuGH, Rs. C-391/04, Urt. v. 10.5.2007.

Beteiligten der Börsengeschäfte allerdings den gleichen Informationsstand teilten, beeinträchtigten die Transaktionen die Gleichheit der Anleger nicht. Daher wurden die Insiderinformationen nach Ansicht des EuGH nicht ausgenutzt.

Diese Entscheidung irritiert auf den ersten Blick, zumal der Sachverhalt aus Sicht eines Outsiders das Vertrauen in die Integrität des Marktes in gleicher Weise beschädigt wie ein „echtes" Insidergeschäft. Dennoch ist dem EuGH zuzustimmen, da es sich im vorliegenden Fall schlichtweg um ein anderes Delikt handelt – dogmatisch ist das künstliche Aufblähen von Börsenkursen (Marktmanipulation) vom Insiderhandel verschieden. Diese Überlegungen sind in den Gesetzgebungsprozess zur MAR eingeflossen, die nunmehr derartige Verhaltenspraktiken in Art. 12 MAR (verbotene Marktmanipulation) untersagt.

602 Außer der Verwendung von Insiderinformationen für eigene Geschäfte sind auch **Empfehlungen** an Dritte vom Verbot erfasst, siehe Art. 14 lit. b i.V.m. Art. 8 II MAR. Das betrifft vor allem die Empfehlung zum Kauf oder Verkauf (Art. 8 II lit. a). Erfasst ist aber auch die Empfehlung der Stornierung bereits getätigter Geschäfte, z.B. durch Widerruf oder Rücktritt (lit. b). Beide Varianten setzen voraus, dass der Empfehlende im Besitz der Insiderinformation ist.[23]

6. Safe Harbour

603 Bestimmte Verhaltensweisen, die bei wörtlicher Subsumtion den Tatbestand des Insiderhandels erfüllen, sind dennoch unbedenklich oder sogar gesellschaftlich erwünscht. Der Gesetzgeber hat diese daher in **Art. 9–11 MAR** ausdrücklich vom Verbot des Insiderhandels ausgenommen. In angelsächsischer Terminologie handelt es sich dabei um einen „sicheren Hafen" (*safe harbour*) – wer in ihn einfährt, kann nicht bestraft werden. Die Festlegung solcher *safe harbours* dient der Rechtssicherheit und dem Vertrauensschutz der Rechtsunterworfenen. Sie erleichtert ihnen zu wissen, in welchen Fällen sie strafbar sind und in welchen nicht.

604 Zur Illustration der Wirkung von *safe harbour* ein Beispiel: Eine Bank betreut alle Ad-hoc-Mitteilungen eines Unternehmens. Gerade bereiten einige Mitarbeiter eine solche Mitteilung vor, die erhebliches Kursbeeinflussungspotential hat. Gleichzeitig erwerben andere Mitarbeiter der Bank, die in der Investmentabteilung arbeiten, Aktien genau dieses Unternehmens. Muss sich die Bank – als juristische Person – das Wissen aus der Vorbereitung der Ad-hoc-Mitteilungen zurechnen lassen mit der Folge, dass die Empfehlung der Aktien ein Insidergeschäft wäre? Die Antwort des **Art. 9 I MAR** ist ein klares „Nein". Das ist verständlich, denn sonst würde kaum noch eine Universalbank in verschiedenen Geschäftsbereichen tätig sein können. Allerdings knüpft die MAR die Freistellung an „angemessene und wirksame interne Regelungen und Verfahren", durch die der Informationsfluss zwischen den verschiedenen Abteilungen gestoppt wird. Das sind die sogenannten „Chinese walls". Zu ihnen gehören etwa getrennte E-Mail-Verteiler oder separierte Büros (siehe hierzu, Rn. 549).

23 Siehe zum alten Recht *Mennicke*, in: Fuchs, WpHG, 2. Aufl. 2016, § 14 MAR, Rn. 363.

Ebenfalls ausgenommen vom Insiderhandelsverbot sind **Market Maker** (Art. 9 II lit. a MAR). Ihre Aufgabe ist es, ständig Finanzinstrumente am Markt anzukaufen und zu verkaufen, und an der Erfüllung dieser Aufgabe sollen sie nicht durch empfangene Informationen gehindert werden (Rn. 404). Das Gleiche gilt für alle anderen Personen, zu deren Beruf es gehört, Aufträge über den Erwerb oder die Veräußerung von Finanzinstrumenten für andere auszuführen (Art. 9 II lit. b MAR). Auch wer in früheren Zeiten eine Verpflichtung zur Lieferung von Finanzinstrumenten eingegangen ist und inzwischen Insiderkenntnisse über das Instrument erlangt hat, handelt nicht rechtswidrig, wenn er die Verpflichtung erfüllt (Art. 9 III MAR). 605

Im Zuge einer **Unternehmensübernahme** erlangen die beteiligten Vorstände und ihre Berater häufig Kenntnisse über das Zielunternehmen. Das darf sie nicht davon abhalten, die Übernahme trotzdem durchzuführen. Art. 9 IV MAR sieht daher insoweit einen sicheren Hafen vor. Voraussetzung ist allerdings, dass alle Insiderinformationen spätestens bei der Hauptversammlung, auf der über die Übernahme entschieden wird, offengelegt werden. Außerdem greift eine Rückausnahme, wenn nicht ein Unternehmen in einem Zug übernommen werden soll, sondern nur eine Beteiligung an diesem aufgebaut wird: Hier gilt das Insiderhandelsverbot (Art. 9 IV S. 2 MAR). Wer scheibchenweise Aktien kauft, kann also durchaus Insider sein. 606

Die Tatsache selbst, dass man ein Unternehmen übernehmen oder Aktien an diesem erwerben will, kann den Kurs beeinflussen. Würde man sie als Insidertatsache ansehen, so ergäbe sich die paradoxe Situation, dass der **eigene Entschluss** zum Kauf oder Verkauf ein entgegenstehendes Verbot begründen würde, da einem dieser häufig als Einzigem selbst bekannt ist. Das verhindert Art. 9 V MAR. 607

Ebenfalls ausgenommen ist die Offenlegung von Insidertatsachen im Rahmen der normalen Ausübung eines Berufs oder einer Beschäftigung (Art. 10 MAR), z.B. als Buchprüfer. Hier besteht der Beruf gerade in der Aufgabe, die Allgemeinheit über Insidertatsachen zu informieren – im Gegensatz etwa zu Anwälten oder Unternehmensberatern. Für **Finanzjournalisten** besteht eine Sonderregelung in Art. 21 MAR. Danach kommt es für die Zulässigkeit der Veröffentlichung auf deren Berufs- und Standesregeln an. 608

Zur Vertiefung: In der Rechtssache *Grøngaard* musste sich der EuGH mit Art. 3 der alten Insiderrichtlinie (89/592/EWG) (entspricht Art. 10 MAR) auseinandersetzen. Die Vorlage betraf die geplante Verschmelzung zweier dänischer Finanzinstitute. Als Arbeitnehmervertreter saß Herr Grøngaard im Verwaltungsrat einer der beiden Gesellschaften. Nachdem er in einer Verwaltungsratssitzung von der geplanten Fusion Kenntnis erhalten hatte, unterrichtete er den Vorsitzenden der Gewerkschaft darüber. Dieser informierte seinerseits die Mitarbeiter seines Sekretariats. Ein Sekretariatsangestellter erwarb daraufhin Aktien der betreffenden Gesellschaft, deren Kurs nach Bekanntgabe der Fusionsabsicht um 65 % nach oben schnellte und ihm dadurch einen Gewinn von 180.000 Euro bescherte.[24]

Außer Zweifel stand, dass dieser Mitarbeiter einen Verstoß gegen das Insiderhandelsverbot begangen hatte. Zweifelhaft war dagegen, ob die Mitteilung des Fusionsplans durch Herrn Grøngaard an den Gewerkschaftsvorsitzenden (und von diesem an seine Mitarbeiter) gegen das Mitteilungsverbot verstieß.

24 EuGH, Rs. C-384/02, Urt. v. 22.11.2005.

Der Gerichtshof hält fest, dass die Weitergabe von Informationen durch Insider zulässig ist, „soweit dies im normalen Rahmen der Ausübung ihrer Arbeit oder ihres Berufes oder der Erfüllung ihrer Aufgaben" liegt. Ob dies der Fall sei, sei nach den Bestimmungen des nationalen Rechts zu beurteilen, welche die Aufgaben der betreffenden Personen regeln. Um das Verbot der Weitergabe von Insiderinformationen nicht leer laufen zu lassen, mahnt der Gerichtshof, bei der Auslegung der betreffenden nationalen Vorschriften verschiedene Umstände zu berücksichtigen: 1. dass die Weitergabebefugnis als Ausnahmeregel eng auszulegen ist, 2. dass jede zusätzliche Weitergabe die Gefahr von Insidergeschäften vergrößert, und 3. dass bei sensiblen Insiderinformationen, also solchen, die offensichtlich den Kurs beeinflussen können, „besondere Vorsicht" geboten ist. Die Weitergabe sei daher nur dann zulässig, wenn ein enger Zusammenhang zwischen ihr und der – nach nationalem Recht geregelten – Aufgabe des Weitergebenden bestehe, wenn die Weitergabe für die Erfüllung dieser Aufgabe „unerlässlich" sei und den Grundsatz der Verhältnismäßigkeit beachte.[25]

Die Rechtssache C-302/20, Autorité des marchés financiers (zum Sachverhalt siehe bereits Rn. 593) betraf das in Art. 21 MAR normierte **Journalistenprivileg**. Der EuGH legt hier **ähnliche Maßstäbe** wie in der Rechtssache *Grøngaard* an, indem er Art. 21 MAR dahin auslegt, „dass eine Offenlegung einer Insiderinformation durch einen Journalisten rechtmäßig ist, wenn sie für die Ausübung seines Berufs erforderlich ist und den Grundsatz der Verhältnismäßigkeit wahrt."[26] Damit gelten für das Journalistenprivileg ähnliche Prinzipien wie für die Weitergabe durch andere Berufsstände.

609 Schließlich begründet auch die **Marktsondierung** kein Insiderhandelsverbot (Art. 11 MAR). Bei ihr erkundet der Emittent, ein Anbieter oder ein Dritter das Interesse der Marktteilnehmer am Erwerb von Finanzinstrumenten. Dabei teilt er häufig exklusives Wissen über den Titel oder den Emittenten mit. Trotzdem gilt dies nicht als Insidertatsache. Das ist verständlich, denn andernfalls wäre eine Auslotung des Marktinteresses unmöglich. Jedoch muss der Sondierende umfangreiche Belehrungs- und Dokumentationspflichten erfüllen, um sich nicht strafbar zu machen. So muss er die Kunden darauf hinweisen, dass er ihnen Insidertatsachen mitteilt, und er muss aufschreiben, an wen er welche Informationen gegeben hat, siehe Art. 11 V MAR.

III. Rechtsfolgen

1. Strafrecht

610 Wer gegen eines der drei Verbote des Art. 14 MAR verstößt, muss mit **Freiheitsstrafe** von bis zu fünf Jahren oder mit **Geldstrafe** rechnen (§ 119 III Nr. 1, I WpHG).

611 Für die Strafbarkeit ist von Bedeutung, ob die Tat durch eine Primär- oder einen Sekundärinsider begangen wurde. **Primärinsider** sind die in Art. 8 IV 1 MAR Genannten, d.h. vor allem Mitglieder des Vorstands und Aufsichtsrats (lit. a), Angestellte, Rechtsanwälte und Wirtschaftsprüfer (lit. c). Alle anderen Insider sind **Sekundärinsider**, etwa der Taxifahrer, der das Telefongespräch des Vorstandsvorsitzenden mithört. Sie haften nur, wenn sie wussten oder wissen mussten, dass es sich bei der Information um eine Insiderinformation handelte (Art. 8 IV S. 2 MAR). Juristische Personen sind zwar als

25 Vertiefend *Bachmann*, Das Europäische Insiderhandelsverbot 2005, 22-23.

26 EuGH, Rs. C-302/20, Urt. v. 15.3.2022, Rn. 89; vertiefend siehe auch *Nietsch*, BKR 2022, 611.

solche nach deutschem Recht nicht straffähig. Wird von ihnen ein Insidergeschäft geschlossen, so trifft die Strafbarkeit alle natürlichen Personen, die am Beschluss oder Geschäft beteiligt waren oder dieses beeinflusst haben (Art. 8 V MAR).

2. Aufsichtsrecht

Art. 30 MAR verpflichtet die Mitgliedstaaten dazu, ausreichende verwaltungsrechtliche Befugnisse für die nationalen Aufsichtsbehörden einzuführen. So muss etwa die die BaFin die Möglichkeit erhalten, einen Wertpapierhändler finanziell zu belangen, Art 30 II lit. i MAR. Die entsprechenden Befugnisse finden sich in § 6 WpHG. **612**

Die BaFin muss jede Entscheidung über eine Maßnahme oder Sanktion wegen Verstoßes gegen die MAR unverzüglich im Internet bekanntmachen, § 125 WpHG. Man spricht vom **naming and shaming** (siehe oben Rn. 58). Damit sollen andere vom Insiderhandel abgeschreckt werden. **613**

3. Zivilrecht

Zivilrechtlich sind die Rechtsgeschäfte, die auf Insiderinformationen beruhen, wirksam. Insbesondere sind sie nicht gemäß § 134 BGB unwirksam, weil sie zwar gegen ein Gesetz (Art. 14 MAR) verstoßen, dieser Verstoß jedoch nur von einer Partei des Geschäfts begangen wird. Der Schutzzweck des Art. 14 MAR – die Integrität des Kapitalmarktes – rechtfertigt keine für den anderen Vertragspartner unvorhersehbare Nichtigkeit des Geschäftes.[27] **614**

Ob der Insider auf **Schadensersatz** haftet, ist dagegen zweifelhaft. Voraussetzung dafür ist, dass das Insiderhandelsverbot ein Schutzgesetz i.S.d § 823 II BGB darstellt, d.h. dem Schutz der Anleger zu dienen bestimmt ist. Die herrschende Meinung lehnt dies mit der Begründung ab, das Insiderhandelsverbot diene allein dem Schutz der Funktionsfähigkeit des Kapitalmarkts.[28] Doch kommt dieser Schutz auch den anderen Anlegern zugute. Zumindest dann, wenn sich ein konkret Geschädigter ermitteln lässt, sollte man diesem daher einen Anspruch auf Schadensersatz gewähren. **615**

D. Welche anderen Vorkehrungen gegen Insiderhandel gibt es?

Außer diesen nachträglich wirkenden Sanktionen gibt es noch einige **im Vorfeld** greifende Vorschriften, mit denen Insiderhandel unterbunden werden soll. **616**

Zunächst ist die Pflicht bestimmter Marktteilnehmer zu nennen, Insidergeschäfte durch wirksame Vorkehrungen vorzubeugen und aufzudecken, Art. 16 MAR (siehe hierzu auch unten Rn. 646). Eng damit verknüpft ist die Pflicht des Emittenten, ihm bekannt gewordene Insiderinformationen unverzüglich zu **veröffentlichen**, Art. 17 I MAR.[29] **617**

27 *Schwark-Kruse*, in: Schwark/Zimmer, KMRK, 5. Aufl. 2020, Art. 14 MAR, Rn. 48.
28 Siehe *Assmann*, in: Assmann/Schneider, WpHG, 7. Aufl. 2019, Art. 14 MAR, Rn. 12.
29 Ausführlich zur Ad-hoc-Publizität: § 16 D.

Das ist die Ad-hoc-Publizitätspflicht. Sie wird an anderer Stelle ausführlich behandelt (unten Rn. 687–694).

618 Außerdem müssen Emittenten sogenannte **Insiderverzeichnisse** führen, in denen sie alle bei ihnen tätigen Personen aufnehmen, die Zugang zu Insiderinformationen haben, Art. 18 MAR.

619 Besondere Vorschriften gelten schließlich für Geschäfte von Führungskräften des Emittenten, wie z.B. der Vorstandsmitglieder einer AG, mit den Aktien des Emittenten oder sich darauf beziehenden Finanzinstrumenten (sogenannte ***directors' dealings***). Diese Geschäfte müssen sie der zuständigen Behörde melden, Art. 19 I MAR. Danach müssen sie sie auch im Internet veröffentlichen, Art. 19 III MAR. Auf diese Weise kann der Markt einsehen, wie sich die bestinformierten Insider verhalten, und kann seine eigenen Geschäfte danach ausrichten. Außerdem ist es Führungskräften gänzlich verboten, Anteile ihres Unternehmens innerhalb eines Zeitraums von 30 Kalendertagen vor Veröffentlichung eines Zwischenberichts oder Jahresabschlussberichts zu handeln, Art. 19 XI MAR. Damit soll verhindert werden, dass sie ihnen bekannte gute oder schlechte Entwicklungen zu eigenen Zwecken ausnutzen.

§ 15

Marktmanipulation

A. Was ist Marktmanipulation?

Der Begriff der Marktmanipulation lässt sich am besten an einem **Beispiel** erklären: M, ein beliebter Moderator einer Börsensendung im Fernsehen, erklärt, er habe für die Zuschauer einen Geheimtipp. Die Aktie der X-AG werde im kommenden Jahr „der Renner" sein. Darauf folgen viele seinem Rat und kaufen diese. Was sie nicht wissen ist, dass M sich vorher selbst ein nettes Pölsterchen aus Aktien der X-AG zugelegt hat. Noch während des von ihm ausgelösten Kursfeuerwerks verkauft er diese. Man spricht in diesem Fall vom sogenannten ***Scalping***. Es handelt sich um eine von vielen Varianten der Marktmanipulation. **620**

B. Wie wird Marktmanipulation geahndet?

I. Rechtsgrundlage

Das Verbot der Marktmanipulation ist in **Art. 12 MAR** niedergelegt. Die Vorschrift löst den bisherigen § 20a WpHG ab. Die strafrechtlichen Folgen der Marktmanipulation werden in der EU-Marktmissbrauchsrichtlinie (**CRIM-MAD**)[1] geregelt, welche mittlerweile in das deutsche Recht umgesetzt worden ist (siehe §§ 119 f. WpHG). **621**

II. Anwendungsbereich

Der Anwendungsbereich des Verbots der Marktmanipulation bezieht sich zunächst auf dieselben Titel wie das Insiderhandelsverbot, Art. 12 I MAR. Insoweit kann auf die obigen Ausführungen verwiesen werden.[2] Grundsätzlich sind damit nur **Finanzinstrumente** tauglicher Gegenstand der Marktmanipulation. **622**

Zusätzlich erweitert Art. 2 II MAR den Anwendungsbereich jedoch in mehrerer Hinsicht. Zum einen sind auch Kassageschäfte über Waren (sogenannte **Waren-Spot-Verträge**) erfasst. Dabei handelt es sich nicht um Finanzinstrumente, sondern um Geschäfte zum An- und Verkauf realer Güter, z.B. von Weizen, Schweinebäuchen oder Erdöl. Diese Geschäfte können Einfluss auf den Preis von Warenderivaten haben. Daher sind sie vom Verbot der Marktmanipulation erfasst (Art. 2 II lit. a MAR). Umgekehrt können auch **Warenderivate** den Preis von Waren-Spot-Verträgen beeinflussen; daher sind sie ebenfalls umfasst (Art. 2 II lit. b MAR). **623**

1 RL 2014/57/EU.
2 Siehe oben Rn. 589–591.

624 Neben Finanzinstrumenten sind auch sogenannte **Referenzwerte** tauglicher Gegenstand von Referenzwertmanipulationen. Beispiele sind Aktienindizes wie z.B. der DAX[3], Zinsindizes wie der LIBOR oder der EURIBOR,[4] Warenindizes wie der Preis für Gold und Erdöl sowie Währungsindizes, etwa der Kurs Dollar-Euro. Diese Indizes wurden in der Vergangenheit durch Bankmitarbeiter manipuliert. Dem will der europäische Gesetzgeber entgegenwirken. In Art. 2 II lit. c MAR erklärt er daher die Vorschriften über die Marktmanipulation auch auf Referenzwerte für anwendbar.

Zudem sorgt § 25 WpHG für eine Ausdehnung des Marktmissbrauchsrechts[5] auf bestimmte Waren und ausländische Zahlungsmittel, sofern diese an einer inländischen Börse oder einem vergleichbaren EWR-Markt gehandelt werden. Aufgrund des vollharmonisierenden Charakters der MAR ist es den Mitgliedstaaten zwar grundsätzlich verwehrt, innerhalb des Anwendungsbereichs der MAR abweichende Regelungen zu schaffen. Die genannten Handelsobjekte sind allerdings nicht von der MAR erfasst, sodass eine Erstreckung des Marktmissbrauchsverbots zulässig ist.

III. Verbotene Handlungen oder Unterlassungen

625 Nach der MAR verboten sind:

1. die sogenannte **handelsgestützte Marktmanipulation** (Art. 12 I lit. a und b MAR)
2. die sogenannte **informationsgestützte Marktmanipulation** (Art. 12 I lit. c MAR)
3. die **Manipulation von Referenzwerten** (Art. 12 I lit. d MAR).

1. Handelsgestützte Marktmanipulation

626 Art. 12 I lit. a MAR verbietet die Vornahme von Geschäften sowie jede andere Handlung, die **falsche oder irreführende Signale** geben oder bei denen dies wahrscheinlich ist. Ein Beispiel für solche Geschäfte sind die sogenannten ***matched orders***. Dabei werden sich deckende Verkaufs- und Kaufaufträge über dasselbe Finanzinstrument abgegeben. Unter Umständen können diese sogar von derselben Person ausgehen, die dabei über verschiedene Banken handeln wird, um die Beziehung der Aufträge zueinander zu verbergen. Ziel ist es, den Eindruck zu erwecken, das Instrument werde zu einem bestimmten Preis gehandelt.

627 Ähnlich sind ***wash trades***. Dabei vereinbaren z.B. zwei Partner den Kauf eines Finanzinstruments, der durch weitere Geschäfte wirtschaftlich sofort wieder rückgängig gemacht wird.[6] Der Unterschied zu den *matched orders* besteht darin, dass es bei *wash trades* zumindest für einen vorübergehenden Zeitraum zu einer Übertragung von Instrumenten kommt.

3 Siehe oben Rn. 426.
4 Zu ihnen oben Rn. 371.
5 Art. 12 und Art. 15 MAR.
6 Zu weiteren Fallgruppen siehe *Schröder*, Kapitalmarktstrafrecht, 4. Aufl. 2020, Rn. 492 ff.

Zur Vertiefung: Über einen Fall der wash trades hatte der BGH zu urteilen.[7] Dabei ging es um eine im Freiverkehr gehandelte Aktie, deren letzter Kurs mit 4,12 Euro festgestellt worden war. Der Angeklagte A erteilte einen Verkaufsauftrag zum Kauf von 22.000 der Aktien zum Preis von 4,55 Euro. Gleichzeitig gab sein Geschäftspartner B einen Kaufauftrag über insgesamt 22.000 Aktien zum selben Preis. Ziel der Parteien war es, dem A Liquidität zu verschaffen. Später wurde ein genau gegenläufiges Geschäft geschlossen, durch das B die Aktien wieder an A zum Preis von 4,55 Euro zurückverkaufte.

Der BGH hielt die Verurteilung des A wegen Marktmanipulation aufrecht. Der von ihm entschiedene Fall zeigt eindrücklich, dass es auf die Absicht, den Kurs zu beeinflussen, nicht ankommt. Ausreichend ist vielmehr, dass durch das Geschäft falsche oder irreführende Signale ausgesandt werden.

Die Manipulation muss sich nicht unbedingt auf den Preis eines Finanzinstruments **628** beziehen. Ebenfalls nach Art. 12 I lit. a Ziff. i MAR verboten sind Geschäfte, die ein bestimmtes Angebot oder eine Nachfrage nach dem Instrument vorspiegeln, ohne auf den Preis Einfluss zu nehmen. Wenn also zwei Partner ein Geschäft zum aktuellen Börsenpreis schließen, so ist dies ebenfalls verboten, wenn und soweit damit der Eindruck erweckt wird, es bestehe eine besondere Aktivität im Handel mit diesem Instrument. Man nennt diese Technik auch *painting the tape*.

Verboten ist zudem nach Art. 12 I lit. a Ziff. ii MAR, ein anomales oder künstliches **629** Preisniveau durch Geschäfte mittelbar zu „sichern“. Hier will der Täter den Preis nicht ändern, sondern hängt sich an den falschen Marktpreis an und unterstützt ihn.

Eine Auffangnorm findet sich in Art. 12 I lit. b MAR. Die Norm verbietet die Vorspie- **630** gelung falscher Tatsachen oder die Verwendung sonstiger „Kunstgriffe“, mit denen sich das Preisniveau beeinflussen lässt. Über Art. 12 I lit. a MAR hinausgehend soll durch lit. b nicht nur jegliche sonstige Handlung, sondern auch jede sonstige Tätigkeit taugliches Tatinstrument sein. Mit dieser offenen Formulierung wollte der Gesetzgeber die vielfältigen und sich stetig weiterentwickelnden Manipulationsmöglichkeiten möglichst lückenlos erfassen. Die Kehrseite ist allerdings eine weitgehende Unbestimmtheit des Tatbestands. Zur Konkretisierung ist auf den Anhang I zur MAR zu verweisen (siehe unten Rn. 634).

Ein Beispiel für eine verbotene Marktmanipulation nach Art. 12 I lit. b MAR ist der **Hochfrequenzhandel**, soweit dieser dazu benutzt wird, ein bestimmtes Preis- oder Umsatzniveau vorzugaukeln. Unter Hochfrequenzhandel versteht man den extrem schnellen Handel mit Hilfe von Computern (Art. 12 II MAR).

2. Informationsgestützte Marktmanipulation

Eine weitere typische Form der Marktmanipulation ist die Streuung falscher Gerüchte. **631** Art. 12 I lit. c MAR verbietet daher unrichtige und irreführende **Angaben über Umstände** jeglicher Art. Das schließt auch Prognosen und Bewertungen ein, soweit sie

7 BGH NJW 2014, 1399 = BGHSt 59, 80.

einen nachprüfbaren Tatsachenkern haben.[8] Unter lit. c würde z.B. das eingangs genannte Beispiel des Scalping fallen. Auch Angaben, die der Vorstand oder ein Analyst machen, können den Tatbestand erfüllen. Ebenfalls dazu gehört eine Technik mit dem Namen ***pump and dump***. Dabei schließt der Täter zunächst eine Reihe von Geschäften über ein Finanzinstrument an, um den Preis hochzutreiben. Zusätzlich streut er den Kurs noch beflügelnde Gerüchte. Wenn der Preis sehr weit gestiegen ist, stößt er die Instrumente schließlich ab.

632 Die Angaben müssen **falsch oder irreführend** sein. Falsch sind sie, wenn sie nicht der Wahrheit entsprechen. Irreführend sind Angaben, wenn sie zwar richtig sind, aber geeignet sind, beim Empfänger eine falsche Vorstellung zu erzeugen – z.B. durch die Art der Präsentation oder indem sie aus dem Kontext gerissen werden.

Zur Vertiefung: Januar 2021 ließ sich an der New York Stock Exchange Erstaunliches beobachten: Der Börsenkurs der Einzelhandelskette GameStop schoss in astronomische Höhen. Die Rede ist von einem *Short-Squeeze*. Wie kam es dazu?

Ausgangspunkt für die Kursexplosion war das Online-Diskussionsforum Reddit (r/wallstreetbets). Ein anonymer Privatanleger machte die Online-Community auf Leerverkäufe (Rn. 507–509) durch zahlreiche Hedgefonds aufmerksam, welche die Zukunft von GameStop negativ beurteilten und daher dessen Aktien leerverkauft hatten. Unter dem Narrativ „David-gegen-Goliath" schlossen sich daraufhin tausende Kleinanleger zusammen, um den Kurs des Unternehmens durch den Ankauf von GameStop-Aktien und Optionen auf diese in die Höhe zu treiben. In den darauffolgenden Handelstagen explodierte der Kurs, zwischenzeitlich notierte die Aktie bei 483 USD (Kurszuwachs von +1022 %). Die Hedgefonds verzeichneten Verluste in Milliardenhöhe.

Anfängliches Ziel der Anleger war es, den übermächtigen Hedgefonds die Stirn zu bieten und ihren geliebten Einzelhändler für Spielekonsolen und Computerspiele zu retten. Losgelöst von diesen tugendhaften Beweggründen erhofften sich zahlreiche Investoren auch bloß einen schnellen Gewinn und wurden zum Teil mit hohen Verlusten bestraft.

Vor diesem Hintergrund wurde in den Medien der Vorwurf der Marktmarktmanipulation erhoben. So könnte man auf die Idee kommen, den öffentliche Beitrag auf r/wallstreetbets als Aufruf zum Erwerb von Finanzinstrumenten bewerten. Gepaart mit falschen oder irreführenden Angaben steht der Verdacht der informationsgestützten Marktmanipulation gem. Art. 12 Abs. 1 lit. c MAR im Raum. In der Literatur wird allerdings zu Recht darauf hingewiesen, dass derartige Informationen in der Regel keine Manipulationshandlung darstellen, da ein verständiger und realistischer Anleger seine Anlageentscheidung nicht auf eine solch unzuverlässige Quelle – also einen anonymen Nutzeraccount – stützen würde.[9] Im Ergebnis ist daher davon auszugehen, dass ein lose koordiniertes Kleinanlegerverhalten über Online-Foren zumindest im Regelfall nicht den Tatbestand der Marktmanipulation erfüllt.

3. Manipulation von Referenzwerten

633 Der Preis vieler Finanzinstrumente wird auf Basis von Referenzwerten (auch: Benchmarks) gebildet. Dazu zählen u.a. der LIBOR und EURIBOR,[10] aber auch klassische

8 Vgl. *Schwark*, in: Schwark/Zimmer, KMRK, 5. Aufl. 2020, Art. 12 MAR, Rn. 85.
9 Vertiefend *Wegner*, BKR 2021, 181.
10 Zu LIBOR und EURIBOR siehe oben Rn. 371.

Börsenindizes. Die Manipulation solcher Referenzwerte kann das Vertrauen des Markts erheblich erschüttern und zu realwirtschaftlichen Verzerrungen führen. Daher wurde die Referenzwertmanipulationen in die MAR aufgenommen (Art. 12 I lit. d MAR). Diese vollzieht sich typischerweise, indem die an der Ermittlung Beteiligten **falsche oder irreführende Ausgangsdaten** übermitteln. Z.B. gab es früher den LIBOR (London Interbank Offered Rate), einen Referenzwert der aus Angaben Londoner Bankvertreter über die von ihnen verlangten Zinssätze ermittelt wurde. Diese gaben teilweise bewusst höhere oder niedrigere Sätze an, um den LIBOR in eine für sie günstige Richtung zu bewegen. Das ist nunmehr ausdrücklich verboten. Der LIBOR wurde mittlerweile abgeschafft und durch andere Referenz-Zinssätze ersetzt (Rn. 371).

4. Indikatoren

Eine Illustration der vom Marktmissbrauchsverbot erfassten Handlungen enthält **Art. 12 II MAR**. Diese Liste ist nicht abschließend. Außerdem enthält **Anhang I** der MAR eine Liste von Indikatoren, welche die Feststellung erleichtern sollen, ob eine Tätigkeit als Marktmanipulation gilt oder nicht. Schließlich hat die europäische Marktaufsichtsbehörde ESMA einen Regulatory Technical Advice veröffentlicht, der verschiedene Techniken anschaulich beschreibt.[11] Auf seiner Grundlage hat die Kommission eine **delegierte Verordnung** erlassen, welche die Indikatoren der Marktmanipulation näher ausdifferenziert.[12] **634**

Das gesamte Regelwerk ist damit äußerst komplex. Der Gesetzgeber versucht mit ihm, die erfassten Tatbestände möglichst präzise zu beschreiben. Jedoch erinnert dies an die Parabel vom Hasen und vom Igel: Die Manipulatoren sind bereits dabei, die nächsten Strategien zu erfinden. **635**

5. Versuchsstrafbarkeit

Es ist nicht erforderlich, dass durch eine der in Art. 12 MAR beschriebenen Handlungen der Kurs tatsächlich beeinflusst wurde. Vielmehr reicht es nach der Fassung der verschiedenen Tatbestände aus, dass **eine Kurseinwirkung wahrscheinlich** ist oder die Handlungen zur Kurseinwirkung **geeignet** sind. Art. 12 MAR ist daher aus strafrechtlicher Sicht ein Gefährdungsdelikt. Es genügt eine nur abstrakte Gefährdung des Rechtsguts der Preiswahrheit. **636**

Zusätzlich ist gemäß Art. 15 MAR bereits der **Versuch** der Marktmanipulation verboten. Es müssen daher noch keine Geschäfte geschlossen oder irreführende Angaben gemacht worden sein, sondern es genügt das unmittelbare Ansetzen dazu. Der ohnehin schon weite Tatbestand wird daher noch zeitlich vorverlagert. Rechtsstaatlich gesehen ist dies nicht unbedenklich. **637**

11 ESMA, Technical advice on possible delegated acts concerning the Market Abuse Regulation, 3.2.2015.
12 DelVO (EU) 2016/522.

IV. Ausnahmen vom Verbot

638 Auch unverdächtige Maßnahmen können in den Verdacht geraten, den Markt zu manipulieren. Daher hat der Gesetzgeber insoweit Ausnahmen vorgesehen.

639 Zulässig sind in engem Rahmen auch der Handel mit eigenen Aktien im Rahmen von **Rückkaufprogrammen** sowie **Kursstabilisierungsmaßnahmen**, Art. 5 I MAR. Dazu gehören zum Beispiel die Kursstabilisierungsmaßnahmen im Zusammenhang mit einer Emission (siehe zur sogenannten *Greenshoe* Option bereits oben Rn. 471). Die näheren Bedingungen enthält die EG-Verordnung 2273/2003. Es handelt sich wiederum um einen „safe harbour".

640 Auch eine **zulässige Marktpraxis** bleibt erlaubt, Art. 13 I MAR. Voraussetzung ist, dass der Handelnde für sie legitime Gründe hat und sie explizit von einer Behörde anerkannt wurde. Insoweit werden die verschiedenen Behörden der einzelnen Mitgliedstaaten ermächtigt, entsprechende Handlungen zu definieren. Für die Abstimmung untereinander ist ein komplexes Verfahren vorgesehen. Unter dem alten Recht hat die BaFin solche Praktiken nicht anerkannt.[13]

641 Für bestimmte Berufsgruppen wie **Analysten, Statistiker und Journalisten** sieht das Gesetz ebenfalls spezielle Regelungen vor (Art. 20 f. MAR). Bei ihnen ist bei der Beurteilung der Zulässigkeit ihres Handelns auf die besonderen Regeln ihres Standes Rücksicht zu nehmen.

V. Rechtsfolgen

1. Strafrecht

642 Die vorsätzliche Marktmanipulation wird ebenso wie ein Insidergeschäft mit **Freiheitsstrafe** von bis zu fünf Jahren oder mit **Geldstrafe** bestraft (§§ 119 I, 120 XV Nr. 2 WpHG i.V.m. Art. 15 MAR). Das gleiche gilt für die Manipulation des Preises von Waren, CO_2-Emissionsberechtigungen und ausländische Zahlungsmittel (Devisen, z.B. US$), §§ 119 I, 120 II Nr. 3 i.V.m. § 25 WpHG. Der deutsche Gesetzgeber hat insoweit die Strafbarkeit einseitig erweitert.

643 Allerdings liegt eine Straftat nur dann vor, wenn eine Kursbeeinflussung als Erfolg eintritt. Bleibt die Kursbeeinflussung aus, handelt es sich bei der Marktmanipulation (nur) um eine Ordnungswidrigkeit, § 120 XV Nr. 2 WpHG.

Zur Vertiefung: Mit der Frage, wann ein künstliches Preisniveau im Sinne der Marktmissbrauchsrichtlinie herbeigeführt wird, hatte sich der EuGH zu beschäftigen.[14] Das niederländische Recht hatte nicht die Herbeiführung eines solchen Niveaus, sondern nur das Halten des Kurses auf diesem Niveau verboten. In einem Fall hatte der Angeklagte den Kurs nur für eine ganz kurze Zeit auf einen bestimmten Punkt fallen lassen; danach war er sofort wieder angestiegen.

---

13 Vertiefend *Schwark*, in: Schwark/Zimmer, KMRK, 5. Aufl. 2020, Art. 13 MAR, Rn. 7-17.

14 EuGH, Rs. C-445/09, Urt. v. 7.7.2011.

Der EuGH entschied, dass für die Annahme einer Marktmanipulation nicht erforderlich ist, dass der Kurs über einen gewissen Zeitraum hinaus auf einem anormalen oder künstlichen Kursniveau bleibt.[15] Auch das kurzzeitige Herbeiführen eines künstlichen Preisniveaus sei verboten. Das niederländische Recht musste entsprechend richtlinienkonform ausgelegt werden.

Die Verfolgung von Straftaten obliegt der Staatsanwaltschaft und den ordentlichen Gerichten (Amtsgericht, Landgericht, Oberlandesgericht, BGH). Ordnungswidrigkeiten ahndet hingegen die BaFin als Aufsichtsbehörde. Gegen ihre Entscheidungen ist der Rechtsweg zu den Verwaltungsgerichten eröffnet, § 40 VwGO. **644**

2. Aufsichtsrecht

Ebenfalls in Betracht kommen öffentlich-rechtliche Maßnahmen, z.B. der Entzug der Erlaubnis für einen Börsenhändler, vgl. Art. 30 MAR. Auch hier gilt der Grundsatz des naming and shaming nach § 125 WpHG (dazu oben Rn. 58 und 613). Für diese aufsichtsrechtlichen Maßnahmen ist die BaFin zuständig. Gegen ihre Entscheidungen ist wiederrum der Rechtsweg zu den Verwaltungsgerichten eröffnet. **645**

3. Zivilrecht

Ob auch **zivilrechtliche** Ansprüche nach § 823 II BGB in Betracht kommen, ist umstritten. Die herrschende Meinung lehnt dies mit dem – zweifelhaften – Argument ab, die Durchsetzung der Vorschriften werde schon auf andere Weise erreicht.[16] Die Kontrolle der Einhaltung der Bestimmungen obliegt daher allein der BaFin und den Staatsanwaltschaften, nicht den geschädigten Privaten. **646**

C. Welche anderen Vorkehrungen gegen Marktmissbrauch gibt es?

Wie bereits beim Insiderhandel, greifen auch beim Marktmissbrauchsverbot bereits im Vorfeld Mechanismen, welche eine Beeinflussung des Marktes verhindern sollen. Grundsätzlich trifft die **Pflicht zur Verhinderung von Marktmissbrauch** die BaFin. Um eine wirksame Kontrolle sicherzustellen, nimmt Art. 16 MAR auch bestimmte (private) Marktteilnehmer in die Pflicht. So verpflichtet Art. 16 I und II MAR Betreiber von Handelsplätzen und Personen, die beruflich Geschäfte vermitteln oder ausführen, zur Vorbeugung und Aufdeckung von Verstößen gegen das Marktmissbrauchsverbot. Diese Akteure sollen Regelungen, Systeme und Verfahren zur Vorbeugung und Aufdeckung von verdächtigen Aufträgen und Geschäften einrichten. Näher konkretisiert werden die Pflichten durch die DelVO (EU) 2016/957. **647**

15 EuGH a.a.O., Rn. 30.
16 Siehe *Vogel*, in: Assmann/Schneider, WpHG, 7. Aufl. 2019, Art. 14 MAR, Rn. 12.

648 Die genannten Personen sind zudem verpflichtet, verdächtige Geschäfte und Aufträge an die BaFin zu melden. Auf diesem Weg verbindet Art. 16 MAR die Inpflichtnahme Privater mit der Arbeit der Aufsichtsbehörde. So soll eine höhere Kontrolldichte und Aufklärungsquote erreicht werden. Von Art. 16 MAR erfasste Personen müssen Vorfälle erst bei einem begründeten Verdacht an die BaFin melden. Fraglich ist allerdings, wann ein **begründeter Verdachtsfall** besteht. Unstrittig ist, dass bloß vage Vermutungen keine Meldepflicht auslösen. Diesbezüglich besteht keine pauschale Pflicht zur Verdachtsmitteilung. Allgemein liegt ein Verdacht vor, wenn es nach der Lebenserfahrung in Anbetracht tatsächlicher Umstände konkret möglich erscheint, dass ein Verstoß vorliegt. Begründet ist ein Verdacht allerdings erst dann, wenn der Meldepflichtige nach erfolgter Untersuchung eines Verdachts zum Schluss gelangt, dass mit hinreichender Wahrscheinlichkeit ein Verstoß vorliegt. In jedem Fall hat sich der begründete Verdacht daher auf konkrete Anhaltspunkte zu stützen.[17]

17 Siehe *Kumpan/Misterek*, in: Schwark/Zimmer, KMRK, 5. Aufl. 2020, Art. 16 MAR, Rn. 52-54.

§ 16

Die Publizitätspflichten

A. Was sind Publizitätspflichten und wozu dienen sie?

Wenn ein Finanzinstrument auf dem Primärmarkt begeben wird, ist der Emittent dazu verpflichtet, den Anlegern wesentliche Informationen in einem Prospekt mitzuteilen. Damit enden die Informationspflichten jedoch nicht. Der Emittent und Akteure am Sekundärmarkt sind verpflichtet, in bestimmten Abständen oder bei gewissen Ereignissen Mitteilungen an die anderen Kapitalmarktteilnehmer zu veröffentlichen (**periodische Publizität** und **Ad-hoc-Publizität**). Schließlich sind auch die Kapitalmarktteilnehmer Adressaten von Publizitätspflichten: Sie müssen ihre Beteiligung an einem börsennotierten Unternehmen ab einem bestimmten Schwellenwert offenlegen (**Beteiligungspublizität**). **649**

Zweck aller Publizitätspflichten ist **Transparenz**. Je transparenter der Kapitalmarkt ist, umso geringer ist seine Anfälligkeit für Missbräuche. Um es mit Justice Brandeis Worten vom US Supreme Court zu sagen: „Sunlight is said to be the best of disinfectants; electric light the most efficient policeman“[1]. Indem Licht in das Dunkel des Kapitalmarkts gebracht wird, erhöht man zugleich dessen Funktionsfähigkeit, Stabilität und den Anlegerschutz. **650**

B. Publizität auf dem Primärmarkt

I. Überblick

1. Zweck

Da Finanzinstrumente unkörperlich sind, kann man ihren Wert nicht einfach durch Ansehen, Gebrauchen, Ertasten oder auf sonstige Weise ermitteln. Es handelt sich um ein „Vertrauensgut“ (*credence good*, oben Rn. 580). Man ist vielmehr auf **Informationen** angewiesen. Sie sind besonders notwendig, wenn die Instrumente erstmals auf den Markt gebracht werden. Der Emittent ist in diesem Zeitpunkt noch nicht bekannt. Das Publikum braucht daher in erster Linie Informationen über den Emittenten selbst, zum Beispiel über seine wirtschaftliche Lage, bestimmte Risiken seines Geschäfts oder dessen Zukunftsperspektiven. Daneben benötigt der Anleger auch Informationen über das Finanzinstrument, z.B. die mit ihm verbundenen Rechte. **651**

1 *Justice Brandeis*: Louis D. Brandeis, „What Publicity Can Do“, 58 (No 2974) Harper's Weekly 10 (1913).

2. Rechtliche Grundlagen

652 Die Publizität auf dem Primärmarkt wird durch vier Rechtsakte gesichert: Die Prospektverordnung (ProspektVO),[2] das Wertpapierprospektgesetz (WpPG), das Vermögensanlagengesetz (VermAnlG) und das Kapitalanlagegesetzbuch (KAGB). Rechtsakte sehen eine Pflicht zur Veröffentlichung eines Prospekts vor, siehe **Art. 3 ProspektVO, § 6 VermAnlG und §§ 164, 268 KAGB**. Sie sind aber auf unterschiedliche Instrumente anwendbar: Die ProspektVO und das WpPG gelten für übertragbare Wertpapiere (Art. 2 lit. a ProspektVO, § 2 I WpPG mit Verweis auf die MiFID II). Das sind nach der Definition in Art. 4 I Nr. 44 MiFID in erster Linie Aktien und Anleihen. Das VermAnlG gilt dagegen für nicht umlauffähige (illiquide) Vermögenswerte. Dazu zählen nach der Definition in § 1 II VermAnlG stille Beteiligungen an einer Gesellschaft (Nr. 1), die Stellung als Treuhandkommanditist einer KG (Nr. 2), partiarische Darlehen (Nr. 3), Nachrangdarlehen (Nr. 4), Genussrechte (Nr. 5) und Namensschuldverschreibungen (Nr. 6). Die Prospektpflicht des KAGB gilt wiederum nur für Publikumsinvestmentvermögen (OGAW oder AIF).

Zur Vertiefung: Genussrechte sind schuldrechtliche Ansprüche gegen eine Gesellschaft. Inhaltlich entsprechen sie Rechten, die normalerweise den Gesellschaftern vorbehalten sind, zum Beispiel dem Recht auf Benutzung bestimmter Einrichtungen der Gesellschaft (etwa eines Golfplatzes), dem Anspruch auf Gewinnbeteiligung (Dividende) oder dem Anspruch auf den Liquidationserlös. Der Umfang der Ansprüche hängt von der Geschäftsentwicklung des Unternehmens ab. Daher stehen Genussrechte dem Eigenkapital näher als dem Fremdkapital, ohne dass der Inhaber die Stellung eines Gesellschafters innehat.

653 Früher zählte man die in § 1 II VermAnlG genannten Anlagegegenstände zum sogenannten „Grauen Kapitalmarkt“, der mangels Publizität nicht transparent („weiß“) war. Das VermAnlG ändert diesen Zustand und bringt Licht ins Dunkel. Ähnliche Anforderungen gelten nach dem KAGB für Beteiligungen an geschlossenen Immobilienfonds, die etwa in Form einer GbR oder KG organisiert sind, und für die ebenfalls ein Prospekt veröffentlich werden muss (siehe dazu oben Rn. 514). Auch sie zählte man früher zum „Grauen Kapitalmarkt“.

654 Die anschließenden Ausführungen beziehen sich vorrangig auf die ProspektVO, weil diese in der Praxis die größte Bedeutung besitzt. Für einen umfassenden Überblick empfiehlt es sich, die jeweiligen Parallelbestimmungen der ProspektVO, des WpPG, des VermAnlG und des KAGB in Gegenüberstellung zu lesen.

---

2 VO (EU) 2017/1129. Ursprünglich war das Prospektrecht auf Unionsebene durch eine Richtlinie vorgegeben (RL 2003/71/EG). Diese wurde in Deutschland im WpPG umgesetzt. Nachdem am 21. Juli 2019 die ProspektRL durch die unmittelbar anwendbare Prospekt-VO ersetzt wurde, enthält das WpPG nunmehr überwiegend bloß ergänzende Regelungen (§ 1 WpPG).

II. Anwendungsbereich

1. Öffentliches Angebot

Die ProspektVO und das VermAnlG gelten nur für das „**öffentliche Angebot**" von bestimmten Finanzinstrumenten (siehe Art. 1 I ProspektVO und § 1 I VermAnlG). Die Literatur spricht daher auch vom **Angebotsprospekt**. Der Begriff des öffentlichen Angebots ist in Art. 2 lit. d ProspektVO legaldefiniert. Das VermAnlG verweist nicht auf diesen Begriff. Grundsätzlich liegt ihm daher ein genuin nationales Begriffsverständnis zu Grunde. Demnach ist ein Angebot dann öffentlich, wenn ein unbestimmter Personenkreis angesprochen wird.[3] Eine Prospektpflicht wird daher im Allgemeinen nur dann ausgelöst, wenn das Angebot an das Publikum erfolgt. Als „Publikum" bezeichnet man einen nicht abgeschlossenen Adressatenkreis. Sobald also Finanzinstrumente der Allgemeinheit oder einem nicht näher bestimmten Kreis von Personen angeboten werden, sind die ProspektVO und das VermAnlG anwendbar. 655

Gegenteil des öffentlichen Angebots ist die **Privatplatzierung** (***private placement***). Bei ihr vertreibt der Wertpapierdienstleister die Finanzinstrumente an einen feststehenden oder nach bestimmten Kriterien ausgewählten Adressatenkreis. Eine Bank könnte etwa ein Produkt nur Kunden anbieten, die mindestens 200.000 Euro auf ihren Konten zur Verfügung haben. Oder ein Finanzdienstleister geht „Klinkenputzen" bei den Bewohnern einer reichen Villengegend. In diesen Fällen ist ein Prospekt nicht nötig. 656

2. Börsenhandel

Bei der ProspektVO kommt noch der **Handel an einem organisierten Markt** hinzu (Art. 3 III ProspektVO). Die Zulassung zum Börsenhandel setzt ebenfalls einen Prospekt voraus. Dieser wird auch **Börsenzulassungsprospekt** genannt. Das ergibt sich im Übrigen schon aus dem Börsenrecht, siehe § 32 III Nr. 2 BörsG. 657

3. Ausnahmen von der Prospektpflicht

Neben der Privatplatzierung sehen die ProspektVO und das VermAnlG weitere Ausnahmen von der Prospektpflicht vor. Sie gelten, obwohl Finanzinstrumente öffentlich vertrieben werden. Hier soll ein Überblick über die wichtigsten Ausnahmen nach der ProspektVO gegeben werden: Es bedarf keines Prospekts, 658

- wenn sich das Angebot ausschließlich an **qualifizierte Anleger** richtet (Art. 1 IV lit. a ProspektVO). Den Begriff des qualifizierten Anlegers definiert Art. 2 lit. e ProspektVO. Im Wesentlichen handelt es sich dabei um die aus § 67 WpHG bekannten professionellen Anleger und geeigneten Gegenparteien (siehe oben Rn. 541 f.).
- wenn sich das Angebot an weniger als 150 nicht qualifizierte Anleger pro Mitgliedstaat des EWR richtet (Art. 1 IV lit. b ProspektVO). Hier ist die Verbreitung so gering, dass sich die aufwendige Erstellung eines Prospekts nicht lohnt.

3 Begr. RegE AnSVG, BT-Drucks. 15/3174, S. 42.

- bei sehr kleinen Emissionen von nicht mehr als 100.000 Euro (Art. 1 V lit. c ProspektVO – *de minimis* Ausnahme). Auch hier würde sich die Prospekterstellung nicht lohnen.
- bei einem sehr großen Mindestanlagebetrag oder einer sehr großen Stückelung der Papiere ab 100.000 Euro (Art. 1 IV lit. d ProspektVO). Es handelt sich um eine „Ausnahme für reiche Anleger". Man geht davon aus, dass jeder, der sich solche Anlagen leisten kann, keine Informationen braucht. Ob diese Annahme zutrifft, sei dahingestellt.

659 Weitere Ausnahmen finden sich in Art. 1 II–V ProspektVO. Sie betreffen vor allem gesellschaftsrechtliche Vorgänge wie z.B. Umwandlungen, bei denen nicht jedes Mal ein neuer Prospekt erstellt werden muss. Zu den Ausnahmen vom VermAnlG siehe dessen § 2.

III. Inhalt der Prospektpflicht

660 Sowohl die ProspektVO als auch das VermAnlG sehen vor, dass Finanzinstrumente **ohne Prospekt nicht öffentlich angeboten** werden dürfen. Damit wird sichergestellt, dass die Anleger bei ihrer Entscheidung über ein Investment in die Finanzinstrumente auf die nötigen Informationen zugreifen können.

661 Der Prospekt (man sagt „der", nicht „das") muss **sämtliche Angaben** enthalten, die notwendig sind, um dem Publikum ein zutreffendes Urteil über die Vermögenswerte und Verbindlichkeiten, die Finanzlage, die Gewinne und Verluste sowie die Zukunftsaussichten des Emittenten zu ermöglichen (Art. 6 ProspektVO, ähnlich auch § 7 VermAnlG). Nähere Anforderungen an den Inhalt des Prospekts finden sich in Art. 13–19 ProspektVO.

662 Meist sind Prospekte **sehr umfangreich**. Nicht selten haben sie eine Länge von mehreren hundert Seiten. Sie sind nicht mit den häufig in Banken anzutreffenden farbigen Hochglanzbroschüren zu verwechseln, die sehr viel kürzer und knackiger sind. Bei letzteren handelt es sich um Marketingmitteilungen im Sinne des § 63 VI WpHG. Dass Prospekte so umfangreich sind, liegt unter anderem daran, dass die Emittenten zur Vermeidung der Prospekthaftung alle denkbaren Risiken aufnehmen. Zwar schreibt das Gesetz vor, dass die Form des Prospekts sein Verständnis und seine Auswertung erleichtern soll (Art. 6 II ProspektVO). Jedoch lesen ihn meist nur Fachleute.

663 Um den Prospekt auch für den Durchschnittsanleger verständlich zu machen, verlangt das Gesetz eine **Zusammenfassung**. Sie muss in kurzer Form und allgemeinverständlicher Sprache **Basisinformationen** und **Warnhinweise** in Bezug auf den emittierten Titel enthalten (vgl. Art. 7 ProspektVO). Aufzunehmen ist insbesondere eine Beschreibung der Risiken und der wesentlichen Merkmale des Titels. Wichtig ist, dass die Basisinformationen in kurzer Form und in allgemein verständlicher Sprache abgefasst sein sollen. Nur so kann der normale Anleger wirklich aufgeklärt werden. Deshalb beträgt die maximale Länge der Prospektzusammenfassung auch sieben DIN-A4-Seiten (vgl. dazu Art. 7 III ProspektVO). Die Zusammenfassung steht dabei nicht für sich, sondern ist als Einleitung zu dem Prospekt zu lesen und soll eine Entscheidungshilfe für den Anleger darstellen. Damit sie nicht zu einer bloßen Zusammenstellung von Links und Querverweisen wird, sind diese ausdrücklich verboten.

Art. 3 II ProspektVO gestattet dem nationalen Gesetzgeber, für bestimmte Fälle (Gesamtgegenwert des öffentlichen Angebots innerhalb von 12 Monaten unter 8 Millionen Euro) von der Prospektpflicht abzusehen und stattdessen die Erstellung eines **Wertpapier-Informationsblatts** zu verlangen, das weit weniger umfangreich ist. Der deutsche Gesetzgeber hat von dieser Möglichkeit in § 4 WpPG Gebrauch gemacht. Diese Ausnahme ist aus Gründen der Verhältnismäßigkeit geboten. **664**

Zur Vertiefung: Die Vorschriften zur Prospektzusammenfassung und des Wertpapier-Informationsblatts orientieren sich merklich an den Vorgaben der PRIIP-Verordnung.[4] Diese verpflichtet Hersteller von bestimmten „verpackten" Anlageprodukten und Versicherungsanlageprodukten (Packaged Retail and Insurance-based Investment Products – **PRIIPs**), ein Basisinformationsblatt (Key Information Document – **KID**) abzufassen. Dieses Modell wurde mittlerweile auf alle Finanzmarktprodukte ausgedehnt.

Die genannten Informationsdokumente sind Ausdruck des Informationsmodells (Rn. 514). Durch sie sollen Anleger auf verständliche Weise standardisierte Informationen über grundlegende Merkmale und Risiken eines Produktes erhalten, um eine informierte Anlageentscheidung treffen zu können. Gleichzeitig soll der Gefahr eines „information overload" durch die Konzentration auf die wesentlichen Daten entgegengewirkt werden. Dies ist nicht immer geglückt. **665**

IV. Prüfung durch die BaFin

Der Prospekt muss der BaFin vorgelegt und von dieser gebilligt werden. Vorher darf er **nicht veröffentlicht** werden (Art. 20 I ProspektVO, § 8 I S. 1 VermAnlG). Und bevor der Prospekt veröffentlicht ist, dürfen die Instrumente nicht öffentlich angeboten werden (siehe oben Rn. 660). **666**

Mit der Prüfung durch die BaFin ist eine gewisse öffentlich-rechtliche Kontrolle erreicht. Die Behörde überprüft den Prospekt lediglich auf Vollständigkeit, Kohärenz und Verständlichkeit (Art. 2 lit. r ProspektVO, § 8 I S. 2 VermAnlG – **formelle Prüfung**). Die Richtigkeit der im Prospekt gemachten tatsächlichen Angaben prüft sie dagegen nicht. So geht die BaFin z.B. nicht der Frage nach, ob die Unternehmenskennzahlen tatsächlich zutreffen. Eine solche Prüfung würde ihre Kompetenzen und Ressourcen weit überschreiten. Das Risiko von fehlerhaften Angaben trägt zunächst der Investor, der wiederum durch die Prospekthaftung geschützt ist (dazu unten Rn. 672–680). **667**

V. Veröffentlichung und weitere Verwendung

Nach der Billigung durch die BaFin und vor Beginn des öffentlichen Angebots oder der Zulassung der betreffenden Wertpapiere zum Handel ist der Prospekt der Öffentlichkeit **668**

4 VO (EU) 1286/2014.

zur Verfügung zu stellen. Die zulässigen Möglichkeiten der Publikation werden in Art. 21 II ProspektVO genannt. Demnach ist der Prospekt auf der **Website** des Emittenten, des Anbieters oder der die Zulassung zum Handel beantragenden Person zu veröffentlichen. Hierbei ist darauf zu achten, dass der Prospekt beim Aufrufen der Website in einer leicht zugänglichen eigenen Rubrik veröffentlicht werden muss (Art. 21 III ProspektVO). Zudem ist der Prospekt bei der BaFin zu hinterlegen.

669 Der Prospekt kann im Übrigen auch für weitere Platzierungen in anderen EU-Staaten verwendet werden, vgl. Art. 24 f. ProspektVO. Es gilt das Prinzip des „**europäischen Passes**", das eine Bündelung der Prüfungskompetenz im Mitgliedstaat der ersten Platzierung zum Inhalt hat. Die Billigung durch die Behörde eines Mitgliedstaats reicht folglich für den Vertrieb in anderen Mitgliedstaaten aus. Umgekehrt können aufgrund des europäischen Passes auch in anderen Staaten gebilligte Prospekte verwendet werden, um in Deutschland Finanzinstrumente zu vertreiben.

670 Noch ein Wort zur **Sprache**: Regelmäßig muss der Prospekt auf Deutsch erstellt werden. Die BaFin kann jedoch auch eine „in internationalen Finanzkreisen gebräuchliche Sprache" – also Englisch – gestatten, wenn zumindest die Zusammenfassung auf Deutsch geschrieben ist (vgl. Art. 27 I und II ProspektVO). Das ist insbesondere nützlich, wenn der Prospekt auch in anderen Mitgliedstaaten verwendet werden soll.

VI. Haftung bei unrichtigem oder fehlendem Prospekt

671 Innerhalb der primärrechtlichen Transparenzpflichten hat die Prospektpflicht einen hohen Stellenwert. Um sie abzusichern, verpflichtet Art. 11 ProspektVO die Mitgliedstaaten, ein **effektives Haftungssystem** vorzusehen. Das Unionsrecht regelt also das grundsätzliche „**Ob**" einer Haftung, nicht jedoch das „Wie". Auch wenn das Prospektrecht inzwischen durch eine unmittelbar anwendbare Verordnung geregelt ist, haben die Mitgliedstaaten im Bereich der Prospekthaftung weitgehende Handlungsspielräume. Die Modalitäten der Prospekthaftung sind daher innerhalb der Union unterschiedlich.[5]

1. Fehlerhafter Prospekt

672 Das deutsche Recht sieht Ansprüche der Anleger vor, wenn die im Prospekt enthaltenen Angaben **unrichtig oder unvollständig** sind. Dabei gelten für Finanzinstrumente drei Anspruchsgrundlagen: § 9 WpPG für fehlerhafte Börsenzulassungsprospekte, § 10 WpPG für sonstige fehlerhafte Prospekte beim öffentlichen Vertrieb außerhalb der Börse, § 11 WpPG für fehlerhafte Wertpapier-Informationsblätter. Für Vermögensanlagen sind die §§ 20–22 VermAnlG einschlägig. Dogmatisch gesehen handelt es sich bei diesen Ansprüchen um gesetzliche Schuldverhältnisse, da sie keine Vertragsbeziehung zwischen dem Anleger und den ihm Verpflichteten voraussetzen.

5 Weiterführend siehe *Busch/Ferrarini/Franx* (Hrsg), Prospectus Regulation and Prospectus Liability, 2020.

Die Ansprüche richten sich gegen **673**

1. diejenigen, die **für den Prospekt die Verantwortung übernommen** haben. Dies ist in erster Linie der Emittent. Daneben schreibt das Gesetz vor, dass auch eine Bank diese Verantwortung übernehmen muss, § 8 Satz 3 WpPG. Gemeint ist damit ein Mitglied des Emissionskonsortiums (siehe oben Rn. 455). Dieses Konsortium muss nach dem Börsengesetz gemeinsam mit den Emittenten den Antrag auf Zulassung zum Handel an einer Börse stellen (siehe § 32 II BörsG).
2. diejenigen, **von denen der Erlass des Prospekts ausgeht**. Dies zielt auf eventuelle Hintermänner der Emission ab, z.B. die Muttergesellschafter oder ein beherrschender Gesellschafter, der die Fäden zieht.[6]

Voraussetzung der Haftung ist, dass **wesentliche Angaben unrichtig oder unvollständig** sind. Hierbei ist auf den Horizont des aufmerksamen Lesers und des durchschnittlichen Anlegers abzustellen.[7] **674**

Definition: Der Prospekt ist **unrichtig**, wenn er nicht der Wahrheit entspricht.

Der Prospekt ist **unvollständig**, wenn er nicht die in Art. 6, 13 ProspektVO enthaltenen Angaben enthält.

Außerdem muss der Anleger die Finanzinstrumente innerhalb einer bestimmten **Frist** erworben haben. Der Gesetzgeber geht davon aus, dass nach deren Ablauf der Prospekt nicht mehr das Motiv für die Kaufentscheidung ist, sondern andere Umstände, wie z.B. ein zwischenzeitlich veröffentlichter Jahresabschluss oder die mittlerweile erworbene Bekanntheit am Markt. Die Frist beträgt beim Vertrieb von Finanzinstrumenten an einem organisierten Markt (Börse) sechs Monate seit der erstmaligen Einführung der Instrumente am Kapitalmarkt (§ 9 I 1 a.E. WpPG) beziehungsweise seit dem ersten öffentlichen Angebot im Inland (§ 10 Nr. 1 WpPG), beim Vertrieb von Vermögensanlagen zwei Jahre seit dem erstmaligen öffentlichen Vertrieb (§§ 20 I 1, § 21 I 1 VermAnlG). Die unterschiedliche Länge erklärt sich daraus, dass der Emittent von zum Handel an der Börse zugelassenen Finanzinstrumenten wesentlich häufiger Informationen erteilen muss. **675**

Die Haftung ist **ausgeschlossen**, wenn der in Anspruch Genommene nachweisen kann, dass er die Unrichtigkeit oder Unvollständigkeit **nicht kannte und dass die Unkenntnis nicht auf grober Fahrlässigkeit beruht** (§ 12 I WpPG, § 13 I WpPG, § 20 III VermAnlG). Um sich insoweit abzusichern, prüfen die am Emissionskonsortium beteiligten Banken die Unterlagen des Emittenten sorgfältig vorab (*due diligence*). **676**

Ebenfalls ausgeschlossen sind die Ansprüche unter den in § 12 II WpPG, § 13 II WpPG und § 20 IV VermAnlG genannten Umständen. Dazu gehört, dass der Investor die Instrumente nicht aufgrund des fehlerhaften Prospekts erworben hat (Nr. 1) oder er von dem Fehler wusste (Nr. 3). Hier fehlt es an der **Kausalität** des Fehlers für den Schaden des Investors. Ebenfalls genannt ist der Fall, dass sich der Fehler nicht auf den Preis des Instruments ausgewirkt hat (Nr. 2). Hier mangelt es an einem **Schaden** des Investors. **677**

6 Vgl. *Buck-Heeb*, Kapitalmarktrecht, 12. Aufl. 2022, Rn. 291.
7 Siehe schon BGH NJW 1982, 2823, 2824.

678 Die **Rechtsfolge** der Haftung besteht nicht etwa in einem Anspruch auf Schadensersatz. Vielmehr müssen die Haftenden die Wertpapiere vom Anleger übernehmen und ihm den Preis erstatten, zu dem er sie gekauft hat (**Naturalrestitution**). Dabei wird nicht jeder beliebig hohe Preis erstattet, sondern der Anspruch ist nach oben durch den Ausgabepreis begrenzt. Das ist der Preis, zu dem der Emittent und das Bankenkonsortium die neuen Instrumente auf dem Primärmarkt angeboten haben. Wer auf dem Sekundärmarkt teurer gekauft hat, erhält maximal den Ausgabepreis erstattet; wer allerdings niedriger gekauft hat, erhält nur den von ihm gezahlten Preis (§ 9 I WpPG).

679 Aktivlegitimiert ist der Anleger, der das Finanzinstrument erworben hat. Soweit er es nicht mehr innehat, ist ihm der Unterschiedsbetrag zwischen dem durch den Ausgabepreis nach oben begrenzten Erwerbspreis und dem Veräußerungspreis zu ersetzen (§ 9 II WpPG). Durch diese Berechnung wird dem Emittenten die mehrmalige Bezahlung erspart.

Beispiel: Die Aktiengesellschaft Ameron begibt am 1.5. im Rahmen einer Kapitalerhöhung junge Aktien zu einem Nennwert von je 50 Euro. Der Prospekt wird zwei Tage zuvor veröffentlicht. Stimuliert durch die darin enthaltenen Informationen kauft Investor Ingo am 1.6. auf dem Sekundärmarkt 100 Stück zu je 60 Euro. Nachdem die erste Euphorie verflogen ist, veräußert er diese am 1.9. für 49 Euro pro Stück. Am gleichen Tag erwirbt Investor Jochen genau 100 Stück A-Aktien zu 49 Euro. Nun wird bekannt, dass A im Prospekt wichtige Risiken ihres Geschäfts verschwiegen hat. Der Aktienkurs fällt daraufhin auf 30 Euro.

In Betracht kommt ein Anspruch von I und J gegen A aus § 9 WpPG auf Übernahme der Wertpapiere. Hier waren wesentliche Angaben im Prospekt unvollständig. I und J haben innerhalb der Sechs-Monats-Frist erworben. Ausschlussgründe kommen nicht in Betracht. J hat folglich einen Anspruch auf Übernahme seiner Aktien gegen Erstattung von 49 Euro pro Aktie (§ 9 I WpPG). Zugunsten des I, der seine A-Aktien bereits veräußert hat, kommt dagegen lediglich ein Wertersatz nach § 9 II WpHG in Betracht. Er kalkuliert sich aus der Differenz zwischen dem Erwerbspreis, nach oben begrenzt durch den Ausgabepreis (also 50 Euro), und dem Verkaufspreis der Aktien (49 Euro). Daher hat I lediglich einen Anspruch auf Wertersatz in Höhe von 1 Euro pro Aktie. Insgesamt muss die A also den gesamten Ausgabepreis der Aktien (49 + 1 Euro) gegen deren Rückgabe ersetzen.

680 Der oder die Prospektverantwortliche(n) und -verfasser haften **als Gesamtschuldner**. Das bedeutet, der Anleger kann sich einen von ihnen aussuchen (vgl. § 421 BGB). Vernünftigerweise wählt er dabei den solventesten (z.B. eine Bank). Er kann aber natürlich auch alle gleichzeitig in Anspruch nehmen. Zahlt einer von ihnen auf den Anspruch, kann er von den anderen Ausgleich verlangen (vgl. § 426 I, II BGB). Die Gesamtschuldnerschaft nimmt dem geschädigten Anleger das Insolvenzrisiko der einzelnen Schuldner ab. Die Ansprüche **verjähren** nach der üblichen Frist von drei Jahren (§§ 195, 199 BGB). Die Verjährung beginnt bereits mit der grob fahrlässigen Unkenntnis des Erwerbers von Schaden und Schädiger (§ 199 I Nr. 2 BGB).

2. Fehlender Prospekt

Ansprüche der Anleger bestehen auch dann, wenn Finanzinstrumente vertrieben wurden, **ohne dass ein Prospekt veröffentlicht** wurde (§§ 14 f. WpPG, § 21 VermAnlG). Die Anspruchsgegner müssen hier auf andere Weise als beim fehlerhaften Prospekt beschrieben werden, weil ein Prospekt gänzlich fehlt. Als verantwortlich bezeichnet das Gesetz 681

1. den Emittenten,
2. den Anbieter, d.h. alle Banken des Emissionskonsortiums.

Die Haftung ist ausgeschlossen, wenn der Erwerber wusste, dass der Emittent zur Veröffentlichung des Prospekts verpflichtet war. Unter diesen Umständen hätte er entweder nach dem Prospekt fragen oder vom Kauf Abstand nehmen können. Die Rechtsfolge stimmt mit der beim fehlerhaften Prospekt überein: Der Anleger kann die Rückerstattung des Erwerbspreises gegen Rückgabe des Finanzinstruments oder die Differenz zwischen Erwerbs- und Verkaufspreis verlangen. 682

C. Periodische Publizität

Gewisse Publizitätspflichten sind in regelmäßigen Zeitabständen, d.h. periodisch zu erfüllen. Zu unterscheiden ist zwischen der handelsrechtlichen Publizität nach §§ 264 ff. HGB in Form des **Jahresabschlusses** und der kapitalmarktrechtlichen Publizität nach §§ 114 ff. WpHG in Form von **Finanzberichten**. 683

I. Wer muss veröffentlichen?

Der handelsrechtlichen Publizität unterliegen alle „**Kapitalgesellschaften**", § 264 I 1 HGB. Die kapitalmarktrechtliche Publizität richtet sich dagegen lediglich an **Inlandsemittenten**, vgl. beispielhaft § 114 I WpHG. Das sind solche börsengehandelten Unternehmen, deren Finanzinstrumente zum Handel an einem inländischen geregelten Markt zugelassen sind, siehe die komplizierte Definition in § 2 XIV WpHG. 684

II. Was muss veröffentlicht werden?

Gemäß **§ 264 I 1 HGB** müssen Kapitalgesellschaften einen **Jahresabschluss mit Gewinn- und Verlustrechnung sowie Lagebericht** erstellen. Diese sind elektronisch an die das Unternehmensregister führende Stelle zu übermitteln, § 325 I HGB. Sie vermitteln einen Eindruck von der finanziellen Situation des Unternehmens, seinen Aktiva und Passiva, den Gewinnen und Verlusten sowie der Einschätzung seiner Lage durch den Vorstand. Kapitalmarktorientierte Gesellschaften müssen zusätzlich eine Kapitalflussrechnung (*cash flow*) und einen Eigenkapitalspiegel abliefern, § 264 I S. 2 HGB. 685

Die kapitalmarktrechtliche Publizität verlangt von börsengehandelten Unternehmen zusätzlich zu den Jahresberichten auch die Erstellung von **Halbjahresfinanzberichten**, **Zwischenmitteilungen** und Zahlungsberichten nach § 115 I und IV und § 116 I WpHG. 686

Das Börsengesetz erlaubt, dass die **Börsenordnung** einer Wertpapierbörse weitere Unterrichtungspflichten für Emittenten von Wertpapieren vorsieht, deren Aktien oder Aktien vertretende Zertifikate in Teilbereichen des regulierten Markts gehandelt werden, § 42 BörsG. Die Frankfurter Wertpapierbörse hat von dieser Ermächtigung Gebrauch gemacht. Sie verlangt, dass Emittenten von Titeln, die im Prime Standard notieren, vierteljährig Berichte liefern. Wichtige Indizes wie der DAX enthalten ausschließlich Titel des Prime Standards.

D. Ad-hoc-Publizität

I. Wer muss veröffentlichen?

687 Ad-hoc-Publizität (ad hoc = lateinisch „jetzt“) bedeutet, dass bestimmte Informationen **sofort** veröffentlicht werden müssen, sobald sie bekannt werden. Dieser Pflicht unterliegen gemäß § 17 I MAR die **Inlandsemittenten von Finanzinstrumenten**.

II. Was muss veröffentlicht werden?

688 Art. 17 MAR bestimmt, welche Informationen veröffentlicht werden müssen: Es handelt sich um **Insiderinformationen**. An dieser Stelle besteht eine wichtige Verzahnung zum Insiderhandelsverbot nach Art. 14 MAR, denn durch die Publikation der Insiderinformationen wird nicht nur der Kapitalmarkt informiert, sondern zugleich dem Insiderhandel vorgebeugt (Rn. 616 f.). Beispiele für zu veröffentlichende Informationen sind etwa ein plötzlicher Gewinneinbruch, der Erhalt eines großen Auftrags oder der Rücktritt des Vorstandsvorsitzenden.

III. Wann muss veröffentlich werden?

689 Art. 17 I MAR sieht vor, dass die Insiderinformation **unverzüglich** zu veröffentlichen ist. Der Inlandsemittent kann dieser Verpflichtung allerdings erst dann nachkommen, wenn dieser Kenntnis über das Vorliegen einer veröffentlichungspflichtigen Insiderinformation hat. Das Unionsrecht gesteht dem Verpflichteten daher notwendigerweise eine **angemessene Frist** zu, innerhalb derer er die Insiderinformation überprüfen und darüber entscheidet kann, ob sie der Ad-hoc-Publizitätspflicht unterliegt. Wie lange der Verpflichtete hierfür Zeit hat, hängt von der Art der Information ab. Nur wenn eine Information derartig konkret ist, dass sie als Insiderinformationen betrachtet werden kann, muss sie unmittelbar veröffentlich werden.[8] Z.B. sind Finanzinformationen schon zu einem sehr frühen Zeitpunkt zu veröffentlichen, da diesen bereits ein präziser Informationsgehalt zukommt. Eine intensive Prüfung würde bei ihnen zu einer nicht zu rechtfertigenden Verzögerung führen. Anders hingegen bei Prognoseänderungen: Diese

8 ESMA, Final Report – Guidelines on the Market Abuse Regulation delay of disclosure of inside information, 13.7.2016, ESMA/2016/1130, Annex IV, S. 53 f. Rn. 127 f.

bedürfen regelmäßig noch einer zusätzlichen Interpretation und Aufbereitung für den Markt. Dem Inlandsemittenten ist daher zumindest so viel Zeit zuzusprechen, wie objektiv nötig ist, um eine schlüssige Begründung zu erstellen.

IV. Gibt es Ausnahmen?

Bei einem **berechtigten Interesse** des Emittenten an Geheimhaltung kann auf die Veröffentlichung verzichtet werden. Dies setzt allerdings voraus, dass eine Irreführung der Öffentlichkeit nicht zu befürchten ist und der Emittent die Geheimhaltung der Information gewährleisten kann, Art. 17 IV MAR. Ein typisches Beispiel dafür ist die Absicht, ein anderes Unternehmen zu übernehmen – müsste man eine solche Absicht frühzeitig veröffentlichen, dann würde die Übernahme in vielen Fällen misslingen. **690**

V. Wer haftet wie für unterlassene oder falsche Ad-hoc-Mitteilungen?

Wird eine Insiderinformation nicht unverzüglich veröffentlicht, so haftet der **Emittent** den Anlegern auf Schadensersatz, § 97 WpHG. Das Gleiche gilt, wenn er eine inhaltlich unrichtige Insiderinformation veröffentlicht, § 98 WpHG. Anspruchsberechtigt sind alle Anleger, die nach der Veröffentlichung Finanzinstrumente gekauft oder schon vorher erworbene Finanzinstrumente infolge der Veröffentlichung verkauft haben (**Transaktionserfordernis**). Sie müssen allerdings die Kausalität der fehlerhaften oder unterlassenen Ad-hoc-Mitteilung für ihren Investitionsentschluss nachweisen. Damit obliegt ihnen die Darlegungs- und Beweislast dafür, dass sie die Investition gerade aufgrund der fehlerhaften Mitteilung gekauft haben oder sie bei vorgenommener richtiger Mitteilung nicht erworben hätten. Diese Hürde ist sehr hoch. In vielen Fällen gelingt es den Anlegern nicht, diesen Beweis zu führen. **691**

Gelingt der Beweis, wird das Verschulden des Emittenten vermutet. Er kann sich aber nach § 97 II und § 98 II WpHG entlasten, wenn er nachweist, dass sein Tun oder Unterlassen weder vorsätzlich noch grob fahrlässig war. **692**

Anders als bei der Prospekthaftung (Rn. 672 ff.) enthalten die §§ 97 f. WpHG keine ausdrückliche Regelung zur Schadensberechnung. Zur Konkretisierung sind die §§ 249 ff. BGB heranzuziehen. Es gilt der Grundsatz der **Naturalrestitution**. Danach hat der Emittent dem Anleger das negative Interesse zu ersetzten.[9] Die konkrete Art der Schadensberechnung ist in der Literatur allerdings umstritten. Fraglich ist insbesondere, auf welchen Bezugspunkt sich das negative Interesse bezieht. Nach herrschender Meinung darf der Anleger wählen: Er kann zum einen die Übernahme seiner Aktien durch den Emittenten gegen Rückerstattung des Erwerbspreises verlangen (sogenannter **Vertragsabschlussschaden**). Er kann aber auch die Kursdifferenz zwischen dem von ihm gezahlten Preis und dem Preis verlangen, der sich bei richtiger Information eingestellt hätte (sogenannter **Kursdifferenzschaden**). Die beiden Berechnungsarten gleichen dem großen und dem kleinen Schadensersatz bei § 281 BGB. **693**

9 *Assmann*, in: Assmann/Schneider, WpHG, 7. Aufl. 2019, §§ 97, 98 WpHG Rn. 120.

Beispiel (nach BGHZ 160, 149 – Infomatec III; BGH NJW 2005, 2450 – EM.TV): Die I-AG, deren Aktien am geregelten Markt der Frankfurter Wertpapierbörse gehandelt werden, veröffentlicht am 13.9.2015 eine von ihrem Vorstandsvorsitzenden verfasste und veranlasste Ad-hoc-Mitteilung, in der sie bekannt gibt, vom Mobilfunkanbieter M einen Auftrag über die Herstellung von Internet-Surfstationen mit einem Volumen von 55 Mio. Euro erhalten zu haben. Tatsächlich hat I einen solchen Auftrag nie erhalten. Der Kurs der I-Aktie steigt infolge der Mitteilung von 35 Euro auf 40 Euro. Am 28.11.2015 erwirbt Anleger A 2.000 Stückaktien der I-AG zum Kurs von 40 Euro. Erst durch eine Ad-hoc-Mitteilung vom 22.2.2016 wird die ursprüngliche Meldung – zum Teil – widerrufen. In den folgenden Monaten fällt der Kurs der Aktie aufgrund schlechter Marktverhältnisse. Im Zeitpunkt der letzten mündlichen Verhandlung vor Gericht liegt er bei 20 Euro.

A steht gegen I ein Schadensersatzanspruch wegen einer fehlerhaften Ad-hoc-Mitteilung aus § 98 I Nr. 1 WpHG i.V.m. Art. 17 MAR zu. Mangels direkter vertraglicher Beziehung mit dem Emittenten kann A nur Ersatz des negativen Interesses, nicht aber des positiven Interesses verlangen. Das bedeutet, er wird nicht so gestellt, wie wenn die falsche Mitteilung richtig gewesen wäre, sondern erhält nur den Vertrauensschaden ersetzt. Hinsichtlich der Berechnung des Vertrauensschadens differenziert die h.M.: Sofern A nachweisen kann, dass er seine Investition gerade wegen der falschen Ad-hoc-Mitteilung über den Auftrag getätigt hat, kann er verlangen, so gestellt zu werden, als habe er das Geschäft nie getätigt, d.h. er überträgt die Aktien an den Emittenten und erhält im Gegenzug das investierte Kapital abzüglich des Wertverfalls aufgrund allgemeiner Kursrisiken zurück (sog. Vertragsabschlussschaden). In diesem Fall kann A von I Schadensersatz in Höhe von 80.000 Euro (2.000 Aktien mal 40 Euro) verlangen. Misslingt A der Nachweis, kann er nur Ersatz der Differenz zwischen dem wahren Kurswert und dem durch die Mitteilung falsch gebildeten Kurswert verlangen (sog. Kursdifferenzschaden). A würde in diesem Fall nur Ersatz von 10.000 Euro (2.000 Aktien mal 5 Euro) verlangen können.

694 Weitergehende Ansprüche nach Bürgerlichem Recht sind möglich, §§ 97 IV, 98 IV WpHG. Als solche kommen insbesondere Ansprüche wegen vorsätzlicher sittenwidriger Schädigung nach § 826 BGB in Betracht. Vor der Einführung der §§ 97 f. WpHG (und deren Vorgängerbestimmungen in §§ 37b, 37c WpHG) hat der BGH ihr Bestehen in einer Reihe von Urteilen angenommen.[10] Seit ihrer Regelung im WpHG hat die bürgerlichrechtliche Haftung jedoch nur noch geringe Bedeutung.

E. Beteiligungspublizität

I. Was ist Beteiligungspublizität?

695 Die Beteiligungspublizität ist eine sehr besondere Art der Publizität: Anders als alle anderen Publizitätspflichten ist ihr **Adressat** nicht der Emittent, sondern dessen **Gesellschafter**. Wer einen bestimmten Prozentsatz der Stimmrechte einer börsennotierten Gesellschaft überschreitet, muss dies der Gesellschaft und der BaFin mitteilen, § 33 I WpHG. Die Schwellenwerte betragen 3, 5, 10, 15, 20, 25, 30, 50 und 75 %. Bei jedem Erreichen oder Überschreiten eines dieser Schwellenwerte ist eine Mitteilung zu machen. Das Gleiche gilt, wenn der Anteilsinhaber seine Aktien verkauft und die Schwellenwerte unterschreitet.

10 Siehe z.B. BGH NZG 2007, 345 („Comroad"); BGH NJW 2008, 76 („Comroad IV"), BGH NZG 2008, 382 („Comroad VI").

II. Wozu dient Beteiligungspublizität?

Der Zweck der Offenlegungspflicht ist es, den Markt schnell über wesentliche Veränderungen in der Zusammensetzung der Stimmrechtsverhältnisse einer börsennotierten Gesellschaft zu informieren. Die Zusammensetzung des Aktionärskreises hat unter Umständen großen Einfluss auf die Kursentwicklung einer Aktie. Wechseln die jeweiligen bestimmenden Mehrheiten innerhalb einer Gesellschaft, so geht dies regelmäßig mit einer **Neuausrichtung des Unternehmens** einher. Dies ist außerdem ein Indiz dafür, dass ein Anleger besonders interessiert an einer Gesellschaft ist und diese möglicherweise übernehmen will. Diese Information ist wertvoll, weil sie eventuell einen höheren Preis rechtfertigt („**Übernahmeprämie**"). Schließlich wird auch der Vorstand über die Zusammensetzung des Aktionariats informiert. **696**

III. Wie wird die Beteiligung berechnet?

Um zu errechnen, wie hoch die Beteiligung eines Aktionärs ist, sieht § 34 WpHG bestimmte **Zurechnungsregeln** vor. Besonders bedeutsam ist dabei die Zurechnung beim sogenannten ***acting in concert***, das heißt beim abgestimmten Verhalten mehrerer Aktionäre. Eine vereinbarte Kooperation – z.B. im Rahmen von Syndikatsverträgen – hat zur Folge, dass die Stimmrechte der verschiedenen Aktionäre zusammengerechnet werden. Dadurch erreichen sie die Schwellenwerte viel leichter und müssen ihre Zusammenarbeit zu erkennen geben. **697**

Das Halten von Finanzinstrumenten, die das Recht auf einseitigen Erwerb von Aktien verleihen, wie etwa **Optionen**, ist gemäß § 38 WpHG publizitätspflichtig, wenn bestimmte Schwellen überschritten werden. Diese werden mit Stimmrechten nach §§ 33 f. WpHG zusammengerechnet, siehe § 38 I S. 1 WpHG. Gleiches gilt, wenn die gehaltenen Finanzinstrumente den Erwerb von Aktien nur „ermöglichen", ohne den Inhaber dazu zu berechtigen (§ 38 I Nr. 1 lit. b WpHG). **698**

Zur Vertiefung: Mit der Einführung des § 38 WpHG (= § 25a WpHG a.F.) reagierte der Gesetzgeber auf den **Fall Porsche**. In diesem versuchte die Porsche AG, die Kontrolle über die VW AG zu erlangen. Um die Meldepflichten zu umgehen, schloss sie – über eine im Ausland sitzende Bank als Strohmann – sogenannte cash-settled options mit den meisten deutschen Großbanken ab. Letztere waren danach verpflichtet, die Porsche AG so zu stellen, als ob sie VW-Aktien innehätte. Bei einer Steigerung des VW-Kurses mussten die Banken danach zahlen, bei einem Sinken erhielten sie eine Zahlung. Zu liefern waren nicht die Aktien selbst, sondern immer nur Geld (daher „cash-settled"). Um ihre Risiken aus dem Geschäft abzusichern, schafften sich die Banken große Zahlen von VW-Aktien an. Genau das hatte der Finanzvorstand von Porsche vorausgesehen und beabsichtigt. Er hoffte, die Banken würden die VW-Aktien sammeln und bei Auslaufen des swaps günstig an Porsche verkaufen. Außerdem nahm er an, dass sich die Banken in der VW-Hauptversammlung neutral zu Porsches Übernahmeplänen verhalten. Das alles wurde erreicht, ohne dass Porsche die VW-Aktien selbst oder auch nur ein Recht auf diese erwerben musste. § 25 WpHG war daher nach überwiegender Ansicht nicht anwendbar.[11]

---

11 Zum Streitstand *Baums/Sauter*, ZHR 173 (2009), 454, 468 f.; *Schneider/Brouwer*, AG 2008, 557, 562 ff.; *Schneider/Anzinger*, ZIP 2009, 1, 9.

§ 38 I S. 1, 2 Nr. 1 WpHG beschreibt nun genau den Porsche-Fall. Inhaber der Finanzinstrumente (cash-settled options) ist der potentielle Übernehmer. Die Gegenseite sind die Banken. Letztere schließen ihre Risiken aus oder vermindern sie, indem sie Aktien des Emittenten (im Porsche-Fall: VW) halten. Daher muss der potentielle Übernehmer eine Meldung erstatten.

IV. Was muss veröffentlicht werden?

699 Veröffentlichungspflichtig ist die Höhe des Stimmrechtsanteils sowie die Person und Adresse des Erwerbers. Die genauen Anforderungen ergeben sich aus §§ 12 ff. der Wertpapierhandelsanzeigeverordnung (WpAV).

700 Gemäß § 43 WpHG ist beim Erwerb einer wesentlichen Beteiligung (= mehr als 10 %) auch Auskunft über die Herkunft der zur Akquisition eingesetzten Mittel sowie über die Ziele des Erwerbers zu geben. Diese Pflicht ist allerdings nicht sanktionsbewehrt, d.h. es passiert nichts, wenn man sie verletzt. In der Praxis wird daher auf ihre Einhaltung kaum Wert gelegt.

V. Wann muss veröffentlich werden?

701 Die Mitteilung ist grundsätzlich unverzüglich, spätestens allerdings binnen vier Handelstagen zu machen. Die Mitteilungspflicht beginnt mit Kenntnis oder fahrlässiger Unkenntnis des Meldepflichtigen vom Berühren einer der genannten Schwellen. Es kann auch vorkommen, dass sich der Stimmrechtsanteil ohne Zutun des Aktionärs verändert. So können bspw. Kapitalmaßnahmen der Gesellschaft die Anzahl der Stimmrechte verändern. In diesen Fällen orientiert sich der Fristbeginn an der positiven Kenntnis des Aktionärs (§ 33 I S. 3 WpHG) oder der Veröffentlichung der Gesamtanzahl der Stimmrechte durch den Emittenten (§ 41 WpHG).

VI. Welche Sanktionen greifen?

702 Werden die Angaben nach §§ 33 ff. WpHG nicht mitgeteilt, drohen dem Aktionär mehrere Sanktionen. Diese wurden durch das Transparenzrichtlinien-Umsetzungsgesetz von 2015 drastisch verschärft.

703 Stellt die BaFin einen Verstoß fest, so ist dieser nach § 124 WpHG auf deren Internetseite zu veröffentlichen (zum „*naming and shaming*“ siehe bereits Rn. 58, 613, 645).

704 Verstößt der Meldepflichtige vorsätzlich oder fahrlässig gegen die Veröffentlichungspflicht, so droht ihm ein **Bußgeld** (§ 120 II Nr. 2 lit. d i.V.m. § 120 XVII WpHG). Die Höhe des Bußgelds kann bei natürlichen Personen bis zu 2 Millionen Euro und bei juristischen Personen und Personenvereinigungen bis zu 10 Millionen Euro oder 5 % des jährlichen Konzernumsatzes oder das Doppelte des erlangten Vorteils betragen. Letztere Sanktionen können sowohl gegen die Gesellschaft als auch gegen die für sie handelnden natürlichen Personen verhängt werden (§§ 9, 30 OWiG, § 120 XVII WpHG).

Noch drastischer ist die Rechtsfolge des **Rechtsverlusts** (§ 44 WpHG). Damit ist gemeint, dass der Aktionär innerhalb des Zeitraums, für welchen er die Mitteilungspflicht nach § 33 I und II WpHG vorsätzlich oder fahrlässig nicht erfüllt, die Rechte aus seinen Aktien nicht ausüben kann. Vom Rechtsverlust sind alle Aktien des Aktionärs – und nicht bloß jene, deren Meldung er unterlassen hat – erfasst. Damit hat der Aktionär kein Stimmrechte in der Hauptversammlung und außerdem auch keinen Anspruch auf die Dividende. **705**

Fraglich ist, ob der Rechtsverlust nur eintritt, wenn die Mitteilungspflicht vollständig unterlassen wurde, oder bereits dann, wenn nur unvollständig oder falsch erfüllt wurde. Die h.M. geht davon aus, dass bereits die bloße Fehlerhaftigkeit der Mitteilung zum Rechtsverlust führt, denn ansonsten könnte die Sanktion des § 44 WpHG leicht umgangen werden. Der Verstoß muss allerdings erheblich sein. Bloße Formmängel oder unerhebliche inhaltliche Ungenauigkeiten führen nicht zur Rechtsfolge des § 44 WpHG. **706**

Während das Bußgeld von der BaFin verhängt werden muss, tritt der Rechtsverlust *ex lege* mit Vorliegen der Voraussetzungen ein. **707**

VII. Aktienrechtliche Beteiligungspublizität

Für Aktiengesellschaften, deren Titel **nicht an der Börse notiert** sind, sieht das AktG ebenfalls eine Beteiligungspublizität vor, §§ 20–22 AktG. Diese ist allerdings weit weniger streng: Sie greift **erst bei** einer Beteiligung von mehr als **25 %**. Daher hat sie neben der wertpapierhandelsrechtlichen Beteiligungspublizität kaum Bedeutung. **708**

§ 17

Das Übernahmerecht

A. Grundlagen

I. Der volkswirtschaftliche Nutzen von Übernahmen

709 Die Übernahme eines Unternehmens ist kapitalmarktrechtlich gesehen ein normaler Vorgang. Eine Übernahme findet zum Beispiel statt, wenn ein Unternehmen sich ein anderes aus strategischen Gründen einverleiben will, um seinen Kunden ein bestimmtes Produkt anbieten zu können. Ein weiteres typisches Motiv für eine Übernahme ist, dass der Vorstand des akquirierenden Unternehmens meint, die Zielgesellschaft (das heißt das zu erwerbende Unternehmen) besser als dessen derzeitiges Management leiten zu können.

710 Übernahmen sind daher volkswirtschaftlich gesehen äußerst notwendige Prozesse. Sie sind nicht nur notwendig für die Herausbildung einer sinnvollen Unternehmensstruktur, sondern zugleich auch Grundvoraussetzung für die Bildung eines **Markts für Unternehmenskontrolle**. Durch diesen wird sichergestellt, dass Gesellschaften möglichst effizient geleitet werden. Es soll immer derjenige eine Gesellschaft leiten, der sie am besten führen kann.

II. Die rechtliche Struktur

711 Das Übernahmerecht wird auf Englisch Mergers and Acquisitions genannt (kurz: „M&A"). Diese Bezeichnung spiegelt wider, dass eine Übernahme gesellschaftsrechtlich auf zwei Arten stattfinden kann:

712 Eine Möglichkeit ist die Verschmelzung (**Merger**). Bei dieser werden aus zwei Gesellschaften eine, z.B. aus zwei AGs eine AG. Wie das geschieht, regelt das Umwandlungsrecht (vgl. §§ 2 ff. UmwG).

713 Die andere Möglichkeit ist der Beteiligungserwerb (**Acquisition**). Eine Gesellschaft erwirbt eine Beteiligung an der anderen. Letztere kann dadurch zur Tochtergesellschaft werden, jedoch bleibt sie als rechtlich selbständig erhalten. Es entsteht eine Konzernstruktur. Diese Art der Übernahme ist in der Praxis **weit häufiger** als die Verschmelzung.

714 Aus Sicht des Kapitalmarktrechts ist es gleichgültig, welche Art der Übernahme angestrebt ist. Seine Regelungen gelten für den Beteiligungserwerb und die Verschmelzung gleichermaßen.

III. Die Betroffenen

715 Eine Übernahme hat Auswirkungen auf die Situation verschiedener Beteiligter. Zunächst sind die **Arbeitnehmer** des übernommenen Unternehmens zu nennen, die

unter Umständen mit neuen Arbeitsanforderungen oder sogar dem Wegfall ihres Arbeitsplatzes zu rechnen haben. Weitere Betroffene sind die **übrigen Gesellschafter** des Unternehmens, die sich nunmehr mit einem neuen Mehrheitseigentümer arrangieren müssen. Auswirkungen hat die Übernahme schließlich auf den **Vorstand der Zielgesellschaft**. Dieser wird in der Regel ausgetauscht oder überflüssig.

IV. Wer entscheidet über die Übernahme?

Trotz dieser unterschiedlichen Betroffenen befindet letztlich nur eine Interessengruppe über die Übernahme – die **Aktionäre der Zielgesellschaft**. Sie entscheiden als Eigentümer darüber, ob sie das Angebot des Bieters annehmen und ihm ihre Aktien verkaufen wollen. Die Entscheidung fällen sie jeweils individuell und unabhängig voneinander, indem sie einzeln Kaufverträge (§§ 433, 453 BGB) mit dem Erwerber abschließen. Tun sie dies in ausreichender Zahl, dann ist die Übernahme erfolgreich. 716

Der **Vorstand** hat auf die Entscheidung der Aktionäre keinen unmittelbaren Einfluss. Er kann ihnen nur empfehlen, das Übernahmeangebot anzunehmen oder nicht. Ist er für die Übernahme, so spricht man von der freundlichen Übernahme (***friendly takeover***). Anderenfalls spricht man von einer feindlichen Übernahme (***hostile takeover***). Dabei ist allerdings zu betonen, dass eine Übernahme niemals gegen den Willen der Aktionäre zustande kommen kann. Insofern ist sie niemals nur „hostile", sondern zumindest für die Aktionäre günstig, auch wenn sie die Vorstandsmitglieder ablehnen. 717

Zur Vertiefung: Die Begrifflichkeiten *friendly takeover* und *hostile takeover* stammen aus einer Zeit, in der es sich nicht schickte, ein anderes Unternehmen ohne Zustimmung dessen Unternehmensleitung zu übernehmen. Man ging damals noch freundlich miteinander um und war teilweise miteinander persönlich bekannt, z.B. durch das gemeinsame Studium. Dies hat sich mit der Internationalisierung der Kapitalmärkte, der zunehmenden Bedeutung von Investmentfonds und dem Aufkommen aktivistischer Investoren teilweise geändert. Heute ist der *hostile takeover* daher nicht mehr so selten, siehe z.B. die Übernahme von *Twitter* durch Elon Musk.

B. Warum werden Übernahmen gesetzlich geregelt?

Übernahmen werden aus verschiedenen Gründen durch das Kapitalmarktrecht geregelt. Zum einen bestehen erhebliche **Informationsbedürfnisse**. Die Aktionäre benötigen hinreichende Informationen über das ihnen unterbreitete Angebot, um dieses beurteilen und möglicherweise mit anderen vergleichen zu können. Auch der Vorstand und die Arbeitnehmer haben ein berechtigtes Informationsinteresse, wie es mit der Gesellschaft weitergeht. Es kann nicht davon ausgegangen werden, dass jeder Bieter die erforderlichen Informationen von alleine liefert, sodass eine gesetzliche Regelung notwendig erscheint. Um Täuschungen zu vermeiden, müssen die Konditionen genau und eindeutig feststehen und dürfen nur unter bestimmten Bedingungen geändert werden. 718

719 Wichtig ist weiterhin das **Zeitelement**: Die Aktionäre bedürfen genügend Zeit, um sich über das Angebot Gedanken machen zu können. Durch die Bestimmung einer sehr kurzen Annahmefrist könnte der Anbieter versuchen, Druck zu erzeugen und die Aktionäre zu verunsichern.

720 Hat ein Erwerber die Absicht, die Geschicke eines Unternehmens zu beeinflussen, so genügt ihm eine einfache Beteiligung nicht. Er benötigt dazu eine Mehrheit in der Hauptversammlung, die ihm erlaubt, das Unternehmen zu kontrollieren. Meist sind Erwerber dazu bereit, für diese Mehrheit einen gewissen Aufschlag gegenüber dem normalen Börsenpreis zu zahlen. Den Aufschlag nennt man die **Kontrollprämie** (***premium***). Typischerweise zahlt der Erwerber diese Prämie freiwillig nur an Gesellschafter, die über ein großes Aktienpaket verfügen oder als letzte verkaufen. Sie sollte jedoch auch kleineren Aktionären und denen, die vorher verkauft haben, zugutekommen. Insofern gilt bei Übernahmen der Grundsatz der **Gleichbehandlung aller Gesellschafter** der Zielgesellschaft.

721 Wenn ein Gesellschafter die **Kontrolle** über eine Gesellschaft erworben hat, ändern sich die Gesellschaftsverhältnisse und eventuell auch die Gesellschaftspolitik. Die Minderheitsgesellschafter möchten nunmehr vielleicht ausscheiden. Das Recht dazu bedarf gesetzlicher Regelung.

722 Weiter sind **Abwehrmaßnahmen** zu regeln. Auch wenn das Übernahmeangebot für die Aktionäre der Zielgesellschaft sehr lukrativ ist, kann der Vorstand dagegen sein, denn seine Mitglieder werden als Folge der Übernahme nicht selten ihren Posten verlieren. Daher könnte er versucht sein, alles Mögliche zu unternehmen, um sich auf Dauer einzugraben (*entrenchment*).

C. Wie ist der öffentliche Erwerb von Wertpapieren gesetzlich geregelt?

I. Rechtsquellen und Aufsicht

723 Die Übernahme deutscher Zielunternehmen ist im **Wertpapiererwerbs- und Übernahmegesetz (WpÜG)** geregelt. Dieses wurde im Jahr 2001 verabschiedet. Auf europäischer Ebene gilt seit dem Jahr 2004 die **Übernahmerichtlinie 2004/25/EG**. Diese ist anschließend im WpÜG umgesetzt worden.

724 Über die Einhaltung dieser Regeln wacht die BaFin. Sie übt die Aufsicht über alle Angebote aus, die dem WpÜG unterliegen (vgl. dessen § 4 I S. 1).

II. Anwendungsbereich des WpÜG

1. Begriff des Wertpapiers

Das WpÜG beschäftigt sich mit Angeboten zum Erwerb von Wertpapieren, § 1 I. Der Begriff des Wertpapiers ist in § 2 II WpÜG besonders definiert: Danach sind nur **Aktien und Aktien vertretende Wertpapiere sowie Optionen auf Aktien** erfasst. Der Begriff ist sehr viel enger als in anderen Gesetzen (siehe z.B. § 2 I WpHG), wo er z.B. auch Schuldtitel einschließt. Deren Ausschluss unter dem WpÜG erklärt sich daraus, dass man mit dem Erwerb einer Anleihe keine Beteiligung am Unternehmen erlangt und dadurch die spezifischen Regelungsbedürfnisse des WpÜG nicht ausgelöst werden. **725**

Außerdem erfasst der Wertpapierbegriff nur Aktien und nicht andere Beteiligungen. Geregelt ist also nur die Übernahme von **Aktiengesellschaften**. Übernahmen von Unternehmen in anderer Rechtsform sind nicht erfasst. **726**

Schließlich müssen die Wertpapiere **zum Handel an einem organisierten Markt zugelassen** sein, § 1 I WpÜG. Das WpÜG betrifft also nur börsennotierte Gesellschaften. Bei nicht börsennotierten Gesellschaften stellen sich die oben genannten Probleme nicht oder nur in sehr viel geringerem Maße; hier kennen sich die Gesellschafter häufig und können sich im Fall der Übernahme besser abstimmen. **727**

2. Öffentliches Angebot

In den Anwendungsbereich des WpÜG fällt nicht jeder Kauf einer Aktie durch einen individuellen Anleger, sondern nur das **öffentliche** Angebot zum Kauf oder Tausch, § 2 I WpÜG. Nur wer öffentlich um die Übertragung von Aktien bittet, unterfällt dem WpÜG. Wer seine Aktien dagegen individuell kauft, ist nicht erfasst. Das gilt mit einer Einschränkung: Auch wer seinen Aktienbestand Stück für Stück aufbaut, kann ein Pflichtangebot abgeben müssen (dazu sogleich unten Rn. 732). **728**

III. Arten von öffentlichen Angeboten

Das Angebot zum Erwerb von Aktien und gleichgestellten Papieren kann **drei Formen** annehmen: das einfache Erwerbsangebot, das (freiwillige) Übernahmeangebot und das Pflichtangebot. **729**

1. Einfaches Erwerbsangebot

Das WpÜG befasst sich nicht nur mit Übernahmeangeboten, sondern, wie sein Titel bereits besagt, auch mit dem einfachen Erwerb von Wertpapieren. Das Charakteristikum des einfachen Erwerbsangebots ist es, dass es **nicht auf die Übernahme** gerichtet ist. Der Bieter möchte also nicht die Kontrolle des Unternehmens erlangen, sondern lediglich eine Minderheitsbeteiligung. Dazu macht er ein Angebot, z.B. „Ich will 10 % der Aktien für 50 Euro je Stück erwerben." Wie gesagt fallen nur öffentliche Angebote zum Erwerb von Wertpapieren unter das WpÜG. Der individuelle Einzelerwerb von Aktien, etwa über die Börse, ist nicht erfasst. **730**

2. (Freiwilliges) Übernahmeangebot

731 Übernahmeangebote sind Angebote, die auf den Erwerb der **Kontrolle** des Unternehmens gerichtet sind. Das ist der Fall, wenn eine Beteiligung von **mindestens 30 %** der Stimmrechte angestrebt wird (§ 29 II WpÜG). Zur Berechnung der angestrebten Beteiligung sind bestimmte Anteile hinzuzurechnen. Dazu zählen zum Beispiel Beteiligungen, die der Erwerber an Tochtergesellschaften des Zielunternehmens hält (vgl. im Einzelnen § 30 I WpÜG), sowie die Beteiligungen von anderen Aktionären an der Zielgesellschaft, mit denen der Erwerber sein Verhalten abstimmt (sogenanntes *acting in concert*, § 30 II WpÜG, siehe dazu bereits bei der Beteiligungspublizität oben Rn. 697).

3. Pflichtangebot

732 Unter Umständen steht es dem Bieter nicht frei, ein Angebot zum Erwerb von Wertpapieren zu machen, sondern er wird vom Gesetz dazu gezwungen: Dies sieht **§ 35 WpÜG** vor, sobald er die „**Kontrolle**" über eine Zielgesellschaft erlangt. Das ist der Fall, wenn er mindestens 30 % der Stimmrechte innehat, § 29 II WpÜG. In dieser Situation schreibt § 35 II WpÜG vor, dass er allen anderen Aktionären ein Angebot zum Erwerb ihrer Aktien machen muss, ob er will oder nicht. Damit soll den Veränderungen in den Gesellschaftsverhältnissen, d.h. dem nunmehr dominierenden Einfluss des Erwerbers, Rechnung getragen werden. In einer solchen Lage mögen die Minderheitsaktionäre ein berechtigtes Interesse haben, das Unternehmen zu verlassen. Die Konsequenz ist, dass der neue Kontrollinhaber möglicherweise das gesamte Unternehmen kaufen muss. Er soll sich nicht mit einer geringeren Mehrheit begnügen, auch wenn ihm diese ausreichen würde, um das Unternehmen zu kontrollieren. Das gebietet der Gleichbehandlungsgrundsatz, der bei der Verteilung der Kontrollprämie zur Anwendung kommt (oben Rn. 720).

IV. Regeln für alle Angebote

733 Die Grundregeln für alle öffentlichen Angebote hat der Gesetzgeber im Abschnitt 3 WpÜG (§§ 10–28) niedergelegt. Unmittelbar betrifft dieser Abschnitt nur einfache Erwerbsangebote. Auf ihn wird jedoch in §§ 34 und 39 WpÜG verwiesen (lesen!). Damit sind alle in Abschnitt 3 enthaltenen Regeln auch auf (freiwillige) Übernahmeangebote und auf Pflichtangebote anwendbar. In der sonst üblichen Systematik anderer Gesetze ist Abschnitt 3 eine Art „Allgemeiner Teil" des WpÜG.

1. Ablauf

734 Das Gesetz schreibt zunächst vor, dass der Bieter seine **Entscheidung zur Abgabe eines öffentlichen Angebots** zum Erwerb vom Wertpapieren unverzüglich veröffentlichen muss (§ 10 I S. 1 WpÜG). Damit sind alle Betroffenen bereits vorgewarnt, dass ein Angebot folgen wird. Auch die Geschäftsführungen der Börsen, an denen die Aktien des Zielunternehmens notieren, sowie der Vorstand der Zielgesellschaft sind in Kenntnis zu setzen (§ 10 II, V WpÜG). Letzterer informiert den Betriebsrat (§ 10 V S. 2 WpÜG).

Der Bieter hat außerdem eine **Angebotsunterlage** zu erstellen, die bestimmte Kerninformationen enthalten muss (§ 11 WpÜG); Details regelt die WpÜG-Angebotsverordnung. Diese Unterlage muss er der BaFin übermitteln (§ 14 I S. 1 WpÜG). Sie hat **zehn Werktage** Zeit zur Prüfung. Wenn sie sich innerhalb dieser Frist nicht meldet oder die Angebotsunterlage billigt, ist diese zu veröffentlichen (§ 14 II S. 1 WpÜG), und zwar im Internet und im Bundesanzeiger (§ 14 III WpÜG). **735**

Die BaFin kann das Angebot untersagen, wenn die Angebotsunterlage nicht die notwendigen Informationen enthält, wenn es gegen Rechtsvorschriften verstößt oder eine Angebotsunterlage überhaupt nicht erstellt oder nicht veröffentlicht wurde (§ 15 I WpÜG). Für von der BaFin nicht erkannte Falschinformationen haften der für die Unterlage Verantwortliche und der Bieter (§ 12 WpÜG). **736**

Der **Vorstand und** der **Aufsichtsrat** der Zielgesellschaft haben zu dem Angebot begründet Stellung zu nehmen (§ 27 WpÜG). Sie müssen in ihrer Stellungnahme unter anderem auf die Art und Höhe der Gegenleistung, das heißt auf deren Angemessenheit, eingehen. Eine typische Stellungnahme dazu lautet: „Das Angebot ist zu niedrig, weil unser Unternehmen unterbewertet wird" (vgl. hierzu die Begriffe *hostile* und *friendly takeover*, Rn. 717). **737**

2. Das Angebot

Das Angebot muss verbindlich erfolgen (vgl. § 145 BGB), d.h. es darf keine Bedingungen enthalten, deren Eintritt vom Willen des Bieters abhängig ist (§ 18 WpÜG). Für die **Annahme des Angebots** ist eine Frist zwischen vier und zehn Wochen vorzusehen (§ 16 I S. WpÜG). **738**

Allerdings kann es bis zum Ablauf der Annahmefrist noch **geändert** werden (§ 21 WpÜG). Zum Beispiel kann der Bieter den Preis erhöhen, wenn er merkt, dass nicht genügend Aktionäre ihre Aktien andienen. In diesem Fall können die Anleger, die das Angebot bereits angenommen hatten, vom Vertrag zurücktreten (§ 21 IV WpÜG) und das geänderte Angebot annehmen. **739**

Der Bieter kann sein Angebot davon abhängig machen, dass er eine bestimmte **Mindestbeteiligung** erreicht. Verfehlt er dieses Ziel, sind alle bereits abgeschlossenen Verträge aufgelöst (§ 158 II BGB). In diesem Fall kann der Bieter **ein Jahr** lang **kein neues Angebot** einreichen (§ 26 II Nr. 1 WpÜG). Das Gleiche gilt, wenn die BaFin ein Angebot untersagt hat (§ 26 I Nr. 1 WpÜG). **740**

3. Bieterkampf

Besonders interessant wird die Übernahme, wenn im Laufe der Annahmefrist ein Dritter ein anderes konkurrierendes Angebot abgibt. Man nennt diesen Dritten in Reminiszenz an mittelalterliche Turniere auch den „**white knight**". Das Gesetz sieht in diesem Fall vor, dass beide Angebote am gleichen Tag ablaufen (§ 22 II WpÜG). Damit wird sichergestellt, dass nicht einer der beiden Bieter dadurch benachteiligt wird, dass dem **741** anderen die Aktionäre noch länger zulaufen können. Gesellschafter, die das Angebot eines Bieters schon angenommen haben, bevor das konkurrierende Angebot ergeht, können bis zum Ablauf der Annahmefrist von ihrem Vertrag zurücktreten (§ 22 III WpÜG).

V. Besondere Regeln für Übernahmeangebote und Pflichtangebote

742 Für (freiwillige) Übernahmeangebote und Pflichtangebote gelten zunächst alle Regeln über einfache Erwerbsangebote, vgl. §§ 34, 39 WpÜG. Zusätzlich gelten einige Besonderheiten, die in Abschnitt 4 des Gesetzes festgelegt sind.

1. Preisbildung

743 Im Unterschied zum einfachen Erwerbsangebot ist der Bieter beim Übernahmeangebot und beim Pflichtangebot nicht frei darin, den Preis pro Aktie zu bestimmen. Das WpÜG schreibt in § 31 I S. 1 vielmehr vor, dass er eine **„angemessene" Gegenleistung** anzubieten hat. Diese Gegenleistung zu bestimmen ist schwierig.

744 Das Gesetz enthält dazu nähere Angaben in § 31 WpÜG. Grundsätzlich sind als Eckwerte einerseits der Börsenwert der Aktien des Zielunternehmens zu berücksichtigen, andererseits aber auch der Preis für die bereits vom Anbieter erworbenen Aktien (§ 31 I S. 2 WpÜG). Als Gegenleistung dürfen nur Bargeld oder „liquide Aktien", das heißt leicht veräußerliche Aktien wie z.B. die einer börsennotierten AG, vorgesehen werden (§ 31 II S. 1 WpÜG).

745 Hat der Bieter in den letzten sechs Monaten vor dem Angebot mindestens fünf Prozent der Aktien gegen Bargeld erworben, so muss er auch den übrigen Aktionären in seinem Angebot Bargeld anbieten (§ 31 III WpÜG). Es gilt: **„einmal cash, immer cash"**. Dies ist Ausfluss des Grundsatzes der Gleichbehandlung der Aktionäre (oben Rn. 720). Diesem dienen auch § 31 IV und V WpÜG: Danach muss der Bieter, wenn er während des Laufs des Angebots Aktien zu einem höheren Preis als dem angebotenen erwirbt, den übrigen Aktionären ebenfalls **den höheren Preis zahlen**. Wenn er also in seinem Angebot nur 55 Euro als Gegenleistung vorgesehen hat und nur eine einzige Aktie für 60 Euro erwirbt, muss der Bieter allen Gesellschaftern 60 Euro anbieten. Die finanziellen Auswirkungen für den Bieter können verheerend sein, da er viel mehr Geld als geplant aufwenden muss.

2. Reichweite

746 Anders als bei einfachen Erwerbsangeboten darf der Bieter das Übernahmeangebot und das Pflichtangebot nicht auf eine bestimmte Aktienmenge beschränken. Nach § 32 WpÜG sind **Teilangebote unzulässig**. Danach muss jeder Aktionär das Angebot annehmen können, und der Erwerber kann nicht nach einem bestimmten Prozentsatz „Schluss machen". Dies ist ebenfalls Ausfluss des Grundsatzes der Gleichbehandlung: Die Kontrollprämie soll allen Aktionären gleichermaßen und nicht nur einigen von ihnen zugutekommen (oben Rn. 720). Außerdem soll verhindert werden, dass einige

Aktionäre in der Gesellschaft verbleiben müssen, die nunmehr von einem Gesellschafter dominiert wird. Wer also die Kontrolle erlangen will oder erlangt hat, muss ein Angebot zum Erwerb *aller* Aktien des Zielunternehmens machen.

3. Annahmefrist

Die Annahmefrist beträgt ebenso wie bei einem einfachen Erwerbsangebot vier bis zehn Wochen, vgl. §§ 34, 16 I S. 1 WpÜG. Allerdings ist die Vorschrift des § 16 II WpÜG zu beachten: Wer das Angebot zunächst nicht angenommen hat, kann es **noch zwei Wochen nach Ablauf** der Annahmefrist annehmen. Sinn ist es, den Aktionären, die sich plötzlich in der Minderheit befinden, eine Möglichkeit zum Ausstieg zu geben. Da diese Aktionäre, als das Angebot erging, zunächst untätig dabei gesessen haben, nennt man diese Vorschrift auch **Zaunkönigregelung**. **747**

4. Abwehrmaßnahmen

Der Vorstand muss sich **neutral verhalten**, solange die Annahmefrist des Übernahmeangebots läuft, **§ 33 I S. 1 WpÜG**. Er darf außer seiner Stellungnahme nach §§ 34, 27 WpÜG keine Maßnahmen treffen, die auf eine Abwehr abzielen. Entscheiden sollen die Aktionäre. **748**

Von diesem Grundsatz gibt es allerdings verschiedene Ausnahmen. Zum einen kann der Vorstand gemäß § 33 I S. 2 WpÜG weiterhin alle Handlungen vornehmen, die ein ordentlicher und gewissenhafter Geschäftsleiter vorgenommen hätte. Er kann also z.B. eine Schuldverschreibung ausgeben, soweit ein Finanzierungsbedarf der Gesellschaft vorliegt, selbst wenn dies die Übernahme aus Sicht des Erwerbers erschwert. Des Weiteren darf er nach einem konkurrierenden Angebot suchen. Er darf also einen potentiellen „white knight" ansprechen und ihn versuchen zu überzeugen, in einen Bieterkampf einzutreten. **749**

Außerdem kann er sich vom Aufsichtsrat oder von der Hauptversammlung zu Handlungen ermächtigen lassen, die den Erfolg der Übernahme verhindern sollen, vgl. § 33 I S. 2, § 33 II S. 1 WpÜG. Dazu gibt es verschiedene Modelle, die vornehmlich von Wirtschaftsrechtskanzleien in den USA entwickelt wurden. Folgende **Abwehrmaßnahmen** sind typisch: **750**

1. Die ***poison pill***, bei der der Vorstand des Zielunternehmens im Fall eines Übernahmeangebots eine Kapitalerhöhung durchführen kann. Dadurch erhöht sich schlagartig die Zahl der Aktien, die der Erwerber kaufen muss, und die Übernahme wird teurer als geplant.
2. Der **Erwerb eigener Aktien** durch die Gesellschaft, die damit nicht mehr dem Erwerber zur Verfügung stehen. Insoweit setzt das Aktiengesetz jedoch eine zwingende Grenze von höchstens 10 % (§ 71 I S. 1 Nr. 8 AktG).

3. ***Selling the crown jewel***, das heißt die Veräußerung eines wichtigen Unternehmensteils (wie z.B. eines Tochterunternehmens mit einer beliebten Marke), an dem der Erwerber besonders interessiert ist. Gehört dieser Unternehmensteil nicht mehr zum Vermögen des Zielunternehmens, dann verliert der Erwerber vielleicht das Interesse an der Übernahme.
4. Die **Ausgabe einer Schuldverschreibung**, durch die das Unternehmen zusätzliche Barmittel erwirbt. Es steigert damit seinen Unternehmenswert und macht sich für den Bieter „schwerer", d.h. teurer.
5. Der ***golden parachute***, bei dem der Vorstand des Zielunternehmens im Fall der Übernahme eine hohe Abfindungsprämie erhält. Diese Lösung hat aus Sicht der Vorstandsmitglieder den doppelten Charme, dass sie nicht nur dem Erwerber schadet, sondern ihnen auch persönlich nützt.
6. ***Pac-man***: ein Gegenangebot zur Übernahme des Anbieters,
7. Die ***antitrust defense***: hier erwirbt die Zielgesellschaft ein Unternehmen, das auf demselben Markt wie der Anbieter tätig ist, oder die Entwicklung eines Produkts für diesen Markt, damit die Wettbewerbsbehörden den Zusammenschluss wegen Aufbau oder Verstärkung einer marktbeherrschenden Stellung untersagen.

751 Es können selbstverständlich auch mehrere oder alle Maßnahmen gleichzeitig vorgesehen werden. Wichtig ist zu beachten, dass die Ermächtigung, soweit sie durch die Hauptversammlung erfolgt, die konkreten Abwehrmaßnahmen **bestimmen** muss und nur **18 Monate** gilt; danach muss sie erneuert werden (§ 33 II S. 1, 2 WpÜG).

5. Europäische Regeln

752 Die genannten Regelungen des deutschen Rechts zu Abwehrmaßnahmen stehen im Einklang mit der EU-Übernahmerichtlinie. Allerdings sieht die Richtlinie die Möglichkeit vor, dass ein Mitgliedstaat in seinem Recht die Möglichkeit der Ermächtigung des Vorstands zu solchen Maßnahmen **einschränken kann**, um Übernahmen zu begünstigen (Art. 12 Richtlinie 2004/25/EG).

753 Von dieser Möglichkeit hat der deutsche Gesetzgeber mit §§ 33a und b WpÜG Gebrauch gemacht. Danach kommt der Satzung der Zielgesellschaft entscheidende Bedeutung zu. Nach § 33a WpÜG kann sie vorsehen, dass Vorstand und Aufsichtsrat die Übernahme nicht verhindern dürfen. Man spricht vom „**europäischen Verhinderungsverbot**" (d.h. Verbot der Verhinderung der Übernahme). Soweit die Satzung der Zielgesellschaft eine entsprechende Bestimmung vorsieht, darf der Vorstand sich nicht zu Abwehrmaßnahmen ermächtigen lassen. Ein Hindernis für die Übernahme können ebenfalls von den Aktionären vereinbarte Beschränkungen der Aktienübertragung oder Stimmrechtsausübung sowie Mehrstimmrechte darstellen. Die Satzung kann daher vorsehen, dass diese ebenfalls nicht gelten, § 33b WpÜG („**europäische Durchbrechungsregel**").

754 Beide Vorschriften, §§ 33a und b WpÜG, sind voneinander unabhängig und können einzeln oder parallel genutzt werden. Macht die Gesellschaft von ihnen Gebrauch, so schafft sie ein übernahmefreundliches Regime. Die Satzung der Zielgesellschaft kann allerdings die Geltung solcher Bestimmungen daran binden, dass die Satzung des Bieters ebenfalls übernahmefreundlich ist, § 33c I, II WpÜG. Damit sollen einheitliche Wettbewerbsbedingungen, ein sogenanntes ***level playing field***, im EU-Binnenmarkt begünstigt werden.

Insgesamt liegt hier ein **komplexes Gewebe** aus Satzungsautonomie, Schutzregelungen im nationalen Interesse und europäischer Marktgesetzgebung vor. Man kann sich fragen, ob nicht eine Vollharmonisierung der Übernahmeregeln dem Binnenmarkt für Kapital mehr nützen würde. **755**

VI. Ergänzungen zum Pflichtangebot

Für das Pflichtangebot gelten dieselben Vorschriften wie für einfache Erwerbs- und freiwillige Übernahmeangebote, siehe den Verweis auf Abschnitt 3 und 4 in § 39 WpÜG. Insbesondere muss der den Aktionären angebotene Preis **angemessen** sein. Falls er dies nicht ist, kann er gerichtlich angepasst werden. **756**

Hinsichtlich der Frage, wann Kontrolle im Sinne von § 35 WpÜG erworben ist, sind die Zurechnungsregeln des § 30 WpÜG einschließlich des ***acting in concert*** in § 30 II WpÜG zu beachten. Im Extremfall kann es daher dazu kommen, dass ein Aktionär ein Übernahmeangebot abgeben muss, obwohl er (weit) weniger als 30 % der Anteile hält. Das kann ihn unter Umständen hart treffen. **757**

Soweit der Bieter (freiwillig) **ein öffentliches Übernahmeangebot** (§ 29 WpÜG) abgegeben hat und infolgedessen die 30 %-Hürde überschreitet, ist er an die Regeln über das Pflichtangebot nicht gebunden, § 35 III WpÜG. In diesem Fall gelten bereits Schutzregeln für die Aktionäre gemäß Abschnitt 4 des WpÜG. Zu erinnern ist vor allem daran, dass sich das freiwillige Übernahmeangebot stets an alle Aktionäre richten muss und nicht auf einen Teil beschränkt werden darf, § 32 WpÜG. **758**

Zur Vertiefung: Bedenklich ist, dass der Bieter sich vom Erfordernis eines Pflichtangebots faktisch befreien kann, indem er in Zeiten niedriger Börsenkurse des Zielunternehmens ein freiwilliges Übernahmeangebot abgibt, das zwar den gesetzlichen Vorschriften über die Angemessenheit der Gegenleistung entspricht, aber für die Aktionäre sehr unattraktiv ist. Sobald es ihm gelingt, zumindest mehr als 30 % der Zielgesellschaft zu erwerben, ist er gemäß § 35 III WpÜG nicht mehr an die Bedingungen des Pflichtangebots gebunden, d.h. er muss insbesondere den übrigen Aktionären keinen fairen Preis vorschlagen. Stattdessen kann er sich weitere Anteile am Markt hinzukaufen und dadurch seine beherrschende Stellung ausweiten (sog. *creeping in*).

Aus Anlass der Übernahme des deutschen Konzerns Hochtief durch den spanischen Bieter ACS wurde auf politischer Ebene beraten, wie man dieser Strategie entgegenwirken kann. Vorgeschlagen wurde insbesondere die Einführung weiterer Schwellenwerte oberhalb von 30 %, bei deren Durchbrechung der Bieter ein Pflichtangebot abgeben muss. Die Diskussion hat aber nicht zu einer Reform des WpÜG geführt. Ein *creeping in* ist weiterhin möglich.

VII. Kritik am Pflichtangebot

759 Von manchen wird vorgebracht, dass das europäische Pflichtangebot den europäischen Volkswirtschaften abträglich sei. Durch die Verpflichtung, potenziell alle Aktien einer Gesellschaft zu übernehmen, würden viele volkswirtschaftlich sinnvolle Übernahmen verhindert. Aus ökonomischer Sicht sollte immer jene Person ein Unternehmen leiten, welche am besten dazu fähig ist. Für den Kampf um die Unternehmensleitung gibt es einen Markt – den Markt für die Unternehmenskontrolle, an dem potentielle Eigentümer und Manager teilnehmen.[1] Die Regeln zum Pflichtangebot stellen einen Eingriff in diesen Markt dar.

760 Dieser Eingriff könnte jedoch gerechtfertigt sein. Hierbei ist zu bedenken, dass die Vorschriften zum Pflichtangebot das Prinzip der Gleichberechtigung aller Aktionäre sichern sollen.[2] Außerdem ist zu berücksichtigen, dass zur Leitung eines Unternehmens nicht alle Anteile in einer Hand vereinigt werden müssen. Empirische Betrachtungen ergeben, dass regelmäßig bereits 30-prozentige Kontrolle ausreicht, um (be-)herrschenden Einfluss auf eine Gesellschaft auszuüben. Das liegt daran, dass in der Regel nur wenige Aktionäre an der Hauptversammlung teilnehmen; je höher der Streubesitz der Aktien, desto weniger Kapital ist vertreten. Die Schwelle, ab wann ein Pflichtangebot zu legen ist, ist daher nicht willkürlich gesetzt.

761 Das Übernahmerecht zwingt den Käufer allerdings, deutlich mehr finanzielle Ressourcen aufzuwenden oder zumindest bereitzuhalten, da er fähig sein muss, alle Aktien zu erwerben. Das schmälert die Vorteile und damit die Häufigkeit der Unternehmensübernahme. Auch wenn eine Übernahme volkswirtschaftlich sinnvoll wäre, findet sie daher u.U. aufgrund der Existenz der Regeln über das Pflichtangebot nicht statt.

762 In der Theorie ist der freie Markt für Unternehmenskontrolle daher dem Pflichtangebot überlegen. Jedoch ist zu bedenken, dass ein Ausschluss insbesondere von Kleinaktionären aus der Übernahme zu deren Verdruss führen würde. Die langfristige Folge könnte sein, dass diese sich vom Kapitalmarkt zurückziehen. Dieser Effekt ist ebenfalls zu berücksichtigen, lässt sich aber nur schwer in präzisen Zahlen messen.

D. Was ist ein Squeeze out?

763 Hat der Erwerber mindestens 95 % aller stimmberechtigten Aktien erworben, so kann er die verbleibenden Aktionäre gegen angemessene Abfindung zum Ausscheiden zwingen. Man nennt dies ***squeeze out***. Der sogenannte übernahmerechtliche *squeeze out* ist in § 39a WpÜG vorgesehen. Es existieren daneben parallele Bestimmungen in §§ 327a ff. AktG über den aktienrechtlichen *squeeze out*. Dieser steht auch außerhalb

1 *Jensen/Ruback*, 'The Market For Corporate Control: The Scientific Evidence' (1983) 11 Journal of Financial Economics, 5, 6-7 (1983).
2 *Jaravas*, „Equal Oppertunity in the Sale of Controlling Shares", 32 University of Chicago Law Review 420, 428 (1965).

eines Übernahmeangebots offen und wird daher häufiger genutzt. Schließlich kann im Rahmen der Fusion von zwei oder mehr Gesellschaften nach § 62 V Umwandlungsgesetz (UmwG) ein sogenannter umwandlungsrechtlicher *squeeze out* durchgeführt werden.

Vorteil des *squeeze out* ist, dass der Mehrheitsgesellschafter fortan ungestört allein **764**
regieren kann. Er muss sich insbesondere nicht mehr mit den Rechten und Interessen der Minderheitsgesellschafter auseinandersetzen. Auch fallen viele lästige Formdiktate weg, wie etwa das Erfordernis einer Hauptversammlung.

§ 18

Rechtsschutz der Anleger

A. Grundlagen

I. Warum klagen Anleger?

765 Den meisten Anlegerprozessen liegt eine **unterlassene oder fehlerhafte Information** seitens des Emittenten oder eines Intermediärs, wie z.B. eines Vermittlers oder Beraters, zugrunde. Häufig sind z.B. Klagen wegen im Prospekt fehlender Angaben oder wegen beim Vertrieb nicht offengelegter Risiken. Dem Anleger entstehen daraus Schäden in der Form von Kursverlusten seiner Finanzinstrumente.

766 Ein Gerichtsverfahren wegen unterlassener oder fehlerhafter Kapitalmarktinformation dient zum einen der **Kompensation** dieser Schäden der Anleger. Es verfolgt damit einen typisch zivilrechtlichen Zweck.

767 Darüber hinaus erfüllen Kapitalmarktprozesse aber auch eine im öffentlichen Interesse liegende Steuerungsfunktion. Wenn Anleger ihre Ansprüche schlagkräftig verfolgen, hat dies einen erheblichen **Abschreckungseffekt**. Es setzt Anreize für Emittenten und Intermediäre, sich zukünftig rechtstreu zu verhalten. In den USA vergleicht man daher den Kläger im Kapitalmarktprozess mit einem Staatsanwalt („attorney general"), weil er neben eigenen auch Interessen anderer Anleger wahrnimmt. Da er im Erfolgsfall selbst profitiert, geht er zudem in der Regel motivierter zu Werke als ein Beamter einer Finanzaufsichtsbehörde. Außerdem kostet er den Fiskus nichts.

768 Die effiziente Durchsetzung privater Ansprüche gegen Emittenten und Intermediäre liegt daher **im Allgemeininteresse**. Je wirksamer Kapitalmarktdelikte verfolgt werden, umso größer ist auch das Vertrauen der Anleger und umso besser funktioniert der Kapitalmarkt. Der Spruch Justice Brandeis' (oben Rn. 650) muss daher ergänzt werden: Transparenz des Kapitalmarkts allein genügt nicht als Polizist; es bedarf auch der effektiven Durchsetzung von Ansprüchen im Falle mangelnder Transparenz.

II. Warum sind Anlegerprozesse besonders?

769 Auf dem Kapitalmarkt werden tausende identischer Produkte gehandelt. Wird der Markt etwa bei der Emission oder beim Vertrieb von Finanzinstrumenten nicht oder fehlerhaft informiert, so entstehen daher typischerweise **Massenschäden**. Es erleiden tausende Anleger Verluste aus denselben oder ähnlichen Gründen.

770 Zudem bestehen für den einzelnen Anleger häufig **Schwierigkeiten der individuellen Rechtsdurchsetzung**. Es kann ihm die Expertise oder das Geld für einen langwierigen Prozess fehlen. Ihm gegenüber steht ein meist finanzkräftiger und erfahrener Gegner, etwa ein großer Emittent. Kapitalanlegerprozesse sind zudem teuer. Die in ihnen zu beurteilenden Fragen sind häufig sehr komplex und nur von Sachverständigen zu beur-

teilen. Ist der Anleger gut diversifiziert, wird auch sein Schaden so klein sein, dass sich der Aufwand für ihn allein kaum lohnt. Man spricht dann von einem „Streuschaden".

Aus diesen Gründen bietet sich zur Durchsetzung von Ansprüchen wegen fehlerhafter oder unterlassener Kapitalmarktinformation die **gemeinsame (kollektive) Geltendmachung** an. Sie ist der notwendige Ausgleich zur massenweisen Emission und zum massenweisen Vertrieb von Finanzinstrumenten durch Unternehmen und Finanzintermediäre. Der kollektive Rechtsschutz stellt das prozessuale Gleichgewicht zwischen beiden Marktseiten her. Jedoch haben auch Emittenten und Intermediäre durchaus Interesse an einer einheitlichen Streiterledigung. Sie ist aus ihrer Sicht häufig wesentlich einfacher und letztlich kostensparender, als sich in tausenden Einzelprozessen gegen möglicherweise unberechtigte Klagen verteidigen zu müssen. **771**

III. Rechtsvergleichung

1. US-amerikanische *class actions*

Wegen der Vorteile der zivilrechtlichen Verfolgung von Ansprüchen steht man sogenannten Gruppenklagen (*class actions*) in den USA positiv gegenüber. Wird ein Kapitalmarktdelikt begangen, kann das Gericht die Klasse der geschädigten Anleger definieren (z.B. „alle Erwerber der Dell-Aktie zwischen 1.1.1999 und 31.12.2001") und einen Kläger als deren Repräsentanten ernennen. Die Mitglieder der Klasse können sich entweder der Klage anschließen (***opt-in* Modell**). Zuweilen müssen sie sich aber ausdrücklich gegen die Sammelklage entscheiden, wenn sie ihre Rechte in einem gesonderten Verfahren geltend machen wollen (***opt-out* Modell**). Das im Prozess ergehende Urteil ist für alle Mitglieder der Klasse verbindlich. Ein eventuell errungener Schadensersatz wird unter ihnen verteilt. Wird die Klage abgewiesen, können sie ihre Rechte nicht mehr individuell verfolgen. **772**

Zur Vertiefung: Für die Sammelklage bedarf es einer intensiven Information der Öffentlichkeit. Diese erfolgt über Medien wie z.B. Tageszeitungen oder das Internet. Sie ist insbesondere im Fall des opt-out Modells wichtig, da die Mitglieder der Klasse hier auch ohne eigene Zustimmung an das ergehende Urteil gebunden werden.

Zur Offenheit gegenüber dem kollektiven Rechtsschutz kommen eine Reihe weiterer Besonderheiten des US-amerikanischen Prozessrechts hinzu, die ein Verfahren in den Vereinigten Staaten für geschädigte Anleger vergleichsweise attraktiv machen. Dazu gehören (1.) die Möglichkeit, vor dem Beginn des Verfahrens die Gegenseite zur Herausgabe von Beweismitteln zu zwingen (*pre-trial discovery*), (2.) das Recht, über den entstandenen Schaden hinausgehenden Strafschadensersatz (*punitive damages*) zu verlangen, (3.) die sog. *American rule*, nach der die Partei im Fall des Unterliegens den Anwalt der Gegenseite nicht bezahlen muss, (4.) die Möglichkeit zur Vereinbarung von Erfolgshonoraren (*contingency fees*) mit dem eigenen Anwalt, und (5.) das Recht auf ein Verfahren vor einer *jury*, die dem Anleger nicht selten gewogener ist als seinem übermächtigen Gegner.

Die Besonderheiten des Prozessrechts haben zu einer intensiven Streitkultur in den Vereinigten Staaten geführt. Das hat auch Nachteile. So hat eine Gruppenklage erhebliches Droh- und Erpressungspotential. Häufig lassen sich Emittenten oder Intermediäre auf einen Vergleich ein, um einen kostspieligen und langwierigen Rechtsstreit zu vermeiden.

2. Klagetourismus in die USA

773 Angesichts der Besonderheiten des amerikanischen Prozessrechts ist es für europäische Anleger attraktiv, Klagen wegen unterlassener oder fehlerhafter Kapitalmarktinformation in den Vereinigten Staaten zu erheben. In der Vergangenheit war dies selbst in Verfahren gegen europäische Emittenten möglich. Grund dafür war die weite Auslegung ihrer Zuständigkeit und der Reichweite des US-Rechts durch amerikanische Gerichte. Diese **extraterritoriale Wirkung** wurde allerdings im Jahre 2010 durch das grundlegende Urteil des obersten Gerichtshofs im Fall *Morrison v. National Australia Bank* zurückgenommen.[1]

Zur Vertiefung: Im Fall *Morrison* hatten australische Anleger vor US-Gerichten gegen einen australischen Emittenten geklagt, der seine Instrumente in Australien begeben hatte. Anlass waren Bilanzfälschungen bei einer Tochtergesellschaft in den Vereinigten Staaten. Der Supreme Court wies die Klage ab und stellte eine Vermutung gegen die extraterritoriale Anwendbarkeit US-amerikanischen Rechts auf. Dieses sei nur noch anwendbar, wenn die betroffenen Titel entweder an einer Börse in den Vereinigten Staaten gehandelt oder auf amerikanischem Boden erworben wurden.

Als Konsequenz ist geschädigten Anlegern der Weg in die USA daher zunehmend versperrt. Verschiedene Klagen europäischer Anleger wurden in den letzten Jahren von US-Gerichten abgewiesen, z.B. im Fall Porsche.[2] Umso dringender bedarf es der Stärkung des kollektiven Rechtsschutzes in Europa. Nur auf diese Weise können die Effizienzvorteile privater Rechtsdurchsetzung auch den heimischen Kapitalmärkten zugutekommen.

3. Reaktionen in Europa

774 Die **Europäische Kommission** hat sich zurückhaltend gegenüber einer Übertragung des US-amerikanischen Vorbilds auf die EU geäußert. Zwar empfiehlt sie die Einführung kollektiver Unterlassungs- und Schadensersatzverfahren in den Mitgliedstaaten.[3] Doch will sie US-amerikanische Verhältnisse vermeiden.

775 Noch zögerlicher ist der **deutsche Gesetzgeber**. Er sieht lediglich eine gebündelte Zuständigkeit und ein Musterverfahren für Kapitalmarktfälle vor. Diese sind nunmehr zu erörtern.

B. Ausschließliche Zuständigkeit

776 Anlegerklagen unterliegen in Deutschland den allgemeinen Regeln des Zivilprozessrechts. Jedoch ist die ausschließliche Zuständigkeit gemäß § 32b ZPO zu beachten. Sie betrifft (1.) Klagen gegen Emittenten wegen falscher, irreführender oder unterlassener Kapitalmarktinformation (2.) Klagen gegen Intermediäre (z.B. Anlagevermittler oder -berater) wegen der Verwendung falscher oder irreführender Informationen oder (3.) Klagen auf Erfüllung aus Übernahme- oder Erwerbsangeboten nach dem WpÜG.

1 561 U.S. 247 (2010).
2 Parkcentral Global Hub Ltd. v. Porsche Auto. Holdings SE, 763 F.3d 198 (2d Cir. 2014).
3 Empfehlung der Kommission v. 11.6.2013, Gemeinsame Grundsätze für kollektive Unterlassungs- und Schadensersatzverfahren in den Mitgliedstaaten bei Verletzung von durch Unionsrecht garantierten Rechten, 2013/396/EU.

Allein zuständig für die Entscheidung dieser Klagen ist das Gericht **am Sitz des Emittenten**, bei Vermögensanlagen am Sitz des Anbieters (vgl. zur Bestimmung des Sitzes § 17 ZPO). Diese ausschließliche Zuständigkeit gilt auch für Klagen gegen Intermediäre. Voraussetzung ist insoweit allerdings, dass der Emittent mitverklagt wird, etwa im Wege der einfachen Streitgenossenschaft (§ 60 ZPO). Soweit das nicht der Fall ist, gelten die allgemeinen Zuständigkeitsregeln nach §§ 12 ff. ZPO. Sachlich zuständig ist das Landgericht, § 71 II Nr. 3 GVG. **777**

Ziel der ausschließlichen Zuständigkeit ist die **Bündelung** aller Klagen wegen unterlassener oder fehlerhafter Kapitalmarktinformation vor einem Gericht. Nicht unbedenklich ist dabei, dass es sich dabei um das Gericht am Sitz des Emittenten handelt. Das könnte zu einem „Heimvorteil" führen. Andererseits ist zu erwarten, dass dieses Gericht über die Zeit Expertise und Erfahrung im Umgang mit Anlegerklagen gewinnen wird. Es kann zudem mehrere vor ihm erhobene Klagen verbinden, soweit sie in rechtlichem Zusammenhang miteinander stehen oder gemeinsam hätten geltend gemacht werden können (§ 147 ZPO). Damit ist bereits ein Schritt in Richtung gemeinsamer Erledigung getan. **778**

C. Kapitalanleger-Musterverfahren

I. Anwendungsbereich

In Deutschland wurden in den letzten Jahren vorsichtige Schritte zu einer Kollektivierung des Rechtsschutzes im Kapitalmarktrecht unternommen. Der grundlegende Rechtstext ist das **Kapitalanleger-Musterverfahrensgesetz (KapMuG)**, das im Jahre 2005 verabschiedet wurde. Durch dieses wurde auch die ausschließliche Zuständigkeit nach § 32b ZPO eingeführt. **779**

Zur Vertiefung: Anlass für das KapMuG waren die Prozesse um den dritten „Börsengang" (= Kapitalerhöhung) der Deutschen Telekom AG im Jahre 2000. Die vom Unternehmen ausgegebenen jungen Aktien fanden beim Publikum reißenden Absatz. Nach erheblichen Kursverlusten leiteten ca. 17.000 Anleger einzeln Gerichtsverfahren gegen das Unternehmen ein. Sie stützten sich dabei auf angebliche Mängel des von der Telekom verwendeten Prospekts. Die Zahl der Klagen war so groß, dass sie die zuständige Kammer beim Landgericht Frankfurt am Main praktisch lahmlegten. Nach der Einführung des KapMuG wurde dieses im Telekom-Prozess angewandt und ein Musterverfahren durchgeführt. Erst im Jahre 2011 stellte das OLG Frankfurt am Main fest, dass keine Prospektfehler vorlagen.[4]

Bereits der historische Anlass verdeutlicht, dass oberstes Ziel des KapMuG nicht der Anlegerschutz ist. Vielmehr dient es in erster Linie der Entlastung der Gerichte. Die Stärkung des Anlegerschutzes und der Funktionsfähigkeit des Kapitalmarkts sind lediglich willkommene Sekundäreffekte. Damit ist von vornherein eine andere Richtung als im US-amerikanischen Recht eingeschlagen. **780**

4 OLG Frankfurt, ZIP 2012, 1236.

781 Außerdem handelte der deutsche Gesetzgeber sehr vorsichtig und beschränkte die Geltung des KapMuG durch eine sog. *sunset*-Klausel zunächst auf fünf Jahre. Nach einer Evaluierung im Jahre 2010 wurde das Gesetz um 10 Jahre verlängert. Jüngst wurde es erneut verlängert. Es tritt nunmehr am 31.12.2023 außer Kraft (§ 28 KapMuG). Der Gesetzgeber kann jedoch ein neues Gesetz mit gleichem oder ähnlichem Inhalt verabschieden.

782 Der Dieselabgas-Skandal und andere Geschäftspraktiken großer Konzerne gaben Anlass, die Durchsetzung von Verbraucherrechten zu überdenken und neu zu regeln. Ergebnis dieser Reformbestrebungen ist die Musterfeststellungsklage (§§ 606-614 ZPO). Diese erlaubt es bestimmten **Verbrauchervereinigungen**, tatsächliche oder rechtliche Fragen klären zu lassen und auf diese Weise kollektive Verbraucherinteressen durchzusetzen. Das Verhältnis zwischen den Musterklagen nach der ZPO und den individuellen Klagen nach dem KapMuG hat der Gesetzgeber nicht ausdrücklich geklärt.[5] Es besteht insbesondere die Gefahr, dass Anleger, die in einem KapMuG-Verfahren mit ihrer Klage unterliegen, sich einer Musterfeststellungsklage über denselben Sachverhalt anschließen. Richtigerweise sollte man daher von einem Vorrang der KapMuG-Verfahren im Bereich der kapitalmarktrechtlichen Ansprüche ausgehen (*lex specialis*).[6]

II. Charakteristika

783 Das KapMuG erlaubt keine *class action* im US-amerikanischen Stil. Insbesondere wird nicht über die Ansprüche einer Gruppe von Klägern in einem einzigen Verfahren entschieden. Stattdessen müssen die geschädigten Anleger ihre Ansprüche in getrennten Prozessen verfolgen. Stellen sich darin gleiche tatsächliche oder rechtliche Fragen, so können diese in einem **Musterverfahren** geklärt werden. Es hat zum Ziel, bestimmte Sach- oder Rechtsfragen festzustellen, die für alle anhängigen Prozesse von Bedeutung sind (Feststellungsziel). Eine solche Frage ist z.B. die Richtigkeit oder Fehlerhaftigkeit eines Prospekts in einem Prospekthaftungsverfahren wie etwa im Telekom-Fall. Danach sind die Einzelprozesse fortzusetzen. Hier sind weitere individuelle Fragen zu klären, z.B. die Kausalität der Pflichtverletzung für den Schaden des Anlegers oder die Schadenshöhe.

III. Ablauf

1. Einleitung

784 Das KapMuG erlaubt innerhalb der durch seinen § 1 erfassten Rechtsstreite im ersten Rechtszug (d.h. vor dem Landgericht) einen sog. Musterverfahrensantrag. Ziel ist es, anspruchsbegründende oder -ausschließende Voraussetzungen festzustellen oder eine Rechtsfrage zu klären (§ 2 I S. 1 KapMuG). Den Antrag können **sowohl Kläger als auch Beklagter** stellen (§ 2 I S. 2 KapMuG).

5 *Schneider*, BB 2018, 1986 (1996); *Waßmuth/Asmus*, BKR 2021, 15 (17 ff.).
6 *Waßmuth/Asmus*, BKR 2021, 15 (18).

Der Antrag wird in ein **Klageregister** eingetragen. Einzelheiten zu diesem regelt die Klageregisterverordnung – KlagRegVO. Im Klageregister werden weitere Anträge aus anderen Gerichtsverfahren eingetragen, die dasselbe Feststellungsziel verfolgen und den gleichen Lebenssachverhalt betreffen (§ 4 I KapMuG). 785

Das Musterverfahren beginnt, wenn innerhalb von sechs Monaten neun weitere gleichgerichtete Anträge gestellt werden (§ 6 I KapMuG). Insgesamt bedarf es für ein Musterverfahren also einer Zahl von zehn Anträgen. Mit dem Erreichen dieser Schwelle kommt es zu einem **Wechsel der sachlichen Zuständigkeit**: Von nun an ist das Oberlandesgericht zuständig. Das Gericht, bei dem der erste Musterverfahrensantrag gestellt wurde, muss einen Vorlageschluss an dieses erlassen. Alle anderen anhängigen Verfahren, deren Beurteilung vom Ausgang des Musterverfahrens abhängt, sind auszusetzen, bis das Oberlandesgericht entschieden hat (§ 8 I S. 1 KapMuG). Das gilt selbst für solche Verfahren, in denen kein Musterverfahrensantrag gestellt wurde (§ 8 I S. 2 KapMuG). Damit hat das Musterverfahren Breitenwirkung unabhängig vom Antrag der Betroffenen. 786

2. Verfahren

Das Verfahren vor dem Oberlandesgericht dient der Klärung der vom ersten Kläger aufgeworfenen Tatsachen- oder Rechtsfragen. Dieser muss aber nicht selbst **Musterkläger** sein. Vielmehr kann das OLG nach billigem Ermessen auch einen anderen Kläger eines beliebigen Ausgangsverfahrens aussuchen (§ 9 II KapMuG). 787

Alle anderen Kläger der ausgesetzten Verfahren, die nicht als Musterkläger ausgewählt wurden, sind **Beigeladene** (§ 9 III KapMuG). Sie haben das Recht, eigene Angriffs- und Verteidigungsmittel geltend zu machen und Prozesshandlungen vorzunehmen (§ 14 S. 2 KapMuG). So können sie z.B. eigene Beweisanträge stellen. Ihre Handlungen und Erklärungen dürfen zu denen des Musterklägers zwar nicht in Widerspruch stehen. Dennoch können sie zu einer erheblichen Verzögerung des Verfahrens führen. 788

Im Unterschied dazu sind die Beklagten aller Ausgangsverfahren **Musterbeklagte** (§ 9 V KapMuG). Sie sind damit am Musterverfahren als Partei beteiligt. 789

3. Entscheid

Das Musterverfahren vor dem OLG endet mit dem **Musterentscheid** (§ 16 KapMuG). Es handelt sich nicht um ein Urteil, sondern um einen Beschluss. Dieser stellt die fragliche Tatsache fest oder klärt die umstrittene Rechtsfrage. 790

Der Musterentscheid **bindet alle erstinstanzlichen Gerichte**, deren Verfahren ausgesetzt wurden (§ 22 I KapMuG). Das gilt auch für die, vor denen kein Musterverfahrensantrag gestellt wurde. Die Musterkläger oder -beklagten werden mit Einwendungen über die ungenügende Führung des Musterprozesses nur noch unter engen Voraussetzungen gehört (dazu § 22 III KapMuG). 791

792 Der Musterentscheid selbst ist **nicht abschließend**. Er klärt nur einen Teil der ausgesetzten Rechtsstreite. Diese müssen nunmehr von den erstinstanzlichen Gerichten fortgesetzt und entschieden werden. Dabei beachten die Landgerichte den Inhalt des Musterentscheids des OLG.

4. Vergleich

793 Die Musterkläger und der Musterbeklagte haben auch die Möglichkeit, dem Gericht einen Vergleichsvorschlag zu unterbreiten (§ 17 I KapMuG). Dieser betrifft nicht nur das Musterverfahren und sie selbst, sondern **alle Ausgangsverfahren**. Durch ihn kann also auf alle Ansprüche auch der anderen Kläger endgültig verzichtet oder ihr Inhalt bestimmt werden.

794 Aus diesem Grund ist der Vergleich an **zwei enge Voraussetzungen** gebunden. Er muss erstens vom Gericht genehmigt werden (§ 17 I S. 3 KapMuG). Das darf es nur, wenn es ihn als „angemessene gütliche Beilegung der ausgesetzten Rechtsstreitigkeiten" erachtet (§ 18 KapMuG). Zweitens dürfen nicht 30 % oder mehr der Beigeladenen aus dem Vergleich austreten (§ 17 I S. 4 KapMuG). Das können sie, indem sie innerhalb eines Monats nach Bekanntmachung des Vergleichs ihren Austritt schriftlich gegenüber dem Gericht oder zu Protokoll dessen Geschäftsstelle erklären (§ 19 II KapMuG). Es bedarf also eines kollektiven „opt-out" durch mindestens 30 % der Kläger, um den Vergleich zu Fall zu bringen.

D. Wie effizient sind Musterverfahren?

795 Neben dem Musterverfahren sind weiterhin individuelle Gerichtsprozesse nötig. Die angestrebte Entlastung der Justiz wird daher nur teilweise erreicht. Ebenso wird der Anlegerschutz nur mäßig verbessert, da jeder Geschädigte selbst Klage erheben muss. Der mit dem KapMuG erzielte Effizienzgewinn ist damit **begrenzt**. Größeren Erfolg könnte theoretisch der vorgesehene Vergleich haben, da dieser nur durch einen ausdrücklichen opt–out von mindestens 30 % der Kläger zu Fall gebracht werden kann und zur endgültigen Beilegung aller Streitigkeiten führt. Bislang sind solche Vergleiche jedoch selten.

Stichwortverzeichnis

Die Zahlen verweisen auf die Randnummern.